La Sœur de Mozart

RITA CHARBONNIER

La Sœur de Mozart

roman

Traduit de l'italien
par François Maspero

ÉDITIONS DU SEUIL
*27, rue Jacob, Paris VIe*

CE LIVRE EST ÉDITÉ PAR MARTINE VAN GEERTRUYDEN

Titre original : *La sorella di Mozart*
Éditeur original : Corbaccio
ISBN original : 88-7972-759-1

ISBN : 2-02-085868-1

www.seuil.com

« La musique est une loi morale ; elle donne une âme à l'univers, des ailes à la pensée, un essor à l'imagination, un charme à la tristesse, de la gaieté et de la vie à toute chose. Elle est l'essence de l'harmonie, qu'elle rétablit et élève vers tout ce qui est bon, juste et beau dont elle est, bien qu'invisible, la forme éblouissante, passionnante, éternelle. »

PLATON, *La République*

« Ainsi toute l'éducation des femmes doit être relative aux hommes. Leur plaire, leur être utiles, se faire aimer et honorer d'eux, les élever jeunes, les soigner grands, les conseiller, les consoler, leur rendre la vie agréable et douce : voilà les devoirs des femmes dans tous les temps et ce qu'on doit leur apprendre dans leur enfance. »

Jean-Jacques ROUSSEAU, *Émile*

PREMIÈRE PARTIE

Ouverture

Salzbourg, 21 février 1777

Très chère Fräulein Mozart !

Je confie cette lettre aux mains de Victoria, à la veille d'une mission qui me tiendra longtemps éloigné de notre ville, car je désire, jeune et délicieuse amie, que vous gardiez en votre possession quelque chose qui, de temps à autre, me rappellera à votre souvenir. Je sais ce que ce souhait peut avoir d'audacieux, mais ma crainte que tout ce que nous avons vécu ne se dissolve dans l'usure des jours pour ne rester que l'affaire d'une seule nuit l'emporte sur la modestie.

Votre pensée m'a accompagné dès l'instant où je vous ai vue disparaître dans l'obscurité des ruelles. Je ne voulais pas que vous me quittiez, même si c'est moi qui ai insisté ; mais il n'eût pas été opportun, je crois, de rester plus de temps ensemble, au risque d'être découverts par quelque passant. J'ignore quelle justification vous avez fournie à votre famille pour votre rentrée tardive, et je n'entends nullement vous le demander ; je suis certain que vous ne m'avez pas évoqué, et cela me suffit. La petite Victoria, pour sa part, dormait profondément, et quand je lui ai demandé de vous remettre cette lettre, elle n'a pas cillé. Je crois même que cela lui a fait plaisir.

Chère Fräulein Mozart, sachez combien il est rare de rencontrer une personne qui possède votre profondeur et votre clarté d'esprit, liées à une telle sensibilité. Ce fut pour moi une merveilleuse surprise de découvrir ces dons en vous, car à Salzbourg (j'espère que ma franchise ne vous offusquera pas) vous passez plutôt pour une personne renfermée, distante et même de tempérament irascible. Vous savez que je ne fréquente pas les salons du beau monde et que je ne goûte guère les commérages; ce serait d'ailleurs fort déplacé, au regard de ma position. Mais chaque fois qu'il m'est arrivé d'entendre prononcer votre nom au Palais par un collègue ou un subordonné, ce fut pour être opposé à celui de votre frère Wolfgang: il est si vif, si prompt à se ménager de larges auditoires, non seulement par le moyen de sa musique mais grâce, surtout, à sa conversation brillante et à la facilité de ses mots d'esprit, dont certains sont parfois fort lestes; pour ne pas parler de sa bonté, dont on cite d'innombrables exemples; de vous, en revanche, on prétend l'exact contraire!

Je vous dirai sans détour que c'est là une honte. Pour quelle raison cachez-vous au monde vos aspects les plus séduisants et les plus aimables, ceux-là mêmes que j'ai eu l'immense privilège de découvrir?

Mais que m'importent le monde et ce que l'on y colporte? Seul compte pour moi, sincèrement, de vous donner un témoignage de mon amitié; une amitié que je voudrais affectueuse, si vous me permettez cette hardiesse. Ce serait pour moi un bonheur extrême de jouir encore de votre compagnie dès que je serai revenu à Salzbourg et, en attendant, de continuer à vous écrire, et de lire les réponses dont, je le désire ardemment, vous voudrez bien m'honorer. Victoria, quand elle viendra à ses leçons de piano-forte, pourra vous porter mes lettres et retirer celles que vous m'adresserez, en vous évitant ainsi d'avoir à fournir à vos parents des explications embarrassantes et prématurées.

Si, néanmoins, vous ne nourrissiez pas les mêmes sentiments, n'ayez crainte: je me retirerai dans l'ombre sans un mot et ne vous importunerai pas davantage. Inutile même de me manifester votre refus : bornez-vous à ne pas me répondre ; et, je vous en fais la prière, dans ce cas détruisez ce billet.

Votre respectueux admirateur

Major Franz Armand d'Ippold

Salzbourg, 28 février 1777

Très cher Armand,

Le soupçon m'est venu que Victoria a lu votre lettre... et peut-être es-tu en train de lire aussi celle-ci, vilaine fille ! Referme-la tout de suite et mêle-toi de tes affaires, compris ? Autrement tu n'auras plus une seule leçon de moi, et tes précieuses menottes deviendront d'horribles sarments desséchés !

Eh bien, mon cher Armand, voilà levé le masque de sévérité et d'ironie derrière lequel j'ai l'habitude de me cacher et que j'ai choisi de baisser pour vous. Pourquoi se dissimuler au monde et ne se révéler qu'à quelques-uns ? Croyez-moi, je ne le fais pas délibérément ; mais, hélas, je ne le sais que trop, le monde que je fréquente se soucie fort peu de mes manières. Ce qui lui importe avant tout est que j'instruise avec compétence les demoiselles qui aspirent à faire de la musique ; et si l'on me prête un mauvais caractère, nul ne met en doute que je n'en suis pas moins un professeur expérimenté... et cela suffit à me satisfaire. Et si, un temps, dans mon imagination trop enflammée de petite fille, j'ai nourri de plus hautes ambitions musicales, je suis heureuse d'être ce que je suis et ne demande rien, non, vraiment rien de plus à l'art.

Mais trêve de justifications... La lettre écrite de votre main est là, près de moi, sur ma table de chevet, et la lumière tremblante du chandelier éclaire les phrases pleines d'affection qui ont suscité en moi une bien grande émotion. Une goutte de cire s'est posée à côté des mots « la petite Victoria », comme si elle voulait me les montrer du doigt, comme si elle voulait me faire sourire avec une tendresse plus forte encore pour celle qui porte ce nom, pour celui qui le lui a donné et pour cet adjectif (pardonnez-moi...) un peu incongru. Peut-être, mon bon Armand, Victoria sera-t-elle pour vous éternellement « la petite » ; et pourtant elle a le même âge que Wolfgang, cinq ans de moins que moi seulement ; elle a donc déjà dépassé les vingt ans... Pensez que mon père a cessé de me considérer comme une enfant quand j'en avais à peine douze... quoique, tout en vous disant cela, je me demande si ce fut vraiment un bien.

En vérité, je vous écris en me laissant aller librement, au cœur de la nuit qui est mon amie, en jetant mes pensées sur le papier comme elles me viennent ; parce que vous êtes le premier qui me permette de le faire ; le premier qui ne m'ait pas jugée. Voilà pourquoi je n'ai pas peur de me dévoiler devant vous... et voilà pourquoi, aussi, je souhaite vous voir encore et vous embrasser encore. Oui, major d'Ippold, j'aspire à ce moment, dont j'espère qu'il ne sera pas trop lointain ; je vous le dis solennellement... et à vos déclarations d'amitié, je réponds avec une égale et intense ferveur ; car moi aussi, en vérité, je vous ai gardé dans mon esprit dès l'instant où nous nous sommes dit adieu, cette nuit-là ; votre pensée m'accompagne constamment, dans les moindres moments de ma vie, et je suis heureuse d'entreprendre cette correspondance avec vous, oui, plus heureuse, peut-être, que je ne l'ai jamais été...

Je m'arrête ici pour l'instant. En dehors de cette profonde certitude partagée, nous pouvons savourer le reste en trouvant notre bonheur dans chaque syllabe, chaque battement de paupière. Ne le croyez-vous pas, mon très cher ?

Avec la gratitude et l'affection de votre

Nannerl Mozart

Vienne, 10 mars 1777

Ma chère, très chère Nannerl,

Votre lettre m'a rendu heureux comme je ne me souvenais pas de pouvoir l'être. Vous avez, douce Demoiselle, réveillé en moins des sensations dont j'étais convaincu que plus jamais je ne les éprouverais. Ces jours-ci, j'ai accompli toutes mes tâches d'un cœur léger, au point que les autres officiers ne se sont pas rendu compte de mon état d'esprit. Merci, Nannerl, merci de tout mon cœur de répondre à mes sentiments ! Nous avons beau être loin l'un de l'autre, je parviens à vous sentir proche, j'ai l'impression de pouvoir caresser votre charmant visage, et je me rappelle chaque minute passée à vos côtés avec une brûlante émotion. Je ne crois pas pouvoir trouver les mots justes pour exprimer ce que j'éprouve ; d'ailleurs je n'ai jamais été habile à disserter de certains sujets. La seule chose que je puis vous dire est que, moi aussi, j'aspire au moment de notre prochaine rencontre, et que je désire faire tout ce qui est en mon pouvoir pour que le climat entre nous soit serein et porteur de tendres promesses.

J'écris également à Victoria, sur une feuille séparée, et je lui interdis formellement de lire notre correspondance. Mais vous connaissez bien ma fille, et vous savez que, pour respectueuse qu'elle soit de l'autorité paternelle, elle n'en est pas moins fort adroite à en violer gracieusement les commandements. Donc, quand vous me répondrez, n'oubliez jamais que la jeune personne (car vous avez raison, chère Nannerl, la voici presque devenue une jeune personne à marier !) peut, comme vous le dites, « se mêler » de notre échange de pensées et d'émotions.

En repensant à Victoria ainsi qu'à ce que vous m'avez écrit de vous, de vos dons de professeur et de musicienne, je relève quelque chose qui me gêne, et que vous, avec votre oreille exercée, appelleriez une « dissonance ». (Je puis, n'est-ce pas, me permettre cette observation ?) Vous affirmez, ma chère Nannerl, avoir eu un temps de plus hautes ambitions musicales, mais les avoir abandonnées sans regrets : c'est cette absence de regrets qui, me semble-t-il, est peu convaincante. Je sais (car Victoria me l'a dit) que vous composiez depuis votre tendre enfance, et que, jusqu'il y a peu (mais cela, tout le monde le sait), vous vous produisiez souvent comme pianiste, avec votre frère ou seule. Mais vous avez brusquement arrêté l'une et l'autre chose pour vous dédier uniquement à l'enseignement ; laissant ainsi se perdre (pardonnez cette audace, mais j'ai pu constater que ma franchise ne vous blessait pas) votre merveilleux talent.

Se peut-il qu'un tel choix ne s'accompagne pas de regrets ? Et (ce qui compte avant tout) s'agit-il d'un choix irréversible ? Peut-être, si vous reveniez sur votre décision, pourriez-vous savourer de nouveau des joies qui vous réchaufferaient le cœur. Si je vous dis tout cela, c'est, croyez-moi, parce que votre bonheur m'importe plus que le mien ; et que le mien n'est qu'une affectueuse conséquence du vôtre.

Avec le respect et l'estime de votre

Major Franz Armand d'Ippold.

Salzbourg, 24 mars 1777

Armand,

Mon premier mouvement a été de vous répondre avec une extrême dureté, mais je me suis contrainte à attendre une semaine entière que mon irritation se calme. C'est donc seulement aujourd'hui, et toujours en essayant de ne pas me laisser emporter, que je vous dis : vous refusez, n'est-ce pas, que je vous pose des questions sur la pauvre Monika ? Votre douce épouse, qui, hélas, n'est plus parmi nous, est un sujet que vous ne m'avez jamais laissée évoquer. Alors, de la même manière, je vous prierai de ne plus jamais faire la moindre allusion à mon activité de concer-

tiste ni à la composition. Vos propos, major, versent du sel sur la plaie. Une plaie qui saigne chaque jour, parce que, à tout instant, même à cet instant précis, exactement comme lorsque j'étais enfant, la musique crie en moi pour sortir ; elle est comme une vague enivrante qui monte de mes entrailles à l'assaut de ma gorge et de mon cerveau qu'elle enflamme ; elle est une tempête intérieure qui ne peut trouver d'issue, et la seule possibilité qui me reste est de l'ignorer et de me consacrer à autre chose. Est-ce bien clair, maintenant, Armand ? L'enseignement, et particulièrement celui que je prodigue à Victoria, laquelle, comme vous le savez, est ma meilleure élève, reste l'unique et étroit sentier que je peux encore emprunter pour parvenir à endiguer et à réprimer cette tourmente, à la faire taire, au moins momentanément. Et voici que vous venez me dire, comme mon frère, que je gaspille mon talent ? De quel droit ?

Pardonnez-moi ; je n'ai pas réussi à baisser de ton. Je ne sais pas si je vous ferai parvenir cette lettre. Peut-être ferais-je mieux de la déchirer, d'attendre encore, et de me mentir à moi-même en feignant ensuite d'avoir oublié vos propos.

Nannerl Mozart

Vienne, 5 avril 1777

Ma douce amie (car j'espère que vous êtes encore mon amie),

Vous avez bien fait, au contraire, de m'expédier votre lettre que je finis de lire à l'instant ; et vous avez encore mieux fait de me reprocher mon impardonnable ingérence dans une affaire qui ne me regarde nullement et que je comprends encore moins. Je vous prie sincèrement d'accepter mes excuses et vous assure que si vous étiez ici, ou si j'étais près de vous, j'implorerais votre pardon à genoux et ne trouverais pas de paix avant que vous ne me l'ayez accordé. L'idée de vous avoir irritée me torture, car c'est l'exact contraire de mes plus hauts désirs ; l'exact contraire (paradoxalement) de ce que je souhaitais obtenir. Mais la vérité est là : alors que vous affirmiez être heureuse que je sois l'un des premiers en ce monde à ne point porter sur vous un regard de juge, je me suis conduit comme le dernier des imbéciles en tombant dans ce défaut, à propos d'une décision dont la responsabilité n'incombe qu'à vous seule ; et j'ai même cherché à vous faire revenir sur votre choix, comme pour vous transformer, vous ma très chère et parfaite Demoiselle, en quelqu'un que vous n'êtes pas.

Tandis que je vous écris, mes pensées volent plus vite que ma plume, à la recherche désespérée de ce que je pourrais faire pour réparer. Que puis-je faire ? Je vous en prie de tout mon cœur : dites-le-moi, Nannerl. Et c'est aussi de tout mon cœur que je vous implore de ne pas me chasser de votre vie. Jamais plus, je vous le jure, je ne me risquerai à des questions ou à des déductions aventureuses sur votre musique, non, jamais plus. Mais, je vous en supplie, ne fermez pas définitivement toutes les portes à notre amitié.

Avec douleur et repentir,

Armand

Salzbourg, 15 avril 1777

Mon cher Armand,

L'idée de vous exclure de ma vie ne m'a jamais effleurée, non, jamais. Si tel avait été le cas, non seulement je ne vous aurais pas expédié ma dernière lettre, mais je ne l'aurais même pas écrite. Car je désire tout l'opposé : mon vœu est que, de moi, vous connaissiez tout ce qui est possible.

Aussi, en réfléchissant au petit incident que nous venons de traverser, pour lequel c'est moi qui devrais vous demander pardon, je me suis surprise à penser que votre intention de ne plus jamais parler de ma musique ne pouvait qu'assombrir notre avenir ; qu'une telle résolution avait quelque chose d'erroné (dont, naturellement, personne d'autre que moi ne porte la faute).

Je me suis donc résolue à tout vous raconter. Ce sera moi qui le ferai ; je ne vous laisserai pas la peine de me poser des questions que vous auriez sûrement peur d'évoquer. Il vous reste, bien entendu, très cher confident et ami aimant, la liberté d'interrompre votre lecture et de m'interroger, de m'écrire de votre côté, à chaque fois que vous en éprouverez le désir…

Le Royaume Caché

« Je t'en prie, mon ami, rentrons... appelle une voiture, vite... » murmura la femme recroquevillée dans un fauteuil, en pressant ses mains sur son ventre comme si elle essayait de le contenir.

Le mari ne répondit pas : il attendait que la mauvaise claveciniste termine son exhibition ridicule. Caressant les touches, celle-ci imprimait à ses épaules un balancement sensuel, souriait, fermait et rouvrait les lèvres comme pour envoyer des baisers ; et tous les gentilshommes présents étaient assurés de pouvoir accéder à ces lèvres, d'en jouir, et de jouir du corps entier : il leur suffisait de demander.

« Mon amour, je parle sérieusement... il faut partir...

— Dans un instant », répondit-il sèchement, tandis qu'éclataient de faibles applaudissements. Puis il se retourna et sursauta : « Où est-elle passée ?

— Là-bas, regarde... mais fais en sorte que cela ne dure pas longtemps, s'il te plaît... »

D'un bond, l'homme rejoignit la petite fille qui, réfugiée dans un coin, ouvrait et fermait continuellement un éventail d'un air maussade ; il le lui arracha des mains, la força à se lever et lui arrangea sa robe.

« Courage, Nannerl... courage comme toujours, mon ange », la supplia-t-il avec un frémissement d'inquiétude dans la voix, tandis qu'elle rivait ses yeux très bleus sur les siens et émettait de bizarres monosyllabes. Elle était étrange, cette enfant. Quelqu'un qui ne l'aurait pas bien connue aurait pu penser qu'elle était légèrement stupide. « Tu es prête ? »

Elle fit signe que oui, se parlant toujours à elle-même.

« Alors vas-y. Maintenant ! »

Le murmure se perdit dans le brouhaha des conversations qui avaient repris dans le salon. La petite trotta vers le tabouret du clavecin et s'y hissa à grand-peine.

« Que l'illustre assemblée veuille bien m'excuser et avoir la bonté de m'accorder un instant d'attention ! »

D'un coup, les bavardages cessèrent, et tous les regards se portèrent sur l'inconnu. Ce n'était sûrement pas un aristocrate ; il devait s'être glissé dans ce milieu à la faveur de quelque recommandation. Ce pouvait même être un musicien de profession ! Les patriciens de Salzbourg manifestèrent quelques signes d'ennui. Encore une exhibition, alors qu'on en était enfin revenu aux commérages, aux galanteries et aux vantardises ? Et quelle musique pouvait produire cette minuscule fillette blonde aux mains potelées dont les doigts devaient à peine couvrir cinq notes ?

« J'ai l'honneur de vous présenter cette spectaculaire enfant prodige... Maria Anna Walburga Ignatia Mozart ! Il s'agit, soyez-en assurés, d'une des meilleures clavecinistes qui aient jamais joué de cet instrument et, chose incroyable à dire, elle n'a que cinq ans. Moi, Leopold Mozart, son père, j'ai pu me rendre compte de son immense talent grâce à mon propre métier de musicien, au service de la Cour de Son Excellence le prince-archevêque. C'eût été outrager Dieu qu'un tel talent restât inconnu et ne fût pas cultivé... »

L'ennui des nobles était palpable. Que le concert commence vite et se termine plus vite encore, et que ce saltimbanque arrête ses rodomontades ! Herr Mozart s'en aperçut et retourna tout de suite auprès de sa femme.

D'un coup, la petite fille se mit à jouer, et ce fut comme si la foudre avait transpercé les fresques du plafond et enflammé les tentures et les tapisseries. Lorsqu'elle jouait, la petite Nannerl ressemblait à une divinité primitive, qui n'attendait qu'un instrument pour se déchaîner et répandre la stupeur. Ses petites mains égrenaient des accords limpides et impétueux, elles obéissaient à un incomparable instinct de l'harmonie, et le résultat était à la fois sûr et désordonné. La contradiction entre sa maestria plus qu'adulte et son corps immature était déconcertante. Ses notes étaient les paroles d'un langage encore inconnu, qui fascinait et désorientait. Où est le truc ? Non, ce n'est pas un truc ! Et pourtant, il doit y en avoir un ! Les nobles se rapprochaient, vérifiaient, bouche bée, et pendant ce temps l'enfant jouait des mélodies qui semblaient jaillir de son esprit, inspirées de la forme des objets, du crépitement du feu dans les cheminées, de la chute au sol d'un verre échappé des mains maladroites d'une dame...

Puis, brusquement, elle arrêta de jouer, sans même conclure le morceau. Elle sauta à bas du tabouret, courut vers son père, reprit l'éventail et se remit à l'ouvrir et à le fermer en se balançant d'un pied sur l'autre et en murmurant d'étranges vocables.

L'ovation éclata, inattendue, et fit trembler les vitres et les murs. Des applaudissements bien différents de ceux qui avaient salué la voluptueuse dilettante ! C'était le bruit d'un chêne séculaire qu'on abat, l'effondrement d'un édifice dans un grand concert de cris et de bravos ! Les dames se pressèrent autour de Leopold Mozart, qui prit sa fille dans ses bras et la brandit comme un trophée, serrant des mains parées de bijoux, la tendant vers des lèvres fardées. Nannerl, cependant, ne montrait aucun intérêt pour cet empressement dont elle était l'objet : seul l'éventail absorbait toute son attention.

Personne ne pouvait entendre les appels rauques de la femme sur son fauteuil, dont l'expression s'était concentrée sur certaines convulsions internes ; elle cria plus fort, mais tout le monde continuait de l'ignorer, jusqu'à ce qu'elle explose dans un hurlement strident :

« Leopold ! Merde sèche ! »

Ceux qui l'entendirent ne parurent pas troublés par ce cri scandaleux ; ils la regardèrent plutôt comme un exemplaire d'une espèce inconnue.

Elle fit un grand effort pour reprendre son souffle et parla encore, en se tenant le ventre :

« Leopold… ça vient… ça vient… oui ou non vas-tu enfin comprendre ? »

De la porte de la chambre à coucher provenaient des sons tels qu'elle n'en avait jamais entendu : c'étaient des cris et des gémissements de maman ; elle souffrait, et Nannerl ne comprenait pas bien si son père et la grosse dame de l'étage au-dessous la secouraient ou la torturaient. Pourquoi papa lui avait-il interdit d'entrer ? Il fallait faire quelque chose. La fillette observait la poignée en nacre, trop loin au-dessus de sa tête, et souhaitait être déjà grande. Mais soudain éclata un hurlement aigu qui l'emplit de terreur et la fit bondir en arrière ; elle entendit aussi la voix de son père, surexcitée, et celle, hystérique, de la grosse dame. Nannerl se réfugia sous le clavecin et enfonça ses petits doigts dans ses oreilles le plus profond qu'elle put, au risque de se crever les tympans ; enfin, elle n'entendait plus ce cri. Mais, peu à peu, il resurgit de sa mémoire en une antienne amplifiée, déformée, inhumaine. Alors elle ouvrit grand la bouche, et de ses paupières jaillit un torrent de larmes brûlantes.

Son père sortit, mais elle ne s'en aperçut pas ; elle pleurait trop fort, et trop fort résonnait la douloureuse symphonie dans sa tête. Leopold dut l'attirer à lui, la prendre dans ses bras, la serrer, tandis qu'elle se débattait avec son cauchemar ; finalement, tous deux restèrent là, sur le dallage, près du clavecin, s'agrippant l'un à l'autre, elle par terreur, lui par amour.

Quand Nannerl se fut calmée, Leopold s'assit sur le tabouret et la fit se tenir debout devant lui. Il pointa un doigt vers son petit nez.

« Ma fille, promets-moi de ne plus pleurer. Jamais plus, de toute ta vie. Souviens-toi : les larmes sont inutiles. »

Elle fit oui de la tête, en s'essuyant le visage de la main.

« Maintenant, écoute-moi. Maman va bien, et tu as un petit frère. »

La fillette resta immobile et interdite.

« Mais oui : un beau petit garçon, tout rose et tout chauve. Il s'appelle Wolfangus Theophilus. Tu veux le voir ? »

Naturellement ! Elle franchit le seuil comme une flèche, et la vision de sa mère la bouleversa. Elle était allongée, épuisée, sur le lit et, bien qu'elle lui sourît, il y avait en elle quelque chose d'anormal ; tout était anormal dans cette chambre ; par terre, à ses pieds, traînaient des loques trempées de sang et la grosse dame en jeta sur le tas une autre, avec laquelle elle venait de s'essuyer les mains. Puis Nannerl vit le berceau et, en elle, la sensation d'horreur s'évanouit comme par enchantement : elle éprouva soudain un désir intense de découvrir la créature couchée au fond de cette petite caisse. Elle s'approcha avec prudence et, très doucement, plongea son regard à l'intérieur en savourant chaque fraction de cet instant inoubliable…

Wolfgang était tout rose, mais oui, et tout chauve, et il n'avait pas l'air conscient. Il vagissait en ouvrant sa petite bouche vide de dents, et il avait la tête allongée en forme de haricot. Ses yeux semblaient ne pas voir, ses gestes étaient privés de signification. Mais, dans l'instant même où elle le vit, Nannerl comprit qu'elle l'aimait de tout son être et comme elle n'aimerait jamais personne d'autre au monde.

… Avez-vous des sœurs, très cher Armand ? Je l'espère pour vous, sincèrement. Tout le monde devrait avoir la chance de connaître un lien aussi particulier que celui qui nous unit, mon frère et moi ! Mon esprit et le sien vibrent à l'unisson depuis toujours, et nous n'avons jamais eu

besoin du langage pour nous comprendre. Toute petite, j'aimais penser que nous étions un même corps dédoublé par erreur. Quand j'avais onze ans, en effet, un peintre italien a fait notre portrait, et observer les deux tableaux côte à côte était une expérience troublante : nous avions la même apparence. Le même front haut avec des bosses (que lui, naturellement, appelait des « cornes »), le même contraste entre les sourcils blonds et les grands yeux clairs, le même nez avec le bout un peu recourbé, la même bouche charnue et moqueuse, le même menton volontaire et pointu. Cependant, nos caractères étaient très différents : lui capricieux, impertinent et cherchant toujours à attirer l'attention des autres ; moi taciturne, mal assurée et craignant de m'imposer. Je ne parvenais à m'exprimer librement qu'en sa compagnie, ou lorsque j'étais seule ; une condition qui, dès cette époque, ne me déplaisait pas.

Dans nos jeux, nous étions le roi et la reine d'un pays imaginaire, le Royaume Caché, dont la réalité était différente du monde tangible, mais capable néanmoins de le transfigurer et d'en briser les limites. Combien j'éprouve de nostalgie, cher Armand, pour ce territoire enchanté que je ne fréquente plus... un lieu habité seulement par des enfants, où chacun joue et écoute de la musique toute la journée, où tous sont bons et aimables, où les méchants n'ont pas le droit d'entrer, même pour une simple visite. Dans le Royaume Caché, toutes les fantaisies étaient possibles : il suffisait de prononcer la formule magique...

« Ici règne la félicité...

— ... et rien de mal ne peut entrer ! »

L'écho se répercuta sur les étroits balcons de la cour intérieure, s'échappa vers les hauteurs pour rejoindre le petit carré de ciel et se pulvériser dans les nuages.

Chaque activité avait sa musique et chaque musique avait un sens pour Wolfgang et Nannerl. La rumeur du passage sur la Getreidegasse, le bavardage nasillard de deux femmes à leur fenêtre, le ruissellement des vases de nuit que l'on vide; le bruissement des pieds sur les touffes d'herbe, le froissement des robes et des jupons de Nannerl, le bref instant de silence quand elle les remontait pour découvrir de longues jambes couvertes d'écorchures et de bleus. Et puis le rythme enlevé de la course, lui devant, un vrai garnement avec ses cheveux épars qui s'enroulaient sur eux-mêmes; et l'écrasement de la montagne d'ordures au sommet de laquelle se trouvait le trône du roi, que Wolfgang escaladait fièrement, une couronne de feuilles sur la tête et une épée de jonc à la main.

« Majesté, je n'ai rien fait de mal ! criait Nannerl.

— Quand tu parles au Roi, tu dois te mettre à genoux ! »

Un bruit sourd et, déjà, la petite fille était à quatre pattes.

« Pitié !... je ne l'ai pas fait exprès, mon souverain...

— C'est faux ! Tu n'aimes pas ton frère !

— Mais si, je l'adore, Majesté ! Je l'adore... et plus encore, déclara-t-elle en étreignant ses pieds et en les couvrant de baisers.

— C'est bon, je te pardonne. Tu es de nouveau ma Reine », dit le tyran courroucé mais magnanime, et il se leva de son trône pour frapper de son épée l'épaule da sa sœur.

Mais, à ce moment, comme un château de cartes, la montagne d'ordures s'effondra et une large barre métallique tomba à terre dans un fracas qui perçait les tympans. Les deux enfants fermèrent les yeux et tirèrent la langue en frissonnant de dégoût et, quand la dernière vibration se fut éteinte, ils poussèrent en chœur un soupir de soulagement : « Quel horrible *si* bémol... »

Leur mère apparut à la fenêtre du troisième étage et son appel strident leur porta le coup de grâce :

« Nannerl ! Wolfgang ! Rentrez tout de suite ! »

« Quand papa travaille, vous devez faire silence ! hurla Anna Maria Mozart, dès qu'elle vit ses enfants sur le seuil, tout en continuant de frotter le dallage. Et toi qui es l'aînée, tu dois surveiller ton frère ! Veux-tu bien attacher ces cheveux, on dirait une sorcière ! » Elle retira un peigne de sa propre coiffure et s'approcha d'eux mais, sur le trajet, elle rencontra le seau d'eau sale et le heurta de son sabot en éclaboussant tout. « Merde sèche ! » cria-t-elle en levant les poings vers le ciel, et ces poings semblaient prêts à s'abattre sur quiconque se trouverait à leur portée ; elle resta plantée là comme une énorme statue de marbre, une Junon gigantesque menaçant de transformer ses enfants en souris et l'eau souillée en une mer déchaînée, mais au lieu de les foudroyer, elle éclata de rire.

Ils lui firent écho tout de suite, et avec quelle joie ! Wolfgang sautillait autour de la flaque et son rire cristallin faisait vibrer les verres sur l'étagère ; le rire de Nannerl, en revanche, était grave, et même si elle pressait une main sur sa bouche, il sortait quand même de sa gorge. « Doucement, les enfants, doucement..., implorait la mère, papa va se mettre en colère... taisez-vous, je vous en supplie... », mais en même temps elle restait hilare, ce qui la rendait peu crédible. Elle les poussa dans le corridor en leur donnant des tapes affectueuses sur les fesses. « Allez dans la chambre à coucher et soyez gentils... gentils et silencieux, vous voulez bien ? » Puis elle retourna sur le seuil de la cuisine et, dès qu'elle revit l'eau sale répandue sur le sol, elle perdit d'un coup toute envie de rire.

Épuisés, les enfants se jetèrent sur le grand lit où ils avaient été tous deux conçus et mis au monde. Ils demeurèrent un long moment sur le dos, immobiles, fixant le plafond que leur imagination ouvrait jusqu'au ciel, tandis qu'un flot sonore venant d'instruments à cordes s'insinuait par la porte à poignée de nacre.

Ce fut Wolfgang qui ouvrit le premier la bouche :

« Moi, quand je serai grand, je veux être cocher. Je conduirai ma voiture jusqu'au sommet des montagnes. Et même plus haut, jusqu'au sommet des nuages.

— Et moi, quand je serai grande, je veux être musicienne.

— Mais moi aussi, qu'est-ce que tu crois ? Seulement toi, tu ne pourras pas.

— Et pourquoi ?

— Parce que tu seras maman ! Tu auras un tas d'enfants, et tout ce que tu pourras faire, c'est professeur de musique.

— Non, je ne veux pas avoir d'enfants. Même pas un ! Je t'ai déjà, ça me suffit... », et elle tendit la main pour le caresser mais ne rencontra qu'un gros objet en forme de poire caché sous les couvertures. « Qu'est-ce que ton violon neuf fait là ? »

Il haussa les épaules et serra l'écrin de l'instrument contre lui comme on serre une poupée.

« Tu me laisses l'essayer, Wolfgang ?

— Non. Il est à moi !

— Permets-moi au moins de pincer les cordes... je veux entendre quel son elles font.

— Pas question que tu y touches !

— Allons, Wolfgang, laisse-moi l'essayer... Tu ne sais pas encore en jouer...

— Si, je sais déjà ! »

Elle lui rit au nez.

« Mais pour qui te prends-tu ? Tu n'as pas eu une seule leçon ! »

Un éclair de défi brilla dans les yeux du petit garçon qui, d'un bond, grimpa sur le tabouret et tourna la poignée de la porte. Elle bondit et tenta de le rattraper, mais il était déjà au beau milieu du salon, derrière les musiciens d'un quatuor à cordes, en brandissant son violon comme l'archange Gabriel brandit son épée flamboyante.

« Arrêtez, arrêtez ! Vous ne voyez pas que c'est un *crescendo* ? » était en train de dire Herr Mozart au second violon, un homme dont les joues florissantes trahissaient un peu trop d'amour pour la bouteille. « Si l'intensité tombe à cet endroit, tout s'écroule ! Concentrez-vous, je vous prie...

— Papa, je le fais, moi, le *crescendo* ! »

Leopold eut une grimace ennuyée.

« Anna Maria, viens reprendre Wolfgang...

— Mon papa a raison ! cria l'enfant. Cette phrase, il faut l'entendre très fort. Tu la jouais de façon dégoûtante. Je suis meilleur, moi ! »

Les musiciens échangèrent des sourires entendus, et Leopold se gonfla d'indulgence paternelle :

« Allons, qu'est-ce que tu sais de ces choses-là ? Quand tu seras capable de jouer, je te ferai faire un essai avec nous. Pour le moment, retourne t'amuser avec ta sœur.

— Et pourquoi, au contraire, ne pas le laisser essayer ? fit le musicien buveur, heureux de donner une si belle preuve d'humour. Nous sommes tous impatients d'écouter l'interprétation de l'illustrissime... Wolfgang Amadeus Mozart ! »

Tous éclatèrent bruyamment de rire.

« Eh bien ! oui, céda Leopold. Essaye la partie du deuxième violon, mais en douceur, pour que personne ne puisse entendre les couacs que tu vas certainement faire » – et, avec une taloche, il lui fit prendre place.

Nannerl s'était bien dissimulée près de la porte et, sous son regard incrédule, les musiciens attaquèrent tandis que son petit frère se mettait en position en suivant attentivement la partition.

Le violoniste dont il devait jouer la partie le surveillait, en riant dans sa barbe, mais il dut changer d'expression du tout au tout quand il se rendit compte que Wolfgang jouait... bien. Oui, bien ! En imitant ce qu'il voyait les adultes faire, il maniait son archet et enchaînait une note après l'autre ; il se trompait peut-être un peu dans le doigté, mais les notes étaient justes ; et le son était franc : beau, en un mot. Était-il possible qu'il n'ait jamais tenu un violon dans ses mains ? Possible qu'il n'ait que six ans ? L'homme posa son instrument, stupéfait, et le petit Mozart continua d'exécuter sa partie sans la moindre hésitation. Les autres aussi cessèrent de jouer, l'un après l'autre, suivant des yeux, abasourdis, ce stupéfiant diablotin qui réussissait à tenir l'emploi de soliste avec de plus en plus de naturel. Leopold, remarquable enseignant, auteur d'une méthode qui avait fait le tour de l'Europe, aurait juré devant Dieu qu'une telle chose était impossible ; et voilà que c'était son propre fils qui la réalisait sous ses yeux ! Quel instinct supérieur avait suggéré la technique du violon à cet enfant prodige ? Peut-être Dieu en personne !

Wolfgang termina le morceau et inclina la tête en signe de remerciement, comme s'il était déjà un concertiste confirmé. Fou de joie, son père le prit dans ses bras et le fit sauter en l'air :

« Messieurs, mon fils est un miracle ! Un miracle divin !

— Herr Mozart, le monde entier doit en avoir connaissance ! s'écria le second violon. Emmenez-le en tournée ! Faites-le jouer dans les cours royales ! »

Nannerl poussa la porte et se montra. Ainsi son frère avait ouvert la voie, et tant mieux si c'était lui qui en avait eu le courage ; donc, à partir de maintenant, il serait possible d'assister aux séances musicales des adultes et de jouer avec eux ; et il suffisait de bien jouer pour être applaudi ! Elle s'empara du violon de son frère et, avec impétuosité, attaqua un morceau très difficile et très rapide.

Nul ne la regarda ni ne parut faire attention à elle. Le petit groupe, Leopold en tête, sortit en portant le petit garçon en triomphe, et Nannerl, dans la salle déserte, continua de jouer pour elle seule.

La jeune fille agenouillée parlait et pleurait ; l'homme d'église, l'homme de bonté, était masqué par le rideau violet, mais la grille du confessionnal n'enlevait rien à la gravité des paroles qu'elle prononçait. Combien de temps faut-il pour que la vie d'une personne sombre dans le mal ? Pour la voluptueuse claveciniste de salon, il avait suffi d'une brève étreinte debout contre une porte, exigée par un comte en échange d'une promesse de fiançailles ; une étreinte qui lui avait valu de tomber enceinte, sans voir l'ombre d'une bague au doigt. Son ventre était encore plat, et seul avait connaissance de son état le responsable direct, qui n'en niait pas moins toute responsabilité.

Le révérend père Joseph Bullinger fit sortir la jeune fille du confessionnal et, la tenant par la main, la conduisit vers les bancs.

« Je ne sais même pas comment j'ai fait pour arriver ici, sanglotait-elle. Cela fait des jours que je ne mange pas, et je n'ai pas la force de me lever le matin... Si je pouvais, je resterais couchée jusqu'à la fin de mes jours...

— Qu'as-tu dit à ta famille ?

— Une montagne de mensonges... », et la conscience de ce péché supplémentaire la fit redoubler de larmes. « Si je le leur dis, ils me chasseront de la maison... si le bruit s'en répand en ville, ça fera un scandale, et je n'arrive même pas à imaginer les conséquences... je ne sais que faire, mon père... aidez-moi... »

Il n'y avait qu'une solution, et le prêtre se tut en cherchant les mots les plus adaptés pour la lui exposer ; ce faisant, il observait avec un sourire triste les vêtements froissés et le voile trempé de larmes. Depuis longtemps, il entendait courir sur cette âme en détresse des bavardages malveillants, auxquels, par principe, il n'accordait pas d'importance ; sous ses habits de précepteur, Joseph Bullinger était un familier des familles aristocratiques et n'avait jamais accepté de bon cœur la vacuité de ce milieu, à laquelle il espérait remédier par plus de culture.

« Ma fille, dit-il, ne pleure pas ; il n'y a pas de raison de te désespérer, crois-moi. Souvent le Seigneur nous indique la bonne voie d'une manière tout à fait inattendue. Au fond de ce qui nous semble être une impasse peut se trouver une porte qui mène à la béatitude ; la porte par laquelle le Très-Haut t'offre l'occasion de commencer une nouvelle vie, droite et transparente, en honorant Son Saint Nom. »

La claveciniste releva le nez et le regarda, pleine d'espoir.

« Tu pourras reconstruire dans ton cœur des valeurs neuves et justes, en l'absence desquelles tu as commis, hélas, cette grave erreur. Tu pourras réparer le mal que tu as fait, par le travail et l'assistance à ton prochain ; tu pourras apprendre à apprécier l'ascèse et la contemplation...

— Je comprends, dit-elle, alors qu'en réalité elle n'avait rien compris. Mais que devrai-je faire, précisément ?

— Partir au plus tôt et aller terminer ta grossesse à l'abri de la méchanceté de la ville. Je m'occuperai moi-même de trouver une bonne place pour l'enfant, quand il naîtra ; et pour toi, j'ai déjà en tête le couvent où tu prendras le voile... »

Le hurlement d'horreur fit vibrer les vitraux :

« Alors je devrai me faire religieuse ? »

Suivirent des protestations exprimées sur tous les tons, et d'inutiles recherches d'autres solutions. À mesure que le révérend père s'efforçait de la convaincre, elle se renfermait dangereusement dans un mutisme accompagné de nouveaux torrents de larmes, jusqu'au moment où, aussi défaite et en pleurs qu'elle était arrivée, elle courut vers le porche de l'église et faillit écraser les pieds de Leopold Mozart qui arrivait.

« En voilà des manières... », marmotta celui-ci en essuyant ses souliers sur ses mollets, puis il se signa, se dirigea vers le révérend père et lança : « *Ave, clare sacerdos ! Magnum gaudium mihi affert in te incidere.* »

Bullinger sembla apprécier cet exorde érudit et répondit sur le même mode :

« *Eadem laetitia afficior, carissime frater. Asside mihi.* »

Herr Mozart s'assit près de l'influent religieux et se mit en devoir de débiter le discours qu'il avait préparé :

« Mon révérend père, je suis ici parce que j'ai formé certain dessein concernant ma vie et celle de ma famille ; mais avant de le mettre en œuvre, je désire en discuter avec vous, car votre conseil est pour moi la seule, l'unique et la plus éclairante lumière. »

Bullinger se borna à acquiescer poliment. Les façons mielleuses du musicien le fatiguaient parfois un peu.

« J'ai l'intention d'emmener Wolfgang en tournée. Ce ne sera pas un voyage rapide comme celui qui nous a conduits à la Cour de Vienne et qui m'a néanmoins procuré de grandes satisfactions. Cette fois, je prévois de me rendre à Munich, Francfort, puis Bruxelles ; et, si Dieu le veut, j'irai jusqu'à Paris, et même jusqu'à Londres. »

C'était un projet très ambitieux et le prêtre se demanda si Leopold n'attendait pas de lui quelque chose de plus qu'un conseil.

« Vous savez combien je suis attaché à notre magnifique cité. Pourtant, je crains que dans ce milieu provincial le talent de mon fils ne puisse recevoir la reconnaissance nécessaire pour le faire fleurir et fructifier autant qu'il le mérite. Notre voyage ne sera pas fait simplement de concerts, mais il sera aussi l'occasion d'études sérieuses et approfondies : je veux que Wolfgang prenne des leçons des meilleurs maîtres…

— J'ai bien saisi votre projet, Herr Mozart. Mais ne vous semble-t-il pas encore bien petit pour cela ? »

Leopold avait prévu l'objection :

« C'est la nature, et pas moi, qui a brûlé les étapes. Mon fils, malgré son jeune âge, compose déjà ; de ses mains d'enfant, il aligne à la perfection des notes sur les portées ; et je ne puis laisser se perdre un tel talent.

— Je m'en rends compte. Mais n'êtes-vous pas inquiet à l'idée qu'il pourrait être exposé à des épidémies pendant le voyage ? Vous pourriez nuire à la santé de votre enfant de manière irrémédiable.

— J'ai confiance en la protection de Notre Seigneur. J'accueillerai ce qu'Il décidera d'un cœur plein de foi. Bien entendu, je prendrai toutes les précautions pour que mon fils…

— Herr Mozart, ai-je mauvaise mémoire, ou n'avez-vous pas aussi une fille ? »

Leopold, en revanche, ne s'était pas préparé à cette question. Il dévisagea l'ecclésiastique, sincèrement étonné, et ne sut que répondre.

« Depuis le début de notre conversation, vous n'avez fait que répéter le nom de Wolfgang, poursuivit Bullinger. Pourtant, quand vous l'avez introduite dans les cercles aristocratiques, votre fille faisait votre orgueil. Avez-vous l'intention de la laisser à Salzbourg ?

— Certainement pas ! Nannerl devra jouer du clavecin avec son frère ! Pour le reste, il est évident que cela n'aurait aucun sens d'initier une fille à la composition…

— C'est vous qui en êtes juge, et je n'ai pas l'intention d'en discuter. Je dis seulement que les créatures de ce monde sont toutes égales au regard de Dieu, et donc qu'il serait bon qu'elles le soient aussi aux yeux des hommes.

— Heu… naturellement, très révérend père.

— Fort bien. Maintenant, expliquez-moi de quelle façon vous avez prévu de financer ce voyage. »

Leopold reprenait peu à peu de l'assurance :

« Eh bien ! je compte sur la générosité des grands, et puis, chaque fois que cela sera possible, je ferai en sorte que Wolfgang donne des concerts payants… et, bien entendu, Nannerl aussi ! Oui, ma fille aussi, mon révérend père. En outre… mon protecteur et maître m'a promis un prêt…

— Je suppose donc que ce n'est pas pour cette raison que vous êtes venu chercher mon soutien. Pouvons-nous enfin parler clairement, mon cher frère ?

— Voyez-vous, balbutia Leopold en cherchant à masquer sa nervosité sous un sourire forcé, comme vous pouvez l'imaginer, je devrai demander un long congé à l'archevêque... et, de plus, je souhaite, une fois rentré de la tournée, reprendre possession de ma fonction, sans laquelle la subsistance de ma famille serait en grave danger ! Votre intercession me serait d'une grande aide...

— Nous y voici ! J'apprécie votre franchise, Herr Mozart. Cependant, ajouta-t-il d'un ton peu convaincu, vous devez vous rendre compte de la gravité de votre requête. De quels arguments pensez-vous que je devrais user auprès de Son Excellence ? »

Le visage de Leopold s'éclaira. C'était là la meilleure partie de son discours, celle qu'il avait truffée d'envolées rhétoriques d'un effet assuré.

« Un seul, mon très cher père ; à savoir que Dieu a déposé une étincelle de génie musical dans un simple enfant de Salzbourg. Ce n'est certes pas dû à mes mérites, ni à ceux de sa mère, si cet enfant accomplit des miracles avec les notes comme personne n'a jamais su en accomplir. Et si Notre Seigneur a voulu cela, c'est pour qu'un jour cet enfant puisse chanter Ses louanges et célébrer Sa gloire à travers la musique. Nous devons tous œuvrer avec dévotion, chacun dans les limites de son rôle et selon ses humbles moyens humains, afin que cela se produise le plus tôt possible...

— Il suffit ! Mon estomac commence à crier famine. » L'ecclésiastique se leva paresseusement. « C'est bien, je parlerai à l'archevêque. *Cura ut valeas.* »

Et il partit.

... Et pendant ce temps, j'écrivais encore et encore de la musique, joyeusement, passionnément, et je le faisais toujours la nuit. J'attendais d'entendre la respiration régulière de mon frère, le ronflement tranquille de mon père, celui plus sonore de ma mère, puis je me levais et, pieds nus, je

tournais la poignée de nacre pour me faufiler dans la salle de musique où se trouvaient les instruments.

J'ai toujours aimé la nuit. En ce moment encore, très cher Armand, il fait nuit noire, et entre nous deux il n'y a qu'une lampe, une feuille de papier et une plume. Vous et moi sommes seuls, et intimement, profondément proches. Vous me comprenez et vous éprouvez aussi les mêmes émotions, n'est-ce pas ? En revanche, ma famille, dont seul un mur me sépare, est très loin, à des millions de lieues...

Ils ne m'ont jamais empêchée, et je crois qu'ils n'ont jamais découvert ces instants de merveilleux isolement où le temps se dilate, où personne n'a le pouvoir de me dire ce que je dois ou ne dois pas faire. Nous habitons maintenant une demeure plus vaste, dans laquelle chacun a une chambre pour lui seul, je n'ai donc pas besoin de me livrer à des manœuvres compliquées pour m'isoler, et je ne cours pas le risque d'être découverte ; mais à l'époque, aller dans la salle de musique, c'était franchir en secret, craintive, un seuil qui me séparait du monde.

Dans le silence, j'ouvrais grand la fenêtre, je me délectais du bruissement des eaux de la Salzach, je respirais la fraîcheur chargée d'odeurs, je laissais mes yeux errer dans l'obscurité... enfin, j'allumais une chandelle et m'asseyais devant le clavecin, lentement, comme pour accomplir un rite sacré. Je ne pouvais pas jouer (j'aurais réveillé toute la maisonnée !) mais, pour composer, il me suffisait d'écouter à l'intérieur de mon oreille et d'effleurer le clavier, sans enfoncer les doigts. Mes connaissances en contrepoint se bornaient à ce que je parvenais à suivre en cachette des leçons que mon père donnait à Wolfgang : mais loin de me limiter, cela me stimulait. Arias, canons, lieder... la musique vocale était ma passion, peut-être parce que j'avais moi-même un certain talent pour le chant. Depuis mon plus jeune âge, j'ai toujours chanté très juste, d'une voix particulièrement grave, même quand je parle ; je ne l'ai pas cultivée avec constance, sinon je serais aujourd'hui un mezzo-soprano ou un contralto; à vrai dire, l'idée de monter sur les planches ne m'a jamais effleurée. J'ai toujours aspiré au rôle de celle qui invente dans l'ombre, et ensuite, toujours dans l'ombre, écoute le résultat.

Je remplissais des pages de notes, je calligraphiais le titre de chaque morceau en soignant l'élégance de mon écriture, je soufflais sur l'encre, je la saupoudrais, et enfin je pliais chaque feuille pour la glisser dans ma poche secrète. J'avais cousu un portefeuille fermé par de longs lacets que je portais attaché autour de la taille, caché sous mon jupon; ainsi ma musique ne m'abandonnait jamais. Le jour, elle s'asseyait avec moi à table, elle m'accompagnait dans les travaux domestiques, elle jouait en même temps que moi; la nuit, quand j'allais au lit, elle dormait avec moi, à la chaleur des couvertures et de ma peau, invisible à tous mais toujours présente pour moi, comme un membre, un organe, une chevelure. Je rêvais de la montrer à mon père au moment opportun, et j'étais certaine qu'il se rendrait compte, alors, de ce dont j'étais capable, qu'il m'encouragerait et me soutiendrait. La sœur du Prince Électeur de Bavière écrivait bien des opéras dans le style italien: et moi, qui étais reine du Royaume Caché, je n'aurais pas eu le droit d'être au moins comme elle?

« Lâche ce violon, mon petit ange...

— Non!

— Comment vais-je faire, alors, pour coudre cette veste sur toi, si tes deux bras sont occupés?

— Papa a dit que je pouvais jouer du violon chaque fois que je voulais. Et je veux en jouer maintenant! »

Anna Maria se résigna à s'occuper de la culotte. Pour les habits de voyage de son fils, elle avait choisi des étoffes solides mais où l'aiguille passait difficilement, et si Wolfgang n'arrêtait pas de manipuler ce maudit instrument, elle finirait par le lui briser sur la tête.

Nannerl était seule dans la cuisine et pelait pomme de terre sur pomme de terre. Elle avait mis un tablier et s'amusait à tailler les épluchures en spirales, faisant de chacune un long ruban ; en même temps, elle prenait plaisir à écouter les jeux musicaux de son frère et à l'accompagner en sourdine. Plus le tas de pommes de terre épluchées grossissait, et plus fort elle chantait, jusqu'au moment où Wolfgang l'entendit et lui répondit avec le violon.

« Petite sorcière, ne t'y mets pas, toi aussi ! » cria la mère, mais Nannerl, invisible, ignora son ordre, et les deux enfants se renvoyèrent la musique comme une balle. C'était autre chose que les fastidieuses leçons de leur père ! Qui avait dit qu'il ne fallait jouer qu'à certains moments, dans certains lieux et d'une certaine façon ? Leurs notes improvisées volaient d'une porte à l'autre, anarchiques, sauvages, joyeuses ; elles s'enchaînaient, se rejoignaient, s'entrelaçaient et se dénouaient ; elles filaient par la fenêtre, se posaient sur le trône du roi, soufflaient sur les cheveux des passants, se mêlaient au fracas d'une voiture. Vint le moment où Nannerl quitta la cuisine et alla rejoindre son frère ; le fait de se voir leur permit de mieux communiquer et, tandis que la mère se piquait le doigt et jurait, frère et sœur chantèrent de plus en plus fort et de plus en plus gaiement. Nannerl avait gardé une pomme de terre dans une main avec le ruban de peau qui pendait jusqu'au sol, et Wolfgang rudoyait son instrument comme un authentique Tzigane. Puis ils firent l'échange, elle prenant le violon et lui la pomme de terre, et l'orgie sonore atteignit son paroxysme, tandis que la mère protestait à grands cris qu'il lui était impossible de coudre dans ces conditions et qu'ils la faisaient tourner en bourrique, mais ils ne lui prêtaient pas attention et continuaient leur tapage effréné, jusqu'au moment où Anna Maria, ayant tiré trop brutalement sur un fil, la culotte de Wolfgang s'ouvrit en deux, le laissant le postérieur à l'air.

À cet instant, Leopold Mozart apparut sur le seuil, et la vision suivante s'offrit à son regard atterré : une épouse désespérée devant un habit décousu, une fille en tablier avec un violon dans les bras, un fils les fesses nues avec une pomme de terre à la main.

Le claquement de la porte s'abattit comme une hache sur le torrent sonore et l'interrompit net : pendant une longue minute tous retinrent leur souffle. Leopold les fixait de ses yeux dont le bleu semblait avoir acquis la noirceur de la poix, puis, fermement, il s'approcha de sa fille.

« Nannerl, c'est la dernière fois que tu touches à un violon. Rends-le-moi », dit-il en tendant la main.

Les mains de Nannerl refusèrent de lui obéir. Elles étaient paralysées et faisaient corps avec la caisse.

« Le violon n'est pas un instrument pour les petites filles. Tu n'en joueras plus jamais. Tu m'as compris, Nannerl ? »

Le cœur de la petite fille cessa de battre. À sa place, il n'y eut que vide, absence, silence. Leopold lui arracha l'instrument et disparut dans la salle de musique.

C'était l'aube du grand jour ! Sous le porche du numéro 9 de la Getreidegasse résonnait un battement de sabots impatients, des sabots puissants capables de dévorer les distances, et Joseph Bullinger serrait son manteau en fixant la fenêtre du troisième étage d'un air courroucé : mais combien de temps allaient-ils mettre encore ?

Difficile de faire des prévisions. Anna Maria poursuivait Wolfgang en tentant de l'habiller, et Nannerl poursuivait Anna Maria en tentant de se faire habiller ; des coffres béants, des caisses de paperasses et un clavecin de voyage qu'un serviteur finissait d'emballer prestement encombraient le passage. Leopold attrapa son fils par la peau du cou, le livra à son épouse, se dirigea vers l'escalier, le clavecin sur l'épaule en lui criant de se dépêcher, ce à quoi elle répondit en criant à son tour qu'elle n'avait que deux mains, puis elle demanda aux enfants de monter sur une énorme malle débordant de vêtements pour l'aider à la fermer, mais celle-ci refusa net, si bien que Wolfgang se mit à sauter sur son couvercle, expédient qui s'avéra efficace, encore que sa mère faillit y laisser un index. Haletant, Leopold réapparut, poussa la malle jusqu'à la porte, et le vacarme réveilla de son sommeil de plomb le seul voisin qui dormait encore, lequel joignit les mains vers le ciel en hurlant : « Merci, mon Dieu, de nous délivrer enfin de cette famille de fous ! »

Nannerl rassembla le papier à musique dans un petit coffre et le descendit en le faisant glisser sur la rampe de l'escalier, puis revint et en prit un autre, et encore un autre ; Wolfgang ne voulut pas être en reste et s'empara d'un carton, mais son père le rattrapa en criant : « Fais attention, mon ange, je t'en supplie ! » Anna Maria vérifia dans chaque pièce que les volets étaient bien fermés, arrangea les draps qui couvraient les meubles, puis les ôta, puis les remit comme ils étaient ; elle jeta un dernier coup d'œil mélancolique à tout ce qu'elle ne reverrait pas de longtemps, ferma la porte et descendit l'escalier.

Le garçon bondissait à l'intérieur et à l'extérieur de la voiture, il se couchait sur les banquettes, ouvrait et fermait les glaces ; la fille et le père installaient les instruments sur le toit et le révérend père attendait avec impatience l'heure de retourner à ses méditations. Dès qu'Anna Maria franchit le porche, il traça en l'air un grand signe de croix en récitant : « *Benedico vos in nomine Patris, et Filii, et Spiritus Sancti...* » et, enfin, tous quatre montèrent dans la voiture, fermèrent les portières, le serviteur s'inclina pour saluer et le cocher fouetta les chevaux, qui s'élancèrent avec un hennissement euphorique : adieu Salzbourg ! Grande Europe, nous sommes avides de toi !

C'était une voiture vis-à-vis, dans laquelle deux banquettes (très inconfortables) se faisaient face ; sur l'une étaient assis le père et le fils, sur l'autre la mère et la fille. Maintenant que le périple avait commencé, l'excitation faisait place à une soudaine fatigue, et Wolfgang posa sa petite tête sur les genoux de Leopold, tandis que Nannerl allait nicher la sienne dans le refuge accueillant de l'imposante poitrine maternelle.

« Papa, est-ce vrai que je pourrai jouer du piano-forte ? demanda le petit garçon d'une voix déjà somnolente.

— Et qu'est-ce que tu en sais, toi, du piano-forte ?

— Nannerl dit que c'est beaucoup plus beau que le clavecin. »

La petite fille dressa l'oreille mais n'intervint pas, et Leopold parla comme si elle n'existait pas en caressant la tête de Wolfgang.

« Ta sœur peut dire ce qu'elle veut, mais tu n'es pas obligé de l'écouter. Maintenant, devine à qui te présentera ton papa ? À Jean-Christian Bach ! Tu sais qui c'est, non ? »

La réponse parvint du monde des rêves.

« C'est le fils de Jean-Sébastien Bach...

— Très bien, mon enfant. Il vit à Londres, c'est très loin, mais nous finirons peut-être par y arriver ; alors il te donnera des leçons de composition. C'est un homme important, il pourra faire beaucoup pour ta carrière... »

Anna Maria serra sa fille contre elle, et celle-ci s'abandonna à la tiède et odorante douceur de ce contact : elle aussi allait connaître Jean-Christian Bach, elle aussi lui montrerait sa musique...

La voiture était arrivée dans les faubourgs et traversait un pont sur la rivière. Nul ne prêtait attention à une petite silhouette féminine à demi cachée par le parapet ; seul, peut-être, Leopold aurait pu la reconnaître, mais, juste à cet instant, il tira le rideau. À peine le coche se fut-il éloigné que la jeune fille se releva précautionneusement et, avec une expression d'extrême tristesse, passa les mains sur son ventre dont les proportions ne laissaient désormais plus de doute. Elle ajusta sur sa tête la haute perruque qu'elle s'était mise comme pour une cérémonie macabre ; elle s'était aussi poudrée et portait une vieille robe du soir décolletée avec beaucoup de dentelles. Puis elle souleva son jupon et, à grand-peine, se hissa sur la balustrade.

Cela fait, elle ne montra plus la moindre hésitation : elle aspira un grand bol d'air, remplissant ses poumons, et, d'un coup, elle sauta, la tête en bas. Le vol fut rapide, il n'y eut pratiquement pas de bruit, mais le choc contre le fond la tua net. Ainsi s'acheva la vie d'une voluptueuse claveciniste de salon, dans les eaux boueuses de la Salzach.

Du prince électeur, Nannerl ne voyait que les souliers, ou pour être plus précis seulement le soulier gauche, car un lévrier avait posé son museau sur le droit. Une certaine distance séparait l'arrière-scène du fauteuil d'honneur, mais le soulier luisait comme une feuille couverte de rosée, et sa boucle en or semblait éclairer les alentours.

Maximilien III attendait le concert de cour, un sourire bienveillant sur son visage parfait, enfoncé dans un vaste fauteuil et se penchant de temps à autre pour caresser le dos du chien. Une dame qui lui ressemblait, mais un peu plus âgée, était assise à côté de lui ; une chevelure filasse surmontait des yeux saillants d'un marron indécis : ceux de la princesse Maria Antonia, sa sœur. Quoique somptueusement parée, elle semblait fort mal fagotée.

Sur la scène, le chambellan achevait le discours de présentation et, derrière le rideau, Leopold frôlait la crise cardiaque.

« Je vous en prie, les enfants... je vous en prie... restez calmes... Vous devez être parfaits... Vous devez me faire honneur... », et, ce disant, il lissait ses manchettes et pinçait les crevés de sa chemise. Anna Maria serra trop vigoureusement le corset de Nannerl, et la petite fille protesta doucement :

« Maman, ne serre pas plus fort, sinon je ne pourrai pas jouer, je n'arriverai même pas à bouger...

— Tu y arriveras, arrête de faire des caprices ! »

Elle n'eut pas le temps de réagir, car au même instant le chambellan descendait de l'estrade : Anna Maria fila au parterre et Leopold s'avança sur la scène.

« Bonsoir... Votre Grâce, Grandissime Excellence... je veux dire Prince... illustres gentilshommes et dames. Je suis heureux et honoré d'avoir pu conduire dans cette superbe cour, en votre aimable présence, ces deux merveilleux enfants prodiges... les petits Mozart ! »

Tous deux avancèrent avec solennité, serrés l'un contre l'autre comme des frères siamois, avec cette démarche de petits soldats que le père leur avait fait répéter pendant des après-midi entières. Herr Mozart ne s'en rendait pas compte, mais le résultat en était comique et, dans le public, plusieurs dames pouffèrent derrière leur éventail.

« Vous verrez quel incommensurable talent recèle le petit corps de cet enfant de six ans seulement, futur directeur musical des cours de toute l'Europe : Wolfgang Amadeus Mozart ! Quant à cette jeune personne, elle est la plus étonnante claveciniste que vous ayez jamais eu l'occasion d'écouter et n'a que onze ans : Maria Anna Walburga Ignatia Mozart ! »

Maria Antonia se tourna vers le prince électeur pour chuchoter : « Onze ans ? Cette fille en a au moins quinze ! » Il esquissa un mince sourire et acquiesça poliment. En réalité, il n'avait pas écouté ce qu'elle disait : comme nombre d'hommes aux prises avec leurs femmes, leurs mères ou leurs sœurs, il devenait systématiquement dur d'oreille quand elle lui adressait la parole.

« Et votre serviteur est... naturellement... leur père, Leopold Mozart, vice-maître de chapelle à la Cour de Salzbourg, momentanément en congé pour présenter dans le monde l'art de ses enfants. Mais venons-en au programme : Nannerl débutera la soirée en exécutant au clavecin la *Première Sonate* de Johann Gottfried Eckard, puis Wolfgang interprétera une partita pour violon solo de Jean-Sébastien Bach. À la fin de ce concert, je serai honoré de recevoir tous les témoignages que vous voudrez bien me donner de vos encouragements. » Il s'inclina, puis, dans un souffle, il s'adressa à sa fille : « C'est à toi ! », et courut s'asseoir près de son épouse.

Wolfgang prit place sur une petite chaise à un bout de la scène, et Nannerl s'installa devant le clavecin. Mis à part le prince électeur qui observait avec curiosité les deux enfants, le public gardait un silence indifférent ; certains réprimaient un bâillement, d'autres esquissaient quelques battements de mains, caricature d'un applaudissement de bienvenue.

Leopold semblait sur le gril. Il murmura à sa femme :

« Nannerl grandit comme une asperge. Elle commence à paraître trop âgée. D'ici peu, tu devras lui bander la poitrine.

— Oh, nous avons encore du temps devant nous !

— Espérons... »

Priant intérieurement pour que tout se passe bien, Nannerl attaqua la sonate, qui était d'une extrême difficulté. Peu de concertistes se hasardaient à mettre les œuvres d'Eckard à leur programme, ne voulant pas prendre le risque d'en rater l'exécution ; mais les mains de la petite Mozart, avec leurs doigts fuselés, forts et indépendants, ne faisaient pas que s'adapter au clavier, elles semblaient le forger à leur taille. Son seul problème était le corset qui lui sciait le thorax, l'empêchant presque de respirer. Il la contraignait à garder l'échine plus droite qu'un manche à balai, ce qui, à vrai dire, n'était pas trop grave dans la mesure où, si elle ne pouvait pas se pencher en avant, elle pouvait néanmoins le faire sur le côté ; en outre, cela ne la gênait pas pour faire voler ses mains, et elle pouvait plier les bras à sa convenance. Mais cette pression sur la poitrine la forçait à respirer par brèves saccades répétées et pénibles, et bien que la salle fût mal chauffée et sa robe décolletée Nannerl sentait que sa gorge, ses épaules et son front commençaient à s'enflammer.

Wolfgang s'aperçut tout de suite de son embarras. Tout en continuant à jouer, elle lui adressa un regard désespéré, mais comment aurait-il pu l'aider ? Il était tout à fait impensable qu'il aille derrière elle pour dénouer les lacets. La sonate arriva à un passage très compliqué au cours duquel la main droite exécutait un thème dans la partie centrale du clavier tandis que la gauche sautillait à toute allure d'un bout à l'autre ; la respiration de Nannerl était devenue haletante, la chaleur insupportable, tout la troublait, même les volants sur les poignets faisaient obstacle, une mèche de cheveux lui tombait sur les sourcils où la sueur la maintenait collée ; elle aurait préféré mille fois être nue, oui, nue devant le prince, la princesse et toute la noblesse de Bavière : au moins aurait-elle pu jouer sans entraves ! La main gauche répétait et répétait le thème, la droite courait et courait pardessus, quand, dans un sursaut de colère, au beau milieu du morceau, Nannerl ôta les mains du clavier, et ce fut le silence.

La salle s'agita : il se passait quelque chose d'anormal. Perplexe, Maximilien regardait Nannerl en fronçant les sourcils, tandis que Maria Antonia lui murmurait à l'oreille quelque chose que (naturellement) il n'écoutait pas ; Leopold restait figé, partagé entre la terreur que le concert ne tourne au fiasco et son absence fondamentale d'intérêt pour sa fille ; Anna Maria était trop occupée à gratter une tache sur sa jupe pour se rendre compte de ce qui se passait ; Wolfgang bondit de sa chaise, ne sachant pas s'il devait se précipiter au côté de sa sœur ou empoigner le violon et attaquer n'importe quel morceau pour détourner l'attention...

Mais Nannerl surprit de nouveau l'auditoire en réattaquant brusquement, le visage déformé par la souffrance et les yeux criant sa frustration. Sautant développements et variations, elle arriva aux mesures finales du morceau, qu'elle conclut en moins d'une minute, puis s'enfuit dans les coulisses sans même faire la révérence. Wolfgang la suivit immédiatement.

Les applaudissements fusèrent, automatiques; après tout, l'exhibition était terminée, ou du moins le semblait; autrement, pourquoi cette fillette aurait-elle disparu derrière le rideau? Et, rapidement, le crépitement s'éteignit pour faire place aux bavardages mondains. Des gentilshommes se levèrent, tant pour se dégourdir les jambes que pour aller goûter quelques douceurs disposées sur la table du buffet, au fond de la salle; pendant ce temps, la scène restait vide.

Leopold se sentait bouillir: qu'attendait Wolfgang pour attaquer? Dans un spectacle, il y a des règles précises: on ne doit pas briser la tension émotionnelle, sans quoi l'on risque d'avoir beaucoup de peine à reconquérir l'auditoire! Et en effet, comme pour donner raison à ses craintes, les bavardages grossissaient et, avec eux, le désintérêt pour la musique. Au comble de l'inquiétude, il se leva avec l'idée confuse d'improviser un discours; peut-être, une fois sur scène, pourrait-il découvrir ce que diable faisaient ses enfants et courir y remédier. Oui, voilà ce qu'il allait faire! Excellente idée! Il sauta sur l'estrade et commença:

« Votre Grâce, Prince insigne, respectable public! J'ai l'honneur d'attirer votre aimable et illustre attention sur un sujet qui vous intéresse certainement tous; la préparation à la virtuosité, obtenue par le moyen des études méthodiques et scrupuleuses, menées par les deux enfants ici présents... ou tout au moins dans les parages... »

La dissertation fut interrompue par un son qui provenait des coulisses. C'était la voix d'un violon, qui s'insinua entre les plis du rideau et descendit vers le parterre pour remonter finalement vers le plafond, remplissant l'espace de ses accents légers et brillants comme du velours.

« L'harmonie ! Une préparation sans laquelle ce spectacle ne serait pas possible. Écoutez la suite ! » Et Leopold regagna sa place en un clin d'œil.

Le violon enchanta l'auditoire comme un serpent sortant de son panier. Suspendant son souffle, chacun fixait la scène dans l'attente du magicien : et des coulisses surgit le petit Mozart, maniant son archet avec des gestes déjà sensuels, tout à la joie de son pouvoir de magicien ; en jouant, il se promenait sur les planches, et derrière lui marchait Nannerl, la taille manifestement libérée, pouvant enfin respirer. Elle tenait une flûte et, au moment juste, elle attaqua à son tour : les timbres des deux instruments, petits mais puissants, mêlèrent leurs notes et résonnèrent entre les murs polychromes, l'un épousant l'autre, pour aiguillonner les spectateurs, les prendre à la gorge, mettre de la vie sur leurs joues.

Leopold écumait de rage. Depuis quand ses enfants, ses élèves les plus prometteurs, se permettaient-ils d'exécuter quelque chose qui n'avait pas été préalablement réglé dans ses moindres détails ? Mais quand un spectacle est commencé, pas question de l'interrompre sous peine de briser la tension émotionnelle, et donc Herr Mozart fut obligé de subir la révolte artistique de ses enfants en essayant d'adopter le maintien de celui qui a tout prévu, y compris l'imprévisible.

Sur la scène, Wolfgang et Nannerl improvisaient leur musique comme ils aimaient le faire pour eux-mêmes, sans trop se soucier des leçons, et avec l'innocence du génie. Ils jouaient en imaginant ensemble des formes et des timbres dont nul autre n'aurait eu l'idée et qui passaient de l'esprit de l'un à l'esprit de l'autre pour y revenir ensuite en suivant la seule Nature. Nannerl laissa la flûte et s'assit au clavecin, puis Wolfgang laissa le violon et chanta tandis qu'elle l'accompagnait. N'osant quand même pas se rebeller contre son père, elle ne toucha pas au violon ; mais les applaudissements extasiés qu'elle reçut à la fin compensèrent cette renonciation. Et son cœur se remplit encore plus de joie quand son frère, après s'être incliné devant l'ovation, lui sauta au cou, l'étreignit avec enthousiasme et lui posa un baiser d'amour sur les lèvres.

« Oui, Herr Mozart... oui, vous aviez dit vrai. On n'a jamais rien vu de comparable, même de très loin. Je dois vous faire mes plus vifs compliments sur vos enfants. »

Maria Antonia fixait Leopold de ses yeux pâles mais perçants, tout en lorgnant Wolfgang qui, perché sur le bras d'un fauteuil, mâchait bruyamment un morceau de chocolat. L'insolence de ce garnement l'irritait, tandis que, dans son cœur, elle approuvait le maintien de Nannerl qui grignotait une tartine sans faire tomber la moindre miette ; en revanche, Anna Maria qui, toute rouge, n'osait pas prendre dans ses mains les porcelaines royales par peur de les casser, était indigne de son attention.

« Je vous remercie de tout mon cœur, Votre Altesse, répondit Leopold en reposant l'assiette de pâtisseries auxquelles il avait à peine touché, mais je voudrais préciser, si vous me le permettez, que le talent n'est pas leur unique don. Wolfgang et Nannerl sont deux enfants dotés d'un caractère exceptionnel, habitués au travail et à la discipline. Sans une solide direction, le talent risque de se perdre ; vous-même, qui êtes une illustre musicienne, le savez mieux que moi...

— Si je suis illustre, je le dois plus à ma dynastie qu'à la musique... dit-elle, faussement modeste, et elle lui adressa un sourire.

— Je pense que nous devrions jouer, maintenant, proféra le prince électeur, qui ne prenait pas part aux agapes mais faisait les cent pas dans le salon, les mains derrière le dos.

— Naturellement, Maximilien, confirma la princesse. Attends seulement, si tu permets, que nous finissions d'honorer le travail des pâtissiers. Ne veux-tu vraiment rien manger ? »

Il secoua négativement la tête, s'éloigna du petit groupe et se mit à passer la colophane sur l'archet de son violoncelle. Pendant ce temps, elle s'adressait avec gentillesse à Nannerl :

« Tu es une interprète extraordinaire, ma fille. Oui, extraordinaire : Eckard lui-même ne serait pas capable d'exécuter ses propres sonates avec une telle précision.

— Oh, vous êtes très aimable...

— Mais quel âge as-tu... vraiment ? »

Nannerl jeta un coup d'œil hésitant à son père, qui intervint aussitôt :

« Onze ans ! Je l'ai d'ailleurs dit au début du concert...

— Et je vous ai entendu, Herr Mozart, n'en doutez point. Je suis seulement curieuse de savoir quand elle en aura douze.

— Eh bien !... à la vérité... le mois prochain.

— Ah ! je pensais bien... Et le garçon, quel âge a-t-il : dix-huit ans, et sa taille est due à un caprice divin ?

— Certainement pas ! Pour tout dire, Wolfgang a eu... non pas six ans... mais sept en janvier dernier... »

Il arrivait peu souvent à Leopold de bafouiller mais, en ce moment, il était bien près de le faire. Anna Maria continuait de faire tapisserie, fixant les friandises d'un air de convoitise frustrée, sans se rendre compte de l'embarras de son époux.

« À ce que je vois, Herr Mozart, insista Maria Antonia avec un sadisme royal, vous vous amusez à diminuer l'âge de vos enfants de manière à les faire apparaître encore plus prodigieux ! Permettez-moi un conseil : ne poursuivez pas ce jeu. Le mensonge est crédible en ce qui concerne le petit, mais pas la fille, qui fait plus grande que son âge.

— Allons-nous jouer, oui ou non ? intervint l'Électeur, brandissant le violoncelle parfaitement accordé.

— Mais voyons, Maximilien ! Juste au moment où la conversation devient intéressante !

— Et de quoi parlez-vous ? demanda-t-il en s'approchant.

— De cette adorable jeune personne. Une virtuose exceptionnelle qui joue de plusieurs instruments : n'es-tu pas de mon avis ? Si seulement elle savait composer, comme nous tous, son talent serait vraiment parfait. Mais…

— Et qui a dit que Nannerl ne sait pas composer ? Elle est beaucoup plus forte que toi ! » lança Wolfgang en crachant des miettes de chocolat à la cantonade.

Leopold aurait volontiers creusé un souterrain sous le plancher pour s'y terrer, lui et toute sa famille.

« Mon enfant, tais-toi, je t'en prie… Pardonnez-lui, Votre Altesse, le petit ne sait pas ce qu'il dit… je vous supplie de passer à un autre sujet…

— Pas du tout, Herr Mozart, ce sujet-là me semble au contraire du plus haut intérêt ! fit Maria Antonia, piquée. Donc, mademoiselle, qu'avez-vous composé ? »

Nannerl sentit posé sur elle le regard de tous les présents, comme des rayons de lumière brûlante.

« Mon frère exagère… j'ai en effet écrit quelques arias, un duetto… mais ce sont des petites choses, rien de comparable à vos opéras dans le style italien…

— Mais qu'est-ce que tu racontes, grosse bête ? *Cieli, che feci mai* ? une petite chose ?

— Arrête, Wolfgang, murmura-t-elle, prise de panique.

— Est-ce le titre d'une aria ? Y a-t-il une partie pour violoncelle ? s'exclama Maximilien soudain intéressé, mais cette fois, en revanche, ce fut lui que personne n'écouta.

— Sais-tu qu'elle porte toujours toutes ses musiques sur elle ? criait Wolfgang à Maria Antonia. Elle a une poche cachée sous son jupon… je vais te montrer ! » Et il bondit sur sa sœur, l'immobilisa, souleva sa robe, trouva le portefeuille secret sous le jupon et en tira une liasse de manuscrits qu'il lança dans le giron de la princesse avec un hurlement de triomphe : « Regarde plutôt, femme de peu de foi ! »

Du bégaiement, Leopold Mozart était passé à la catalepsie. Sa lèvre supérieure se contractait en spasmes incontrôlables, et, malgré tous ses efforts pour faire produire par ses cordes vocales une formule d'excuse, son gosier semblait privé de vie. Anna Maria avait enfin cessé de fixer les pâtisseries et contemplait en écarquillant les yeux les jambes de Nannerl encore entrouvertes, dans une posture parfaitement indécente : la fillette ne s'en était même pas rendu compte, tant elle était occupée à surveiller ses précieuses partitions que Maria Antonia feuilletait de ses mains fanées. Maximilien les regardait aussi, dans sa recherche désespérée de quelque chose à jouer, qu'il finit par trouver :

« *Cieli, che feci mai* ? Aria pour soprano et instruments à cordes. Est-ce de cela que tu parlais, mon petit ?

— Oui ! Pourquoi ne pas le jouer tout de suite ? explosa Wolfgang.

— Tu sais jouer de la viole ? » lui demanda le prince électeur. Quelle question absurde ! Il s'en aperçut immédiatement et poursuivit, très vite : « Bien sûr. Donc Maria Antonia peut chanter, je tiendrai le violoncelle, naturellement, vous deux les violons... »

Il se tourna vers Leopold et Nannerl. Le cœur de la fillette battait si fort que l'on voyait ses côtes se soulever sous la robe.

« Il semble qu'il n'y ait pas d'autre solution ! À vous de choisir lequel des deux sera le premier violon ; mais tant par galanterie que par amour paternel, Herr Mozart, je vous suggérerais de laisser ce rôle à la jeune personne. »

L'air faussement soumis, Nannerl regarda son père, lequel parvint à recouvrir sa voix pour protester :

« Vraiment, Votre Altesse... le violon n'est pas un instrument pour les filles...

— Oh, bien entendu, répondit aimablement Maximilien. Ce n'est guère convenable pour une jeune demoiselle de jouer du violon en public. Mais nous sommes pratiquement en famille ; n'est-ce pas, mon cher Leopold ? »

Herr Mozart acquiesça d'un mouvement de paupières, unique partie du corps lui obéissant encore. Maximilien lui tendit un précieux instrument italien, et seule la peur qu'il ne se fracasse au sol réussit à le libérer de sa paralysie. Nannerl, les yeux humides de joie, prit des mains du prince électeur un autre violon, tout aussi resplendissant, et le serra contre elle comme on serre un ami retrouvé. Maria Antonia se gargarisa pour réchauffer sa gorge ; elle avait l'air de quelqu'un qui, du haut de sa grandeur, accorde une faveur au vulgaire, mais en réalité elle n'était pas trop sûre de pouvoir déchiffrer à la première lecture. Maximilien prit place, Nannerl distribua les partitions, et tandis qu'Anna Maria définitivement ignorée de tous pouvait enfin se bourrer de gélatine, le concert commença, et la composition de Maria Anna Walburga Ignatia Mozart résonna fièrement à Munich, dans les salons du château de Nymphenburg.

... Mon père, Leopold Mozart... que puis-je vous dire encore de mon père ? J'imagine que vous le connaissez, au moins un peu, pour l'avoir rencontré à la Cour, et je suis sûre qu'il vous a fait une excellente impression. C'est indiscutablement un homme d'une grande intelligence, d'une vaste culture et aux manières affables ; et je vous assure, cher Armand, qu'il sait aussi aimer et qu'il aime sa famille, en y mettant des différences, certes, mais toujours intensément.

Il a épousé ma mère par amour. Plus que tout, c'était sa vitalité instinctive qui le fascinait, car il se trouvait là devant quelque chose de tout à fait inconnu ; loin de désapprouver son comportement chaotique, il l'observait et parfois en subissait les effets, avec patience et intérêt. Puis est venu Wolfgang, qui ajoutait à cette vitalité une sublime faculté d'abstraction et une fantaisie sauvage ; et, inévitablement, les frontières de son monde se sont réduites au rapport entre lui-même et son descendant mâle.

Il n'est qu'une seule chose que je ne pardonne pas à Leopold Mozart : d'avoir épuisé mon frère jusqu'à le rendre malade ; c'est un miracle s'il est aujourd'hui un garçon sain et robuste. J'étais plus grande, plus forte, et je supportais mieux l'inconfort des déplacements, l'irrégularité des repas, l'interminable succession des concerts ; mais le petit a dû affronter de graves coliques, une fièvre catarrheuse, un érythème noduleux et quantité de maladies mineures allant des vomissements aux maux de tête chroniques ; pour ne pas parler de la variole, à laquelle, grâce à Dieu, nous avons survécu tous les deux... Mais rien n'aurait pu dissuader Herr Mozart de ses projets, et chaque guérison marquait le début d'une nouvelle activité et la préparation d'un nouveau résultat exaltant.

Car la tournée *a eu un succès magnifique ! Les concerts rapportaient une montagne d'argent, grands de ce monde et gens du commun étaient enthousiasmés par le spectacle que nous leur donnions, mon frère et moi, la renommée de Wolfgang se répandait, sa culture musicale devenait chaque jour plus riche ; moi aussi, mon âme s'enrichissait de visions et d'expériences que, dans la petite Salzbourg bornée, je n'aurais jamais connues. Mais cela ne suffisait pas à mon père, il lui fallait toujours viser plus loin, jusqu'à Londres... et peut-être avait-il dès cette époque un autre voyage en tête, plus ambitieux encore : en Italie. Il était prêt à supporter la promiscuité des Méridionaux qu'il méprisait, dans le seul but de conduire Wolfgang au pays de l'opéra et d'en faire une étoile des planches...*

Finalement, je devrais être particulièrement reconnaissante à Leopold Mozart de ce voyage en Italie : n'est-ce pas ce voyage qui, indirectement, nous a permis, très cher, de nous rencontrer ? Considérez donc, Armand, qu'à ce titre au moins mon père mérite votre bienveillance...

Au centre de la fresque resplendissait un aurige divin à demi nu portant sur ses épaules une cape dorée que la course ne parvenait pas à lui arracher. Combien y avait-il de chevaux ? Deux, peut-être, l'un masquant l'autre, mais, à cette distance et la tête renversée en arrière, il n'était pas facile de les distinguer. Le char étincelait et, s'il n'y avait eu ce rayonnement, tout, aux alentours, serait resté dans la grisaille. Quelques personnages d'allure plus humble occupaient le bas de la scène, parmi lesquels deux femmes qui avaient l'air de s'ennuyer, comme si leur position céleste, loin de les faire se sentir supérieures aux misères humaines, leur donnait au contraire envie de descendre partager celles-ci. Nannerl sourit intérieurement en se figurant ces servantes abondamment emmaillotées de draps dans le plus pur style classique en train d'évoluer au milieu des nobles dames décolletées et somptueusement vêtues qui remplissaient le salon ; elle abaissa le regard et, soudain, ne vit plus que des taches, ce qui accrut en elle le sentiment de se trouver dans un lieu irréel.

Versailles était plus qu'un château, plus qu'un palais royal, c'était une ville transplantée là par des nababs. Tout était fastueux, du parc immense peuplé de bronzes, de marbres et de vasques gigantesques aux bâtiments très hauts et plus vastes encore, dont les larges fenêtres étaient ornées de tentures exubérantes. Les murs des innombrables salons étaient couverts de stucs et de pierres roses et orangées ; sur des piédestaux s'alignaient de longs vases aux cols étroits et des bustes d'hommes illustres moustachus, et, près des portes, d'énormes miroirs aux cadres contournés et couverts d'or. De l'or partout : statues d'or, poutres d'or, même les portes étaient d'or. Et puis les tapisseries sur les murs et les tapis sur les planchers, des tapis démesurés qui auraient pu couvrir la superficie de la grand-place d'une ville normale ! Dans les cheminées brûlaient des feux sur lesquels on aurait pu faire rôtir un troupeau entier, et pourtant il régnait un froid terrible... Comment ces dames qui exhibaient résolument leur poitrine pouvaient-elles survivre là-dedans sans attraper chaque hiver des pneumonies ?

Herr Mozart semblait en revanche convaincu que tant de luxe rendait sa personne également royale. Tenant la petite main de son fils, il avançait d'un air satisfait :

« Il était temps de changer un peu de spectacle, après celui du vulgaire dans les rues de Paris. Ne trouves-tu pas, chère épouse ? »

Stupéfaite et fascinée, Frau Mozart, qui n'avait cessé de garder la bouche ouverte depuis au moins vingt minutes, avait la gorge sèche et ne parvint pas à répondre.

« *Superflua divitum, necessaria sunt pauperum !* Tu peux me traduire cette phrase, Wolfgang ?

— Le superflu des riches est nécessaire aux pauvres, répondit l'enfant en secouant la main de son père qui ne le lâchait pas.

— Bravo, mon ange. Malheureusement cette notion a été trop souvent mal interprétée, au point de pousser quelques poignées de misérables à s'approprier le bien d'autrui. Songe que le chah de Perse, un pays splendide encore plus lointain que l'Angleterre, a été renversé par une populace en folie, et que son palais a même été rasé jusqu'aux fondations ! Espérons qu'ici ces gens n'auront pas la même fin... »

Wolfgang réussit à se dégager et fila rejoindre sa sœur qui tentait de se réchauffer à l'une des cheminées, si près des flammes qu'elle risquait de mettre le feu à ses vêtements ; il lui prit la main, plus accueillante que celle de leur père et aussi plus chaude, et ils entrèrent ensemble dans le salon réservé pour leur concert.

Le clavecin, dans cette orgie visuelle, était pratiquement invisible, même s'il était finement doré, laqué et peint avec art. Il n'était pas surélevé mais à demi caché entre les divans, les tables surchargées de mets exquis, les *précieuses* poudrées et les sigisbées qui semblaient être venus là pour d'obscures raisons, mais certainement pas pour écouter de la musique. Ils parlaient d'on ne savait quoi dans leur langue pleine de voyelles, cachaient les sourires de leurs lèvres peintes derrière des éventails de plumes et de fourrure, et rien ne pouvait les faire taire : ni les quintes de toux de Leopold Mozart, ni la force redoublée du morceau à quatre mains qu'il avait ordonné à ses enfants de jouer, ni leur « numéro » consistant à tendre un voile entre eux et le clavier. Cependant, dans le moment même où une matrone franchissait le seuil, il se fit un silence craintif.

Elle était escortée de deux superbes gentilshommes entre lesquels elle aurait disparu si elle ne s'était pas imposée par son air altier ; elle devait avoir une quarantaine d'années et portait encore les traces de sa beauté passée. L'ovale du visage, surmonté d'un diadème de diamants, était ponctué par des yeux gris tout aussi brillants, mais trop de couches de fard la faisaient ressembler à une vieille poupée. Tout de suite, un page s'approcha de Leopold pour lui demander à voix basse de dire aux enfants d'arrêter de jouer ; mais la dame, d'un geste majestueux, fit comprendre qu'elle désirait le contraire, se laissa choir sur un siège et resta là, magnifiquement seule, avec l'air d'apprécier le concert.

« Qui est-ce ? » souffla Leopold à l'oreille du page.

La réponse vint sur un ton scandalisé :

« *Monsieur, c'est la marquise de Pompadour !* »

Ce nom ne produisit pas d'effet particulier sur les deux enfants, qui ne furent pas davantage impressionnés par le soudain intérêt général dont ils étaient le centre et dont ils comprenaient bien la fausseté. En revanche, Anna Maria regardait la favorite du roi avec le mépris que l'on réserve aux femmes de mauvaise vie et, lorsque les applaudissements éclatèrent, elle sentit la rage l'envahir en voyant son mari se diriger droit vers cette créature et se livrer à une génuflexion digne d'un ballet présidé par une sorcière.

« Et ce que vous avez vu n'est rien ! s'exclama Leopold en pivotant sur lui-même pour s'adresser à la salle. Le spectacle auquel vous allez assister dans quelques instants vous laissera stupéfaits et émerveillés. L'une d'entre vous, mesdames, aurait-elle l'amabilité de suggérer un thème musical ? »

La seule réponse fut un silence de pudeur inattendue, accompagné de quelques murmures et de petits rires amusés.

« Courage, mesdames ! Je ne demande pas grand-chose... juste de chantonner une mélodie, même la plus simple, même une chansonnette apprise dans votre enfance. Sur ce thème, mon petit Wolfgang, pour incroyable que cela puisse paraître, composera sur l'instant une fugue ! »

Les rires se firent plus forts, avec une teinte de raillerie. L'homme adressa à la Pompadour un sourire qui se voulait charmeur :

« Madame la Marquise accepterait-elle de donner l'exemple à la Cour ? Ce serait pour moi un honneur indescriptible... »

Elle le foudroya d'un regard homicide, et les deux gentilshommes le fixèrent également d'un air courroucé, lourd de menaces. La voix un peu défaite, mais ne se tenant jamais pour vaincu, il poursuivit :

« Eh bien ! Dans ce cas, ce sera moi qui romprai la glace. Voyons un peu : à Augsbourg, lorsque j'étais enfant, il y avait une certaine berceuse... »

À ce moment, les rires fusèrent très haut, et même la marquise descella les lèvres pour découvrir deux rangées de dents parfaites, dans un ricanement muet. Leopold se figea, interdit : il se rendit compte que tous les regards étaient tournés vers le clavecin, il se retourna, et ce qu'il vit le remplit de honte : Wolfgang, la tête sur les genoux de Nannerl, s'était profondément endormi.

La Pompadour, si elle n'avait pas été la Pompadour, se serait pliée en deux d'hilarité en se tenant le ventre. Elle se contenta de sortir tranquillement de la salle, avec un rire spectral qui lui fendait le visage, emmenant à sa suite une bonne partie de l'assistance ; et du coup l'intérêt pour la famille de musiciens disparut aussi vite qu'il était venu. Seules quelques dames osèrent s'approcher du petit dormeur et caresser ses boucles dorées ; même Anna Maria ne parvint pas à réprimer un sourire attendri, mais le regard furieux du chef de famille la rappela sur-le-champ à ses devoirs.

« Mets-le tout de suite au lit ! » ordonna Leopold à sa fille, et il quitta la salle en traînant sa femme derrière lui.

Si, pour se déplacer à l'intérieur de Versailles, les nobles se faisaient voiturer dans d'énormes sièges que l'on appelait des *chaises à porteurs*, c'était évidemment pour une raison pratique : la distance séparant le salon au clavecin de la sortie était exorbitante. Nannerl dut secouer son petit frère et l'exhorter à marcher, car elle n'aurait jamais réussi à le porter dans ses bras jusque-là ; après quoi, pour rejoindre l'auberge *Au cormier*, elle dut emprunter une calèche, car il tombait une pluie fine et glacée, et le résultat fut qu'une fois dans la chambre Wolfgang se retrouva aussi vif qu'un grillon. Pendant qu'elle glissait la bassinoire sous les couvertures, il se cachait sous le lit ; pendant qu'elle tentait de lui passer sa chemise de nuit, il s'échappait avec un rire cristallin en la mettant au défi de le rattraper.

« On va faire un procès ! On dira que j'ai volé un cerf ; toi, tu es la Reine et tu veux m'envoyer en prison !

— Très bien ! lança Nannerl. Je te condamne aux galères, sale voleur ! Et maintenant, au lit !

— Non, pas comme ça ! Un vrai procès ! Tu dois monter sur le trône ! »

Et il essaya de la pousser vers une chaise longue, mais elle résista.

« Ça suffit, Wolfgang… si tu n'arrêtes pas, je m'en vais et je te laisse tout seul.

— Et moi je le dirai à papa.

— Si tu fais ça, je te giflerai !

— Et moi je dirai à papa que tu m'as battu ! »

Elle s'assit avec un soupir résigné et commença :

« L'objet du délit…

— Non, tu dois d'abord réciter la formule.

— "Ici règne la félicité…"

— Non, tu n'as pas compris. Les vrais procès se font en latin. »

Nannerl le regarda avec une soudaine rancœur. Ce garnement savait très bien que l'étude de la langue latine lui était barrée.

« *"Hic habitat felicitas…"*, commença-t-il en lui adressant un sourire narquois. Allons, grosse gourde, tête de navet, outre vide, répète ! »

Elle ressentait une envie terrible de lui expédier une torgnole, mais elle fit un effort héroïque pour se retenir et se tut.

« *"Hic habitat felicitas, nihil intret mali !"* Qu'est-ce que ça veut dire ? Qui le sait ? Toi, tu ne le sais pas. Tu ne le sais pas parce que tu as la tête ronde comme une balle et toute vide ! »

Et il sautillait sous son nez, tant et tant que Nannerl finit par sortir de ses gonds, se leva brusquement et allongea les bras pour lui donner une bourrade qui ne voulait pas être violente, mais qui le fut. Le petit garçon tomba à la renverse, en se cognant rudement la tête.

Il n'éclata pas en pleurs. Il la regarda avec une immense stupeur, tandis que, terrifiée, elle s'agenouillait par terre :

« Wolfgang ! Tu t'es fait mal ? »

Il fit signe que non, en se massant l'endroit de la tempe qui le faisait souffrir. Tout s'était évanoui en une seconde : l'euphorie, l'envie de jouer, le désir de provoquer sa sœur. Ce fut elle qui versa d'abondantes larmes de chagrin, et cela le dérouta encore davantage. Il se releva mécaniquement et voulut enfiler sa chemise de nuit sans son aide ; il sortit lui-même la lourde bassinoire, entra dans le lit et, juste avant de glisser dans le sommeil, lui adressa un vague sourire de compréhension.

Leurs parents les trouvèrent ainsi, lui profondément endormi, elle accroupie à côté, en train de le veiller, les yeux rougis.

La promenade nocturne n'avait pas atténué la mauvaise humeur de Leopold. La figure sombre, il se dirigea vers la chambre contiguë, s'assit sur le grand lit et délaça ses souliers. Pendant ce temps, Anna Maria allait voir Nannerl et lui chuchotait :

« Que s'est-il passé ? Vous vous êtes disputés ? »

Elle ne répondit pas. Elle écoutait avec une colère croissante les bruits que faisait son père : un froissement d'habits disposés sur le portemanteau, un soliloque incompréhensible de déception pour quelque folle raison ; finalement, elle se précipita vers lui et explosa :

« Demain, Wolfgang ne jouera pas ! Tu as compris ?

— Quelle mouche te pique ? Tais-toi, tu vas le réveiller ! Merde sèche ! fit Anna Maria en la rejoignant.

— Il est à bout ! Il n'est plus lui-même ! Toujours fatigué, maladif, maigre, il ne grandit pas, et il a sous les yeux des cernes noirs pires que les tiens ! Tu ne peux pas nous faire jouer les chiens savants tous les soirs ! Wolfgang doit se coucher tôt ! »

Impassible, Leopold avait continué à se déshabiller lentement. Il était maintenant à demi nu, mais cela lui était bien égal que sa fille le voie ainsi ; c'était même une façon de lui faire savoir qu'elle n'avait pas plus de valeur à ses yeux qu'une commode ou une descente de lit.

« Je te le dis une fois pour toutes, Nannerl, je ne le répéterai pas, répliqua-t-il d'une voix de stentor. Quand tu auras toi-même des enfants, tu les élèveras à ta guise ; pour le moment, c'est moi, et moi seul, qui décide. De toute manière, Wolfgang supporte très bien la fatigue. C'est probablement toi qui ne te montres pas à la hauteur, et tes propos absurdes le prouvent. »

Furieuse, Nannerl jeta à terre le portemanteau sur lequel son père avait disposé ses habits avec tant de soin et retourna près de son frère en fermant la porte derrière elle à triple tour.

Anna Maria ramassa les habits et suggéra timidement :

« Leopold, la petite n'a peut-être pas tout à fait tort... Elle et Wolfgang ont un peu les nerfs à fleur de peau, il se peut qu'ils soient trop fatigués...

— Nannerl a maintenant treize ans. C'est l'âge ingrat », proféra-t-il d'un ton sentencieux, et il éteignit la chandelle.

Nous allions enfin voir le roi de France ! Petits marquis et dames de la Cour de toutes sortes tournaient en rond comme des abeilles en folie dans une immense salle au centre de laquelle se dressait une table si longue que les extrémités s'en perdaient à l'horizon et si chargée d'objets précieux qu'on pouvait craindre qu'elle ne s'écroule. Sur la nappe en tulle de coton blanc semé de dentelles, étaient disposés dans un ordre parfait des assiettes en porcelaine merveilleusement décorées, de hautes coupes frappées aux armes royales, des fourchettes et des couteaux aux manches ciselés, des serviettes d'une blancheur éclatante soigneusement pliées, des carafes et des bouteilles en cristal précieux, et puis des compositions florales et des plateaux d'argent surchargés de fruits, de *brioches*, de fromages, des chandeliers formidables portant des grappes de bougies dont la lumière éclatante était capable de rendre plus beau le visage de n'importe quelle femme.

Louis XV ne dînait avec la Cour qu'un jour par an : le premier. Le reste du temps, les familiers de Versailles n'avaient pas le droit de contempler leur divinité tandis qu'elle se nourrissait comme le commun des mortels. Le *Grand Couvert* du Jour de l'An était un événement exceptionnel, comme la réalisation d'une prophétie, et grande était la satisfaction de Leopold Mozart d'y voir sa famille invitée. Il aurait le privilège de s'asseoir en compagnie des souverains !

Des invités qui guettaient les places à cette table montait un bourdonnement de conversations frénétiques ; comme dans un perfide jeu de chaises musicales, il n'y avait pas assez de sièges, et les derniers arrivés en seraient pour leurs frais ! Impensable ! Soudain les valets fermèrent les portes ; une seule resta ouverte, haute et spectaculaire ; dans le silence qui suivit, les dames vérifièrent leur coiffure dans les glaces et les hommes s'assurèrent qu'ils étaient convenablement boutonnés ; enfin, avec l'orgueilleuse indolence du paon qui fait la roue, entouré d'imposants gardes suisses, Louis XV apparut, au côté de Marie Leszczynska.

Nannerl resta déconcertée : la reine était une petite vieille. Elle avait les cheveux gris, les mains déformées et tachetées, une robe en gaze plissée de couleur crème, agrémentée de fourrure blanche qui la faisait ressembler à une meringue ratée, avec sous le menton un nœud luisant qui retenait une sorte de bonnet de nuit surmonté encore d'un voile gonflé. Elle descendit de la *chaise à porteurs* à grand-peine, et gagna sa place à table tandis que les valets soulevaient sa traîne, prêts en réalité à la secourir au cas où ses jambes la trahiraient ; elle s'installa enfin sur son siège en laissant échapper un soupir de soulagement, toute tremblante et sur le point de s'effondrer par terre réduite à un petit tas d'ossements.

On percevait nettement à quel point le roi était plus jeune. Et à voir sa femme, pensa Leopold avec une secrète indécence, on comprenait qu'il ait cherché toute sa vie d'autres distractions. Autant Marie était voûtée, autant Louis se tenait droit et fier, promenant sur tous le regard inquisiteur et insolent de celui qui peut tout se permettre.

Après les souverains, les autres convives furent autorisés à prendre place : Anna Maria et Nannerl à côté du roi, et, à l'autre extrémité de la table, Leopold et Wolfgang près de la reine. Dans un silence religieux, les valets servirent le premier plat : un *Potage à la Régence*, fine crème de légumes parfumée à diverses épices et parsemée d'authentiques primeurs, très rares pour la saison ; le tout, qui mêlait à d'intenses couleurs champêtres de délicates teintes pastel et répandait un arôme sans égal, fit saliver les commensaux d'une façon si embarrassante qu'elle en était presque audible. Personne n'aurait osé attaquer avant que l'estomac royal n'ait ingéré la première cuillerée de ce mets exquis. Avec une lenteur exaspérante, Louis XV goûta le potage, reposa la cuillère, s'essuya les lèvres avec sa serviette, puis hocha la tête en signe d'approbation ; soulagée, l'assistance l'imita et, au silence respectueux, succédèrent le tintement tranquille des couverts et le bruissement étouffé des conversations.

Wolfgang et Nannerl avaient été dûment chapitrés : ne jamais, au grand jamais, adresser la parole aux souverains ! À moins d'être directement interpellés, auquel cas il convenait de répondre à voix basse et en baissant la tête. Ne jamais se servir avec ses mains, ne jamais manger la bouche ouverte, ne jamais boire avant de s'être essuyé les lèvres avec la serviette, ne jamais mettre les doigts sur la nappe, ne jamais se curer les dents avec le couteau, ou, pis encore, avec les ongles. Raides comme des pantins, les deux enfants dégustèrent la divine pitance que Nannerl trouva délicieuse et Wolfgang rebutante, mais ce dernier se força à n'en rien laisser voir.

Ce fut la voix éraillée de Marie Leszczynska qui ouvrit la conversation. Sous son allure sénile, la reine possédait un esprit éveillé et, contrastant avec la morgue sans limites de la Pompadour, ses manières étaient simples et affables.

« Monsieur Mozart, je suis heureuse de vous connaître enfin.

— Croyez bien que j'apprécie comme il se doit l'honneur

que me fait Sa Majesté en me permettant de m'asseoir à sa table !

— Je vois que votre français est excellent. Et probablement meilleur que le mien.

— Majesté, je vous en prie, vous me confondez…

— Mais pas du tout. Pour moi aussi c'est une seconde langue, et donc mon jugement peut être encore plus sévère que celui des gens du cru. Or, pour le moment, votre prononciation et la pureté de langage me semblent parfaites. Êtes-vous également capable d'écrire en français ?

— Oh, oui, couramment… car on me l'a fait étudier avec beaucoup de soin dans ma jeunesse.

— Vous avez donc dû traduire vous-même votre méthode de violon. »

Leopold la regarda avec une surprise sincère et une non moins sincère reconnaissance.

« Auriez-vous lu mon humble travail, Majesté ?

— J'avoue que non… la musique ne fait pas partie de mes compétences, je n'y aurais rien compris. Mais j'en ai entendu parler. Je sais qu'elle a même franchi les frontières de la Russie.

— En effet, un traité aussi organique de cette discipline n'avait jamais été publié.

— Avez-vous l'intention de rédiger d'autres travaux ?

— Je crains que non, Votre Majesté… mes labeurs actuels ne me le permettent pas.

— C'est vraiment dommage.

— Croyez-vous ? Je suis convaincu que l'homme doit se consacrer entièrement à l'unique activité dans laquelle il excelle. Et, dans celle qui consiste à m'occuper de la carrière de mes enfants, surtout celle du garçon, je dirais modestement que j'excelle. »

La reine se tut, tandis qu'un valet ôtait les assiettes vides et qu'un autre tirait de son panier une bouteille de chablis pour remplir les coupes. Leopold craignit que cette manifestation de fierté ne l'ait irritée, et il allait se répandre en mille excuses, quand il s'aperçut que le valet s'apprêtait à servir du vin à Wolfgang.

« Non, pas au petit, s'il vous plaît !

— Bien dit, monsieur Mozart, reprit la reine avec un sourire bienveillant. Enlevez-lui les verres à vin », ajouta-t-elle à l'intention du serviteur.

Donc elle n'était pas fâchée. Tandis que Leopold soupirait d'aise, le domestique hésitait devant l'assiette de l'enfant, encore pleine à ras bord. Celui-ci s'était recroquevillé sur sa chaise, tête baissée et visage boudeur, empêché de protester par les recommandations paternelles et ne sachant comment se débarrasser de cette horreur. Le valet comprit, lui fit un clin d'œil, et le potage de Wolfgang retourna dans les cuisines.

« Une vie consacrée à ses enfants, songea à haute voix Marie Leszczynska, en buvant quelques gorgées de chablis. Vraiment, c'est admirable, monsieur Mozart. Et même fort rare, chez un homme. Mais, dites-moi, qu'arriverait-il si, un jour, vos enfants voulaient prendre des voies différentes de celles que vous avez tracées pour eux ? »

Leopold ne se sentait plus le courage de la contredire et lui répondit, doux comme un agneau :

« Une fois adulte, Wolfgang pourra faire ce qu'il voudra, naturellement. Je leur offre une possibilité, rien d'autre ; l'accepter ou la refuser relève de leur libre arbitre. »

Tout en savourant les *Croustades à la Saint-Cloud*, la reine acquiesçait, mais la finesse de son intuition lui faisait flairer une odeur de mensonge.

À l'autre bout de la table, la situation était totalement différente. Philosopher de la sorte était impossible, car Anna Maria ne connaissait pas un mot de français. Son visage arborait la même expression que celle du *Rouget à la sauce cameline* qui gisait dans son assiette. Nannerl, en revanche, était en mesure d'entretenir une conversation simple, mais elle était tenue de se taire jusqu'à ce que le roi lui adresse la parole ; et Louis XV n'était pas exactement un bavard, ou en tout cas pas ce jour-là. Peut-être pensait-il que la bouche ne doit servir qu'à une chose à la fois. Il maniait sa fourchette et son couteau très vite, coupant de minuscules morceaux qu'il mastiquait avec un air de concentration absolue, comme s'il se livrait à une activité intellectuelle ; son rapport avec le monde extérieur se bornait en tout et pour tout à de légers hochements de tête adressés à tel ou tel convive, jamais à Anna Maria ni Nannerl. Mais comme tout ce qu'on leur servait était très bon, celles-ci mangeaient avec béatitude.

« Et donc, monsieur Mozart, qu'allez-vous faire maintenant pour vos enfants ?

— J'ai l'intention de donner à imprimer les compositions de mon fils. »

La reine regarda avec une vive surprise Wolfgang en train de s'empiffrer, tout content de trouver quelque chose qui soit enfin à son goût : un *Filet de bœuf à la diplomate*, que le valet complaisant lui avait servi déjà découpé.

« Serait-ce que cet enfant écrit de la musique ? Je ne m'y connais guère, monsieur, mais j'imagine qu'il s'agit là d'un cas exceptionnel.

— C'est vrai, Votre Majesté. Je souhaite commencer tout de suite une publication suivie de l'intégralité de ses œuvres, de manière à ce qu'un plus vaste public puisse avoir connaissance de ses dons. Naturellement, je conserve avec méthode tous ses manuscrits, car un jour, n'en doutez pas, Majesté, on se les arrachera à prix d'or. Je lui prépare un avenir florissant...

— J'en suis convaincue... mais maintenant, changeons de propos, dit-elle en regardant le petit garçon avec un sourire maternel. Laissez-moi prendre dans mes bras ce délicieux bambin... Je peux ?

— Naturellement ! »

Il se leva aussitôt, souleva Wolfgang et le déposa dans les bras de la reine. Arraché à cette viande exquise, passant sans ménagement d'une chaise confortable aux genoux d'une vieille dame couverte de dentelles, le petit garçon lança un regard désespéré à sa sœur, trop éloignée et trop respectueuse, elle aussi, de l'étiquette pour pouvoir intervenir.

Marie Leszczynska n'avait pas seulement conservé sa vivacité d'esprit, mais elle avait fort bonne vue. Elle remarqua tout de suite la marque violacée que l'enfant portait sur la tempe, maladroitement dissimulée sous l'élégante perruque qu'il portait pour l'occasion et sous une couche de fard.

« Oh, mon pauvre petit... tu es tombé ? »

Leopold sursauta :

« Que t'est-il arrivé, Wolfgang ? »

De l'autre côté de la table, les yeux rivés sur cette scène, Nannerl manqua de s'étrangler avec la bouchée qu'elle était en train d'avaler.

« Allons, réponds à ton papa, l'encouragea Marie avec gentillesse. C'est moi qui te donne la permission de parler. Et si la reine te dit de faire quelque chose, tu dois le faire.

— Eh bien... je me suis cogné la tête contre le clavecin de voyage.

— Et pourquoi ne l'as-tu pas dit tout de suite ? questionna le père, soupçonneux.

— Parce que... parce que j'ai égratigné le clavecin, et j'avais peur que tu te fâches. »

Leopold, à juste titre, restait incrédule :

« Tu as égratigné le clavecin... avec la tête ?

— Non, non... c'est parce que, quand je suis tombé, je tenais le violon. »

Leopold haussa le ton.

« Ce qui veut dire que tu as aussi abîmé le violon ? »

La reine riait à gorge déployée, en tressautant et en faisant tressauter Wolfgang avec elle.

« Laissez cela, monsieur Mozart, je vous assure que vous n'en verrez pas le bout... J'ai eu plus d'enfants que vous et je suis aussi beaucoup plus âgée. Vous ne découvrirez jamais ce qui s'est vraiment passé. Et puis, quand bien même vous découvririez qu'un de vos instruments a été endommagé, le mal serait-il si grand ? Vous le feriez réparer ! Que dirais-tu plutôt, mon enfant, de goûter à ce *Suprême de profiteroles à l'écossaise* ? »

Si la relation de cette pyramide de bonnes choses avec l'Écosse restait énigmatique, elle en avait à coup sûr une avec la gloutonnerie. Toujours dans les bras de la reine et mangeant dans son assiette pendant qu'elle le dorlotait en le couvrant de baisers et de caresses, Wolfgang se bourra de chocolat, de pâte à choux et de crème, puis de fraises des bois, toujours à la crème, puis d'abricots fourrés d'amandes, et enfin de glace délicieuse. Et quand, le dîner terminé, ils durent quitter le salon, il avait les poches remplies de bonbons de toutes les couleurs, cachés là par les mains amoureuses et tremblantes de la reine de France.

Ils n'avaient encore jamais vu la mer. Elle avait une odeur forte, de sel, mais le sel de cuisine n'avait pas d'odeur, alors que la mer en avait ; et elle était d'une immensité terrifiante, elle bougeait comme si elle était vivante, mue par une force invisible ; elle semblait agitée d'une sombre colère, décidée à venger un affront, en alliance avec le ciel de plomb prêt, sur un signe d'elle, à descendre la rejoindre et à fusionner avec elle.

Wolfgang galopait de la poupe à la proue, s'accoudait pour regarder les cétacés, se couchait sur le pont pour mieux épouser le tangage du petit bateau. Anna Maria le suivait inutilement, avec la sensation de plus en plus nette que son estomac se promenait dans son corps et remontait un peu trop haut, du côté de la gorge, où il se recroquevillait. Elle prit son mari par le bras et lui demanda de s'asseoir à l'arrière à côté d'elle, de ne pas la laisser seule, au moins pendant quelques minutes.

« Ce n'est rien, déclara Leopold. Le mal de mer n'existe pas. Tu n'as qu'à penser à autre chose, et ça passera tout de suite. Tiens, prie : on en a toujours besoin. Demande au Seigneur de nous donner à tous une bonne santé. »

Profitant d'un coup de tangage, Wolfgang passa sous leur nez comme une flèche et disparut dans une écoutille. Frau Mozart soupira, épuisée.

« Laisse-le jouer, ne t'inquiète pas… en tout cas, il ne peut pas s'échapper. Courage, ma chérie, prie… »

Nannerl était seule à l'avant, accroupie sur le pont comme une petite sirène se laissant gifler par le vent. La côte anglaise était déjà visible dans la brume, et elle se demandait comment serait cette île peuplée de gens aventureux, capables d'aller conquérir gloire et richesse dans les coins les plus reculés de la terre. Leur langue était faite de mots plus familiers pour elle que l'italien ou le français ; mais s'il se vérifiait qu'au-dessus de leurs têtes le soleil ne brillait presque jamais, que leur restait-il alors comme source de joie ?

Elle fut rejointe par son frère qui, tout doucement, s'agenouilla à côté d'elle et, à son tour, regarda le mince segment de terre lointaine. Dans une communion silencieuse, tous deux restèrent un long moment serrés l'un contre l'autre, comme deux statues taillées dans le même bloc de pierre, chacun imaginant à sa manière leur séjour à Londres.

« Je me demande comment est Jean-Christian Bach », dit Wolfgang.

Nannerl croyait le voir : c'était un véritable maître, un homme capable de la comprendre et de l'aider, ce que son père ne serait jamais.

« Il a… les cheveux blancs, et deux grandes mains agiles et rapides sur le clavier, toutes tachées d'encre. Même les touches du clavecin sont tachées d'encre noire, et il les nettoie lui-même avec un mouchoir blanc, et puis… et puis la plume dont il se sert pour composer est longue, en argent. Il la trempe dans un encrier bleu sombre…

— Je suis sûr qu'il est meilleur que papa.

— C'est évident, Wolfgang. Inutile de le dire. »

Si les oreilles de Leopold, assis à la poupe, ne sifflaient pas, son physique devait quand même être troublé par quelque chose, car il avait pâli. Sa femme, sereine, priait : « *Sancta Maria, mater Dei, ora pro nobis peccatoribus, nunc et in hora mortis nostrae...*

— *Amen* », fit-il, et, de toute son âme, il vomit tripes et boyaux dans la mer.

... C'était un autre monde ! Ce n'était pas l'Europe ! Toutes les habitudes, les objets, les comportements étaient différents. Les maisons étaient basses, sombres, grises, marron, noires même, ou alors d'un rouge sale, couleur des briques dépourvues du moindre crépi. Devant chaque demeure il y avait une grille en fer pour empêcher les passants de tomber dans les sous-sols ; chaque porte conduisait directement à un logement. Pas d'immeubles, rien que des petites maisons collées les unes aux autres, dont les pièces s'empilaient sur deux ou trois étages. En conséquence, pas de cours intérieures : si Wolfgang et moi étions nés à Londres, où aurions-nous mis le trône du Roi ?

Les pièces étaient petites, ce qui leur donnait l'avantage d'être toujours bien chauffées. Dans les poêles on brûlait du charbon, pas des bûches ; le bois était utilisé pour aménager la maison. Les murs étaient revêtus de bois, les plafonds laissaient à nu des poutres en bois, et même le sol qui grinçait sous les pieds était en planches ; l'odeur de pin vous prenait à la gorge. Les fenêtres n'étaient pas larges, sauf celles du rez-de-chaussée, que les gens appelaient d'ailleurs premier étage ; et elles avaient un système bizarre d'ouverture en coulissant vers le haut, de sorte qu'on ne pouvait jamais se pencher complètement ; et, quand on regardait dans la rue, on restait stupéfait en voyant la foule invraisemblable qui s'y pressait.

Hommes et femmes étaient grands, bien bâtis, sains d'aspect ; des Noirs, des Chinois, des gens du commun mêlés aux nobles, sans que ceux-ci ne s'en offusquent ni n'exigent quelque signe de respect ; et tous semblaient vêtus pour une mascarade. Les jaquettes des hommes leur descendaient jusqu'aux mollets, et les poignets étaient si serrés qu'ils entravaient les mouvements des bras. Les femmes ne sortaient jamais sans chapeau ; de grands chapeaux ronds, à bords larges et souples, complétés derrière la tête par une étoffe brillante, de la paille tressée ou du taffetas, *et incroyablement ornés de dentelles, de rubans, de fleurs et même parfois de pierres précieuses. L'étoffe des jupes était en lin, en soie, en coton, en tissus persans ou des Indes Orientales, avec des petites fleurs imprimées ou de fins rameaux brodés. Je vous assure que Victoria ferait des folies pour ces étoffes-là ! Les jeunes gens avaient les cheveux courts et portaient sur le sommet du crâne un béret de feutre qu'ils retenaient d'une main quand un vent coulis menaçait de le leur arracher. Car à peine faisait-il chaud que, l'instant suivant, le vent du nord abaissait la température au point de vous faire claquer des dents : il n'y avait pas d'autre remède que d'aller sur-le-champ se mettre au lit.*

Il pouvait arriver que l'on assiste à une rixe qui éclatait, sans crier gare, en pleine rue : deux hommes se frappaient sauvagement jusqu'à se briser les os et les dents, et les passants les ignoraient, ou alors ils s'arrêtaient pour regarder comme s'ils étaient dans un stade, voire se jetaient eux-mêmes dans la mêlée. Il pouvait arriver aussi que l'on s'entende apostropher brutalement par un inconnu, à cause du costume continental : nous nous sommes même fait traiter de Français, injure suprême de la part d'un Anglais ! Aussi notre père nous a-t-il conduits en grande hâte dans la boutique d'un tailleur et nous a habillés de neuf de pied en cap. Et, la tête haute, désormais pareils à n'importe quelle famille du pays, nous avons plongé dans la fumée et la poussière et nous nous sommes perdus dans la foule...

« Herr Tschudi, je suis très honoré de votre accueil, et je reconnais volontiers que vous êtes un habile artisan. Néanmoins, je vous avoue que ce nouvel instrument... comment dire ? ne me convainc pas. C'est un Italien qui l'a inventé, voyez-vous ? Il est temps que ces Méridionaux cessent de faire la loi sur le marché de la musique.

— Je comprends votre point de vue, Mister Mozart. Mais permettez-moi de vous rappeler que, si le piano-forte a bien été inventé par Cristofori, il a été ensuite perfectionné par Gottfried Silbermann, qui est allemand.

— Je sais ! Et je sais aussi, par ailleurs, que Jean-Christian Bach a déjà composé pour le piano-forte ; n'en doutez pas, dans la mesure de mes modestes moyens, je suis assez bien informé. Mais je persiste à croire que cet instrument n'aura pas une grande diffusion. C'est une de ces modes qui ne résistent pas au passage du temps... Vous me comprenez, n'est-ce pas ? »

Ils étaient tous assis dans l'atelier du plus célèbre facteur de pianos-forte, en train de prendre le thé. Il n'y avait aucune demeure londonienne où la bouilloire à thé ne soit en permanence sur le feu, et tout visiteur était immanquablement accueilli avec du thé et des toasts beurrés. Apparemment, cette coutume s'étendait aussi aux ateliers d'artisans, ou tout au moins aux plus florissants ; et, à en juger par le précieux service en porcelaine chinoise et à la théière en argent massif, les affaires de Mr. Burkhardt Tschudi marchaient bien. Il avait également un assistant, un homme en chemise qui travaillait tranquillement dans un coin avec de la colle et une lime.

Nannerl était impatiente d'essayer l'instrument moderne qui, au son métallique et, il fallait bien le dire, ennuyeux du clavecin, avait substitué un timbre tout nouveau, beaucoup plus expressif, grâce à un ingénieux système de leviers et de marteaux. Elle était tout excitée à l'idée de chercher un large spectre d'effets acoustiques, en fonction de la force avec laquelle elle frapperait les touches : de la délicatesse d'une pluie légère à la vigueur furieuse du tonnerre en passant par mille nuances intermédiaires.

Tandis que les adultes faisaient la conversation, elle s'approcha en silence d'un magnifique instrument. À première vue il ne différait pas d'un clavecin. Il était en bois de cèdre, sans fioritures, massif, et n'avait qu'un seul clavier au lieu de deux superposés, mais beaucoup de clavecins étaient ainsi. Pourtant, dès qu'elle effleura les touches des doigts, Nannerl éprouva une émotion semblable à celle qui l'avait saisie en découvrant son frère le jour de sa naissance, et elle comprit que, privée de piano-forte, sa vie perdrait tout sens. Wolfgang la rejoignit, bouche bée, tandis qu'elle continuait de faire courir ses mains, parallèlement puis en les croisant : tout en jouant, elle se mettait debout pour regarder le jeu des marteaux sur les cordes et laissait libre cours à son inspiration, à son instinct et à sa passion.

« Qu'est-ce que tu fais ? Mais, ma parole, tu improvises ! »

C'était la voix de Leopold. Mr. Tschudi le regarda d'un air quelque peu réprobateur, tandis que Nannerl reposait ses mains sur ses genoux.

« Les petites filles ne doivent pas se laisser aller à leur fantaisie, poursuivit Herr Mozart. Que deviendrait le monde, si les hommes n'étaient pas là pour mettre un frein à la coquetterie des femmes ? »

Anna Maria, qui était occupée à remettre en place une épingle à cheveux, s'arrêta brusquement et tenta de se donner l'allure d'une personne sérieuse.

Avec un calme étudié, Léopold reposa sa tasse et s'essuya les mains et la bouche avec sa serviette.

« Eh bien ! Maintenant que nous avons vu les instruments, je pense que nous pouvons nous en aller. Merci, Herr Tschudi…

— Oh ! Si vite ? s'exclama ce dernier, d'un air fort désappointé. Nous en avons d'autres à l'étage. Ne me dites pas que vous ne voulez pas les voir ! Ce sont mes meilleurs articles...

— Ce serait sûrement intéressant, mais vous devez comprendre que mon fils est en train de perdre un temps précieux qu'il devrait consacrer à l'étude.

— En haut, j'ai également un clavecin. Ne voudriez-vous pas comparer ? Cela pourrait être utile, pour son éducation... »

Les tables d'harmonie ouvertes répercutèrent le cri de Wolfgang :

« Oui ! Je veux essayer de jouer des deux !

— Mais bien sûr, mon petit ; mon assistant va t'accompagner. »

Wolfgang se précipita vers l'homme en chemise, suivi de sa mère et de Léopold résigné. Nannerl fit mine de les suivre, mais Tschudi referma vite la porte :

« Et maintenant, joue pour moi. Comme tu viens de le faire. »

Elle regarda nerveusement la porte.

« Rassure-toi. De l'étage, on n'entend rien.

— Non, il vaut mieux que j'aille avec eux... Mon père va s'apercevoir de mon absence et redescendre...

— Personne n'avait jamais joué de mon instrument comme tu viens de le faire. Je t'en prie, recommence. Fais plaisir à un vieil homme. »

Timidement, Nannerl s'assit sur le bord du tabouret. Elle fit retentir quelques accords légers, puis une brève gamme, puis une trille et, enfin, elle se sentit suffisamment consolée pour, dans la partie haute du clavier, développer une mélodie qui évoquait les cimes des arbres agitées par le vent sur la colline proche de Salzbourg qu'elle aimait tant, la fraîcheur humide d'une branche coupée, le battement d'ailes d'une bécasse. Elle ne jouait pas fort, pour éviter la colère de son père, mais ce n'était pas nécessaire ;

celui-ci, trop occupé par les prouesses de Wolfgang à l'étage au-dessus, l'avait oubliée. Et à la fin cet artisan aux manières plutôt réservées la salua d'un léger applaudissement ému, le plus gratifiant qu'elle ait jamais reçu, en murmurant des mots qui devaient rester gravés à jamais dans sa mémoire :

« Aie le courage de lutter pour tes rêves, petite Mozart... »

Nous y étions ! Le maître habitait un hôtel particulier de trois étages, à la porte peinte en vert. Derrière un nez long et étrangement mobile, un majordome aussi élégant qu'un lord eut un regard qui se perdit au-dessus de la tête des Mozart, et dit seulement :

« Suivez-moi. »

Nous y étions, donc. Serrant ses partitions contre sa poitrine, Nannerl sentait son cœur battre avec violence, un étau la tenaillait de l'estomac à la gorge, et elle avait peur de trébucher dans l'escalier.

« Bienvenue ! Je suis heureux de faire votre connaissance. Comment allez-vous ?

— C'est un grand honneur pour moi d'avoir l'immense privilège de rencontrer le célèbre et illustrissime Herr Jean-Christian Bach ! commença Leopold en lui serrant le bout des doigts.

— Eh ! Je vous en prie... Foin des cérémonies entre collègues. Frau Mozart... *enchanté*. Excusez-moi, je vous montre le chemin... »

Sur le majestueux piano-forte à queue trônait un portrait de Jean-Sébastien Bach, avec son expression sévère et chagrine, une énorme perruque aux boucles blanches lui tombant à la hauteur du ventre. Le fils, fort différent par son allure et sa jeunesse, se tourna amicalement vers Nannerl et Wolfgang :

« Et voici les petits Mozart ! Les deux prodiges dont j'ai tant entendu parler…

— Moi aussi j'ai entendu parler de toi !

— Silence, Wolfgang ! Les enfants ne doivent parler que si on les interroge.

— Mais non, Herr Mozart, laissez donc cet enfant s'exprimer… Eh bien ? Que sais-tu de moi ?

— Que tu es meilleur que papa ! C'est Nannerl qui l'a dit… »

Un lourd silence suivit. Puis Bach, que la chose amusait beaucoup, reprit :

« Ma chère enfant, en art il est très difficile d'établir une gradation… et dans tous les cas il ne s'agit pas d'un concours, avec des vainqueurs et des perdants. Mais toi, petit, essaye de conserver cette belle insolence. Si tu réussis à la mettre dans ta musique, personne ne pourra t'arrêter.

— Insolence ? Pour moi, la musique est une question de discipline, balbutia Leopold.

— Certes, certes : la discipline est indispensable. Mais elle est seulement le moyen qui nous permet d'exprimer les passions.

— Comme dans les œuvres de votre père ! lança Nannerl. Il a été le premier compositeur qui…

— Si nous en venions au fait ? »

Et Leopold, piqué, à la limite de l'impolitesse, tendit à Bach une liasse de partitions.

« Ce sont les dernières compositions de Wolfgang. Je vous serais reconnaissant de les examiner dès que possible, pour envisager la possibilité de lui donner des leçons.

— Mais comment donc ! Je peux même le faire tout de suite, si vous avez la patience d'attendre un peu.

— Pardonnez-moi… moi aussi j'aurais des choses à vous montrer, si cela ne vous importune pas… Un *Lied con basso continuo*, un duetto… et encore une cantate – et, les mains tremblantes, Nannerl offrit sa musique au maître tant attendu.

— Je suis vraiment admiratif... ainsi, toi aussi tu composes !

— Ne dis pas de bêtises ! » Leopold était de plus en plus nerveux. « Aucune femme ne compose !

— Mais moi si, et mes partitions le démontrent...

— Attention, Nannerl : tu commets le péché de suffisance ! Et comme l'a bien dit saint Augustin, *superbia parit discissionem, caritas unitatem...*

— Moi, suffisante ? Et faire étalage de son érudition, ce n'est pas commettre le péché de suffisance ? »

Herr Mozart en resta sans voix, mais seulement un instant.

« Tais-toi, petite sotte ! » hurla-t-il, et il se planta devant elle, le visage congestionné tout près du sien, prêt à l'étrangler de ses propres mains.

Tous se turent, et longtemps. Gêné, Bach contemplait le portrait de son père comme s'il lui demandait de l'aide. Nannerl lui tendait ses partitions, mais il ne les prenait pas. Au bout d'un moment, elle sentit que sa mère la saisissait par le bras.

« Viens, ma chérie, dit celle-ci en l'entraînant de force, allons-nous-en, pour que Herr Bach puisse donner une leçon à Wolfgang ; ensuite, s'il lui reste du temps, il t'écoutera aussi. Courage, mon petit cœur... »

Dès qu'elles eurent franchi le seuil, son sourire de circonstance s'évanouit :

« Ton père a raison, tu es vraiment idiote ! Qu'avais-tu besoin de faire une scène devant ce monsieur ?

— Je voulais lui faire écouter ma musique...

— Tu es une demoiselle, tu ne pourras jamais devenir un *Kapellmeister* ! Entre-toi bien ça dans la tête ! Papa te l'a dit mille fois...

— Alors tu es de son côté ? Sache que je me moque de ce que dit papa ! Et pareil pour toi !

— Je ne te permets pas ! Merde sèche ! »

Le domestique mis comme un lord entrait à ce moment

avec l'inévitable service à thé. Il regarda Anna Maria d'un air scandalisé, se délesta du tout comme il pouvait et s'enfuit.

« Tu vois ce que tu me fais dire !

— Oh oui ! Parce qu'en plus c'est ma faute !

— Maintenant ça suffit, Nannerl ! Tu dois cesser de parler sur ce ton ! » Elle la prit par les épaules et la regarda bien en face : « Ton père a tout organisé pour notre bien : c'est Wolfgang le pilier de la famille, et c'est lui qui doit devenir compositeur. Nous l'enverrons étudier en Italie quand il sera grand... comme ça, il deviendra célèbre dans le monde entier, et nous serons tous plus heureux ! Toi comprise !

— Mais qu'est-ce que tu en sais, toi, de ce qui me rend heureuse ?

— Et après, nous te trouverons un mari ! Tu auras des enfants ! À quoi ça te sert, toute cette passion pour la musique ? »

La demi-heure qui suivit fut pour Nannerl une authentique torture. Derrière la porte close s'élevèrent bientôt des notes : Wolfgang jouait du piano-forte pour Jean-Christian Bach. Et pendant ce temps, elle attendait en silence, prostrée sur un fauteuil, en ne faisant absolument rien. Installée sur le divan comme une sultane, sa mère buvait du thé, ingurgitait toast sur toast et tentait de la convaincre de l'imiter, mais l'estomac de Nannerl s'y refusait. Elle joignit ses mains sur son ventre et se mit à se tourner les pouces ; elle eut un moment de faiblesse ; elle s'appuya contre le dossier et ferma les yeux ; puis elle se reprit et se leva. Elle s'accouda à la fenêtre et regarda au-dehors, à la recherche d'une distraction quelconque, mais la vue donnait sur l'arrière de la maison et personne ne passait. Soudain la musique s'arrêta et la porte s'ouvrit sur Herr Bach, tenant Wolfgang dans ses bras comme un pantin.

« Merveilleux, vraiment, Frau Mozart ! Savez-vous qu'il m'a semblé revenir à ma prime jeunesse ? J'ai retrouvé avec votre fils le petit garçon que j'étais. »

Il le déposa doucement :

« Va avec ta sœur, maintenant. Je dois discuter avec ton papa et ta maman de ton avenir ! »

Rapide comme une rafale de vent, Nannerl sortit du petit salon, et Wolfgang courut derrière elle.

« Tu sais que ta cantate lui a énormément plu ? Je lui ai dit que c'est toi qui l'as écrite, mais il ne voulait pas me croire ! Il pensait que c'était moi !

— Laisse-moi tranquille ! » Et elle voulut descendre l'escalier, mais il la retenait par la jupe en riant.

« Mais où vas-tu, grosse bête ? Tu veux jouer à cache-cache ? »

Elle lui donna un coup sur la main, et il la lâcha ; elle dévala les marches, tandis que le petit garçon restait là, abasourdi.

« Nannerl, Nannerl, qu'est-ce qui te prend ? »

Il tenta de la rejoindre. Elle était déjà en bas et courait dans l'entrée. Elle voulait partir le plus vite possible, disparaître, peut-être errer seule dans la ville, peut-être marcher jusqu'au pont de Londres et sauter dans la Tamise.

« Nannerl ! "Ici règne la félicité !" »

Elle ne se retourna pas.

« "Ici règne la félicité !" Tu dois me répondre ! »

Nannerl secouait rageusement la porte, qui ne s'ouvrait pas. Ces gonds maléfiques étaient bloqués ! Quel système ridicule ! Finalement, elle réussit mais, au moment où elle allait se lancer dans la rue, il la rejoignit et l'attrapa par les cheveux :

« "Ici règne la félicité..." Tu dois me répondre, méchante...

— Je te déteste ! »

... Est-ce ma colère qui l'a fait tomber malade ? Je crains que oui, Armand, et chaque fois que je repense au petit corps décharné de mon frère adoré, à son visage ruisselant d'une sueur toujours renouvelée, à ses yeux sans regard, j'ai envie de me punir pour la brutalité qui loge en moi, pour

ces accès d'agressivité que je ne sais pas contrôler et dont je m'aperçois toujours trop tard. Je vous ai promis, Armand très cher, de ne jamais vous les faire subir, mais après avoir longtemps réfléchi (car vous écrire m'a forcée à réfléchir), la peur me vient de ne pouvoir le garantir.

J'ignore de quelles profondeurs obscures de mon âme me vient cette dureté, et quelles en sont les causes. Je sais seulement que, parfois, il m'est difficile de comprendre les raisons des autres, si différentes des miennes, et que ma première, instinctive réaction est de juger leurs prétendues erreurs du haut d'une perfection que je ne possède certes pas. Plus je m'efforce de corriger un tel comportement, plus j'en suis prisonnière... mais je ne veux pas m'étendre là-dessus. Et même si chaque parcelle de ce souvenir me fait souffrir, je veux plutôt vous parler maintenant de mon petit frère mourant et de la manière dont il est sorti de l'abîme...

Le chirurgien ouvrit sa boîte en bois et, bien alignée dans l'écrin de velours, apparut une série de flacons et de scalpels parfaitement aiguisés. Il en retira une lancette pour les saignées et, au moyen de celle-ci, incisa horizontalement une veine de l'enfant, dans le creux du bras : aussitôt, le sang gicla dans l'assiette.

« Depuis combien de temps a-t-il perdu connaissance ? demandait pendant ce temps le médecin, en lui tâtant le front.

— Depuis hier matin... répondit Leopold d'une voix faible.

— Et vous venez seulement de nous appeler ? C'est de la folie !

— Je te l'avais bien dit ! Tu ne m'écoutes jamais ! » hurla Anna Maria.

Son mari baissa la tête et ne répondit pas.

Nannerl était tassée sur elle-même dans un fauteuil, tournant le dos au lit, penchée sur un livre de musique qu'elle tentait de tenir droit. Mais ses mains tremblaient sans relâche, et le tintement du sang de Wolfgang lui transperçait le cœur.

Le médecin sortit un petit flacon de sa poche :

« C'est de la poudre de rhubarbe, madame. Vous en faites dissoudre une cuillerée dans un verre de vin, et vous lui en donnez à boire toutes les deux heures.

— Mais je n'ai pas de vin...

— Procurez-vous-en tout de suite.

— Est-ce très grave ? » murmura Leopold.

Le docteur le prit par le bras et l'éloigna de sa femme.

« Si j'étais vous, chuchota-t-il, je lui ferais administrer l'extrême-onction. Je crains qu'il ne passe pas la nuit. Je suis désolé... »

Herr Mozart se laissa tomber sur une chaise et resta hébété. Le livre de musique tomba des mains de Nannerl qui se ramassa encore plus sur elle-même, frissonnant de tout son être.

« Nous avons fait tout ce qui était possible, ajouta le médecin. Maintenant, il est entre les mains du Seigneur. »

Il aida le chirurgien à rassembler ses instruments et se disposa à partir.

« Attendez, je vais avec vous... je vais chercher l'aubergiste... » – et Anna Maria s'en alla, elle aussi, en toute hâte.

Une minute s'écoula, qui parut durer une existence entière. Père, fils et fille, dans le même espace étroit, étaient seuls avec eux-mêmes. Toujours dans son fauteuil, Nannerl remontait le temps dans le brouillard de sa mémoire jusqu'à la première fois où elle avait vu son petit frère, à l'époque où (comme le racontait sa mère) elle était une fillette étrange, secrète, taciturne ; seule semblait exister pour elle la musique, et elle s'y adonnait avec un emportement spontané et irrésistible. Wolfgang, en la forçant à se reconnaître en lui, lui avait appris à découvrir tout ce que recelait le monde, au-delà de sa petite personne ; et voilà que, maintenant, c'était à elle de le sauver. D'un coup, elle s'approcha de lui. Les paupières hermétiquement closes, il gisait immobile et semblait déjà ne plus respirer. Oh non… Trop tard ?

« Il ne parle plus… Papa, pourquoi ne parle-t-il plus ?

— Je ne sais pas », murmura Leopold, et il ferma les yeux en pressant ses mains sur son front, tandis que deux grosses larmes s'échappaient de ses cils pour couler sur son menton, puis dans son cou.

La petite fille en fut stupéfaite mais resta impavide.

« Repose-toi, papa, dit-elle doucement. Je m'occuperai de Wolfgang. »

Il se laissa choir sur le grabat, enfonça sa tête dans l'oreiller et, peu à peu, ses sanglots s'espacèrent.

Dans le silence, Nannerl tendit une main anxieuse et l'approcha des lèvres de son frère. Le souffle était faible, mais il était là. Son âme était peut-être déjà ailleurs ; son visage était perdu dans un sommeil profond, malsain et fiévreux, mais une partie de sa conscience devait être encore présente, et la petite fille s'accrocha à cet espoir. Elle se pencha jusqu'à sentir le contact de la joue poisseuse et chaude, et chuchota, avec une infinie tendresse :

« … Et rien de mal ne peut entrer… »

L'enfant remua une jambe, et le violon qui ne le quittait jamais glissa le long de ses côtes pour tomber, mais Nannerl le rattrapa avant qu'il n'atteigne le plancher.

Un instant, la petite fille resta sans bouger. Elle regarda l'instrument qu'elle tenait dans ses bras, puis elle regarda son père : il respirait régulièrement, assoupi. Alors elle reporta les yeux sur le petit Wolfgang inanimé et pinça les cordes, *pianissimo*, en les touchant à peine, de manière que lui seul puisse entendre.

À travers de petites notes légères, elle lui demandait de revenir du lieu, quel qu'il fût, où il se trouvait. Elle le suppliait de quitter cette contrée dans laquelle il avait choisi de se réfugier pour ne plus avoir à subir un père qui le blessait, une mère qui l'adulait trop, une sœur qui l'accusait. Elle l'implorait de ne pas se laisser aller aux tentations de ce lieu, mais de faire l'effort de revenir en arrière, tout de suite, de retrouver le Royaume Caché, et elle lui jurait que jamais plus elle ne lui serait hostile, qu'ils ne seraient jamais plus séparés, parce que, ensemble, les petits Mozart étaient une force, tandis que, séparés (c'était une certitude), chacun des deux s'éteindrait inexorablement.

Tout d'un coup, les traits de l'enfant semblèrent bouger, et ses paupières s'ouvrirent très lentement…

« Tu m'entends ? balbutia Nannerl, dont les yeux étaient maintenant pleins de larmes.

— Tu es un quart de ton au-dessous… »

La voix était comme un murmure fragile, mais c'était la sienne.

« Tu vas bien ? Tu vas bien ?

— Tu ne dois pas avoir peur. Je ne te laisserai jamais. »

Elle était près de lui, sur le lit, et elle l'embrassa en le serrant contre elle aussi fort qu'elle le pouvait. L'enfant, d'une voix pâteuse, parla encore :

« Ta musique est belle… Mais papa, lui…

— Chut… dors, mon Roi. Dors tranquille. Maintenant, nous sommes dans le Royaume Caché. »

Intermezzo

Vienne, 21 mai 1777

Très chère Nannerl !

Vos adorables lettres m'ont rendu plus doux le séjour dans la capitale, et même si j'ai dû la quitter pour de brèves missions de quelques jours, je suis toujours parti en emportant au moins l'une d'elles pliée sous ma capote, contre mon cœur, comme vous portiez jadis vos partitions contre le vôtre. D'avoir eu accès à vos pensées les plus intimes, de prendre connaissance de vos sentiments les plus cachés, voilà qui fait de moi un homme honoré d'un bien grand privilège dont, de toutes mes forces (je vous le jure), je tâcherai d'être digne. Maintenant seulement, je puis dire que je commence à vous connaître, divine Demoiselle, et à vous comprendre comme d'autres en sont incapables par myopie ou préjugé ; et plus j'approfondissais cette connaissance par la lecture, plus grandissait en moi le désir de vous revoir ; un désir qu'une heureuse fortune exaucera bientôt !

La nouvelle est officielle : d'ici peu, je serai de retour ! Je ne suis pas en mesure pour le moment de vous donner une date exacte, mais je devrais être de nouveau dans mon foyer d'ici le milieu du mois prochain. Donc nous pourrons nous voir ! J'avoue qu'à l'espoir insensé et à la joie d'un tel instant dont mon imagination m'a si souvent représenté les moindres détails se mêle une sorte de peur. Car enfin le temps que nous avons partagé jusqu'à ce jour se limite à quelques heures, dont pas plus de deux, moins peut-être, en tête-à-tête. Il est vrai que notre commerce épistolaire a rapproché nos âmes, mais il est tout aussi vrai qu'une part de moi-même frémit à l'idée que tout, dans une personne, peut parfois se révéler différent et prodigue en surprises.

Je ne veux pas, en m'exprimant ainsi, jeter des ombres sur nous deux ; bien au contraire. C'est, je crois, le désir intense que je ressens qui fait ainsi battre plus fort mon cœur, car l'avenir que j'entrevois en vous et avec vous, très chère Nannerl, est si vaste, que vous perdre serait comme perdre la vie elle-même.

Dans cette tremblante attente, je dépose à vos pieds mes plus tendres hommages.

À bientôt,

Armand

Salzbourg, 30 mai 1777

Très cher ami,

Je serai brève, très brève, plus rapide qu'une flèche, car c'est aujourd'hui jour de la poste : Victoria va venir, et je veux qu'elle expédie cette lettre dès sa leçon terminée. J'ai hâte de vous revoir, Armand, j'ai hâte qu'arrive l'heure de ce merveilleux instant. J'ai hâte de lire mon reflet dans vos grands yeux bruns, j'ai hâte d'entendre encore votre voix vibrante. J'imagine que le plus évident et le plus simple est de vous présenter chez nous pour une visite. Nous ne serons pas seuls, c'est vrai, mais je suis trop lasse de mes subterfuges et ne veux pas donner à mes parents de motifs à de futures réprimandes ; il me semble en avoir assez subi ; et au fond, qu'avons-nous à cacher ?

À très bientôt, Armand. J'ai hâte…

Nannerl

Vienne, 10 juin 1777

Ma douce Nannerl,

Voici la date : le 22 juin. Ce jour-là, je partirai de bonne heure pour mon voyage de retour et, le 25, nous pourrons enfin nous revoir. Le 25 juin ! Le jour de nos retrouvailles ! Dans deux semaines, deux longues semaines que je traverserai en saluant le coucher du soleil, le cœur débordant de gratitude envers la vie car, chaque fois, la chute du jour marquera que le temps me séparant de vous s'est encore abrégé. Le 25 juin, Nannerl ! Je désire que toute chose, entre nous, soit délicieuse et juste. Je désire pouvoir m'exprimer librement en votre tendre présence. Je désire que rien ne vienne troubler un moment qui devra n'appartenir qu'à nous deux.

C'est pour cela, ma chère, très chère Demoiselle, que je préférerais ne pas vous rencontrer dans la maison de votre père. Vous rappelez-vous le jour où vous m'avez conduit dans la cave secrète du Palais épiscopal et où Victoria a joué pour nous ? Il n'y avait personne d'autre aux alentours, et tout n'était que mélodieuse concorde. Eh bien, je l'avoue, j'imaginais pour nous revoir une semblable occasion. Comme vous, naturellement, je crois que nous n'avons rien, absolument rien à cacher ; mais, d'autre part, j'aimerais jouir de votre précieuse présence de façon harmonieuse et sans que nul ne vienne se mettre entre nous. Le temps arrivera où je me présenterai à vos parents et, n'en doutez pas, je le ferai avec un immense plaisir ; mais, pour le moment, j'aimerais plutôt quelques minutes, voire une seule, si telle est votre préférence, que je passerais à écouter vos paroles, à vous écouter, vous et personne d'autre.

Avec cette timide espérance,

Armand

Salzbourg, 19 juin 1777

Mon cher et si tendrement inquiet Armand,

Lorsque je vous proposais de venir chez nous, je ne m'attendais certes pas à ce que vous vous présentiez officiellement à mon père, en lui annonçant Dieu sait quelles intentions ! Je vous assure que je ne désire pas brûler les étapes et que mon plus fervent désir, pour le moment, est aussi de vous connaître mieux, sans plus. J'imaginais que vous pourriez un jour accompagner Victoria à sa leçon, c'est tout. Vu qu'il n'entre point dans vos habitudes de fréquenter les salons du beau monde (moi-même, au reste, le fais le moins possible), je croyais que le prétexte de la leçon pouvait servir, si j'ose dire, à remplacer de telles occasions mondaines. Je ne vois pas d'autre possibilité, à part la cave du Palais, ou le petit bois proche de la ville dans lequel je vais parfois me réfugier, ou encore une autre rencontre à la dérobée, au cœur de la nuit. Mais n'en avez-vous pas comme moi assez, de devoir vous cacher ?

Avec mon immense affection,

Nannerl

« Oh, tu es venue avec ton père ! Monsieur le major, quel plaisir de vous revoir !

— Bonjour, Frau Mozart. J'espère quc ma présence ne vous est pas importune. Croyez-vous que je puisse entrer ?

— Importune ? Mais que dites-vous là ? Allons, suivez-moi, Nannerl vient juste de terminer la leçon précédente. Peut-être avez-vous d'ailleurs rencontré l'élève dans l'escalier, c'est la fille de ce marquis si sympathique, comment s'appelle-t-il déjà… von Rinser, il me semble. »

Tout en faisant claquer les doigts de sa main gauche pour stimuler sa mémoire, Anna Maria ouvrit de la droite la porte de la salle de musique, vit Nannerl et en resta abasourdie. Était-ce bien sa fille qu'elle voyait là ?

Sa beauté était multipliée par dix. Elle portait une robe resplendissante, nette, soigneusement brossée et non toute chiffonnée comme à l'ordinaire, serrée à la taille ainsi qu'il se devait et mettant sa poitrine en valeur. Ses cheveux étaient parfaitement rassemblés sur le haut de la tête en un épais chignon qui faisait ressortir l'ovale du visage en laissant tomber sur la nuque deux grandes boucles enroulées sur elles-mêmes avec une coquetterie presque exagérée. Ses joues étaient d'un beau rose ardent, et ses yeux très bleus semblaient agrandis... Se pouvait-il qu'elle se soit mis du fard ? Et où l'avait-elle pris ? Elle le lui avait sûrement dérobé ! Et pour quelle raison s'était-elle faite aussi ravissante, elle qui, pour aller dans les endroits qui comptaient, s'habillait pis qu'une nonne ? Prise de soupçons, Frau Mozart se tourna vers le major d'Ippold, et l'expression de ce dernier transforma ses doutes en certitude : cet homme était aussi stupéfait qu'elle en découvrant Nannerl, et, juste ciel, il avait même rougi !

« Eh bien... balbutia-t-elle en réfléchissant rapidement sur la conduite à tenir, je vous en prie, major, entrez donc... Je devrais peut-être servir du café... Je vais... non, je ne bouge pas d'ici ! Victoria, s'il te plaît, peux-tu aller dire à Tresel de nous faire un peu de café ?

— Moi ? fit la jeune fille, perplexe et plutôt inquiète à la perspective d'affronter la redoutable domestique des Mozart.

— Mais oui, toi. Va, ma chère, va. Vous, monsieur le major, asseyez-vous là, près de moi, et toi Nannerl, en face. Comme ça... Parfait.

— Mais voyons, maman, je dois donner une leçon...

— Bah... c'est la dernière de la matinée, non ? Nous pouvons nous accorder un peu de temps pour bavarder. N'est-ce pas, cher major ?

— Naturellement. Avec le plus grand plaisir, dit celui-ci

en maudissant le moment où il avait accepté de se présenter chez les Mozart.

— Savez-vous ce que je regrette par-dessus tout ? C'est que mon mari ne soit pas à la maison. Il aurait eu, lui aussi, grand plaisir à faire votre connaissance, j'en suis sûre. Mais il se rend tous les matins à la Cour et... Oh, mais quelle sotte je fais ! Peut-être vous connaissez-vous déjà...

— Seulement de vue, Frau Mozart.

— Ah... Mais cela se comprend aisément. Les métiers de militaire et de musicien sont si différents ! J'imagine que vos chemins se croisent rarement. »

Puis sur un ton plus raide :

« Mais vous, excusez-moi de vous demander cela, major... avez-vous l'intention de rester militaire toute votre vie ?

— Je vous avoue ne pas saisir la question.

— Je veux dire... un métier si dangereux ! Et si, un jour, vous deviez avoir des enfants... enfin d'autres enfants, à part Victoria qui est déjà grande, ne croyez-vous pas qu'il serait judicieux de prendre un état moins exposé ? D'ailleurs, même aujourd'hui, vous êtes toujours par monts et par vaux, une mission par-ci, une ambassade par-là... Je ne sais si je me fais bien comprendre, mais cela ne me semble pas une existence bien stable. »

Là-dessus, Wolfgang apparut dans l'encadrement de la porte, et la vue d'Armand le fit sursauter.

« Eh bien, pour une surprise ! Êtes-vous venu demander la main de ma sœur ? Mon père est absent, mais si vous voulez, je peux le remplacer.

— Mon petit ange, je t'en prie, ne plaisante pas ! Tu vas mettre le major d'Ippold dans l'embarras, fit sa mère, d'un air contrit. Nous étions en train d'échanger quelques vues...

— Mais qu'est-ce qu'une demande en mariage peut donc avoir d'embarrassant ? Ah, oui, il y a la différence d'âge, mais à part ça, je dirais qu'il n'y a là rien que de fort naturel. C'est même un peu tard, pour ma sœur, disons-le sans ambages. Vingt-six ans, c'est plus qu'il n'en faut, pour convoler ! Encore heureux que quelqu'un se soit décidé... »

Nannerl sauta sur ses pieds :

« Excusez-moi, mais je dois donner sa leçon à Victoria, et je me vois donc obligée de vous fausser compagnie ! Monsieur le major, pardonnez-moi, je ne pouvais imaginer...

— Pour ton information, dit Wolfgang, Tresel a mis Victoria à éplucher les pommes de terre, et tu devras donc attendre qu'elle ait terminé son tas. Et c'est un sacré tas, je dirais même une montagne. »

Armand se leva également :

« C'est moi qui dois m'en aller, avec votre permission, annonça-t-il en y mettant toutes les formes de la plus grande politesse. Votre société est des plus agréables, mais je n'avais pas prévu de m'attarder autant, et je ne puis rester davantage. Je suis au regret, croyez-le bien.

— Oh, quel dommage ! fit Anna Maria, tandis qu'il boutonnait le col de son uniforme. Et quand aurons-nous l'honneur de vous revoir ?

— En vérité, pour l'instant, je ne peux pas faire de projets. Je dois me rendre demain à Linz, et j'y resterai au moins une dizaine de jours. Ensuite, nous aviserons. »

Nannerl dut se rasseoir. Sa mère la regarda d'un air entendu :

« Sapristi, c'est bien ennuyeux ! La distance rend les relations difficiles. Je me demande si cela en vaut la peine... »

Puis elle adressa un sourire affectueux au major :

« Dans tous les cas, si vous avez un peu de temps à nous consacrer, sachez que cette maison est toujours ouverte aux visiteurs... qui ont des intentions sérieuses. Sérieuses et stables, me suis-je bien fait comprendre ? Allez, donc, je vous montre le chemin.

— Je vous remercie. Au revoir, Herr Wolfgang Mozart. Mes hommages, Fräulein Mozart », dit Armand sans même la regarder, puis il claqua des talons et se dirigea vers la porte.

La jeune femme resta prostrée sur son fauteuil, le cœur battant la chamade. Ses efforts pour se faire belle lui semblaient maintenant ridicules. Elle aurait voulu jeter sa robe au feu, se débarrasser de ce maquillage stupide, arracher ces épingles à cheveux et se les planter dans le corps. Mais rien de tout cela ne transparaissait, tant tous ses muscles étaient raidis.

Cruellement moqueur, Wolfgang se mit à tourner autour d'elle :

« Ça me fait plaisir, ô ma Reine, de découvrir que tu n'es pas entièrement de glace comme tu veux le faire croire... Que tu es capable de sentiments romantiques... Qui l'eût dit ?

— Je t'en prie, va chercher Victoria.

— Pourquoi n'y vas-tu pas toi-même ? Tu ne peux plus bouger ? »

Il approcha son visage du sien, si près qu'il aurait pu l'embrasser, et murmura :

« À ce qu'il semble, donner des leçons aura eu au moins ça de bon. Certes, ce n'est pas précisément un jeune homme, il n'a pas beaucoup d'esprit, et l'on dirait qu'il a un manche à balai enfoncé dans le derrière, mais je reconnais qu'il peut avoir son charme. Es-tu sûre qu'il n'a pas l'haleine fétide ? »

Elle ne réagit pas, et il força la note.

« À quoi te mèneront tes divagations, Nannerl ? C'est un aspect de la vie que tu ne connais pas, et tu pourrais bien être déçue. Pense à la nudité, par exemple. Pense aux corps dépouillés de leurs oripeaux. Pas le tien, bien entendu, mais celui de ton mari. Imagine-le sans son uniforme, sans les affreux caleçons qu'il porte sûrement, couché dans le lit, sur le ventre : tu lui passes la main dans le dos, de la nuque aux reins, dans une lente caresse qui te fait sentir la courbure de chaque vertèbre, et les muscles des flancs à l'échine qui forment des petites bosses en saillie, et tu descends tout doucement toujours plus bas, pour découvrir finalement... quoi ? Le pieu qu'il a dans le cul ! »

Il ricana grossièrement, mais, chose incroyable, cette fois elle ne réagit même pas. Écœuré, il gagna la porte du salon.

« Je m'étais trompé. Tu es vraiment de glace ! »

Et il la laissa seule.

Salzbourg, 27 juin 1777

Très cher Armand,

Je vous écris comme toujours au cœur de la nuit, ma troisième nuit sans sommeil depuis le jour infortuné où, pour répondre à mes désirs, vous vous êtes présenté dans cette maison maudite. Je suis tellement fatiguée que les yeux me brûlent, mais il est inutile d'essayer de dormir, je le sais maintenant : je me suis levée cent fois, j'ai tenté de lire, j'y ai renoncé, j'ai même pensé me rhabiller et sortir, retourner sur cette place de la Résidence dans l'espoir de vous y retrouver près de la fontaine... C'est bête, je le sais. J'y ai également renoncé.

J'ignore si je remettrai cette lettre à Victoria afin qu'elle vous l'expédie, mais je suis certaine qu'elle sera longue et détaillée, que je l'écrirai et la réécrirai plusieurs fois. J'ai devant moi les vôtres. C'est le plus tangible des rares souvenirs que j'ai de vous, et elles me parlent de vous comme d'un ami affectueux. Pourtant mes pensées en vous lisant, Armand, ne sont pas teintes seulement d'affection, elles le sont aussi de souffrance : la souffrance de l'absence.

Si j'avais su, très cher, que vous resteriez si peu à Salzbourg, j'aurais sûrement accepté de vous rencontrer ailleurs que dans cette maison. Et je ressens maintenant comme un outrage que ce temps que l'on nous a volé, alors qu'il devait n'appartenir qu'à nous seuls, se soit trouvé flétri par ces impardonnables ingérences que, justement, vous vouliez éviter. De tout mon cœur, Armand, je vous conjure de pardonner, non à ma mère, non à mon frère, car je ne puis demander pardon en leur nom, mais à moi, rien qu'à moi.

Je suis furieuse contre moi-même, et pas seulement pour l'erreur que j'ai commise ; mais surtout pour l'intensité de l'amour que je suis maintenant certaine, absolument certaine d'éprouver pour vous. Peut-être ne devrais-je pas l'avouer avec tant de franchise, peut-être manqué-je de prudence, car ne prétend-on pas que toute relation doit être gouvernée avec précaution et adresse si l'on veut qu'elle soit belle et durable ? Mais ces atermoiements, vous le savez désormais, ne sont pas dans mon caractère.

Votre pensée ne quitte pas mon esprit, elle bat contre les parois de mon crâne, elle s'y fracasse et rebondit pour revenir plus vive encore. Dans la journée, il me semble me déplacer dans une eau trouble, et chaque objet m'apparaît plongé dans une brume épaisse. Je ne parviens pas à me concentrer sur l'activité la plus banale, et j'ai beau tenter de penser à autre chose, votre visage se présente sans cesse devant moi. Je m'interroge : pourrai-je jamais vous revoir ? Je l'espère de toute mon âme. Je me prends constamment à me demander ce que vous faites en ce moment précis. Maintenant, par exemple… je suppose que vous dormez paisiblement, et je veux croire que vos rêves tranquilles vous apportent la joie de l'âme…

Pour ma part, Armand, je n'ai pas de rêves mais des visions fantastiques. Mon imagination donne vie à des scènes dans lesquelles je vous fais figurer en même temps que moi, et j'en suis étonnée. Je vois le moment où nous nous rencontrerons, et je devine le sourire que j'aurai alors, et mon regard apaisé ; un sourire et un regard qui ne seront plus passagers, mais résisteront aux caprices du temps. Ce sourire, en vérité, je le porte déjà en moi, mais je dois attendre pour le faire apparaître, car c'est seulement à cet instant que je pourrai en être certaine…

Très cher Armand, je vous en supplie, ne me tournez

pas le dos, ne me laissez pas en proie au remords. Acceptez de me rencontrer encore, en fixant vous-même le jour et l'heure.

À vous pour toujours,

Nannerl

De la maison à la place de la Résidence, de la place de la Résidence à la maison. Tel était le parcours qui, chaque soir, épuisait ses jambes et son esprit; pourtant, elle se l'infligeait méthodiquement, comme une cérémonie de purification, ou un acte d'amour qui se nourrirait seulement de regrets. Dans l'inutile attente d'une réponse de Linz, dans l'angoissante absence de nouvelles (pourquoi Victoria s'était-elle enfermée dans ce mutisme obstiné? Ce n'était pourtant pas dans son caractère!), Nannerl retournait sur les lieux qui lui parlaient d'Armand et retrouvait ses mots ou ses gestes dans chaque pierre, chaque marbre, chaque jet d'eau. Elle s'asseyait près de la fontaine, se laissait envahir par les souvenirs, dialoguait mentalement avec l'être aimé…

Quelque chose la réveilla. Un pressentiment? Armand franchissait la porte du palais. Était-ce son imagination? Non, c'était la réalité, ses yeux ne la trompaient pas! Elle se cacha derrière les statues; son cœur battait si fort qu'elle en fut épouvantée; pendant ce temps, le major descendait de cheval – oh, cette façon de descendre de cheval! –, ôtait son chapeau, lissait ses longs cheveux noirs et ajustait le ruban qui les retenait sur la nuque; et tout en le dévorant du regard, Nannerl s'abrita derrière une voiture, se rapprocha de plus en plus, si bien que, soudain, elle se retrouva au beau milieu de la cour intérieure de la résidence princière, où, confuse, elle s'arrêta.

« Hé! Qui va là? » s'écria un garde avant de se précipiter vers elle, et elle sentit son sang se glacer dans ses veines;

puis il la reconnut et balbutia, stupéfait : « Fräulein Mozart ! Que faites-vous ici ?

— Mademoiselle est attendue par Son Excellence ! » déclara Armand, arrivant fort à propos ; il serrait si fort la poignée de son épée que ses jointures saillaient, très pâles. « Je dois vous informer, Fräulein Mozart, que votre entretien a été reporté du fait d'un imprévu auquel notre très estimé souverain a dû faire face sans retard.

— Monsieur le major, objecta le garde, dont les moustaches vibraient de perplexité, pardonnez-moi, mais comment pouvez-vous le savoir ? Vous venez juste d'arriver…

— Ne te mêle pas de ça ! »

L'homme opéra une retraite en bon ordre. Puis, sur le même ton, Armand ordonna à Nannerl :

« Allez dans les caves, vite. Je vous y rejoindrai dès que je pourrai », et il retourna au poste de garde.

Tout cela n'avait duré qu'un instant. Mon Dieu, qu'est-ce qui me prend ? En parcourant le couloir qui menait aux souterrains, Nannerl se sentait vivre et mourir ; elle se traînait, en respirant difficilement, et devait s'appuyer aux murs. Elle erra à l'aveuglette dans les galeries désertes, sentant l'humidité imprégner son corps et son esprit. Elle en avait fait trop, beaucoup trop, pour cet homme qui ne méritait pas de tels efforts ! Elle s'était mise à nu, elle s'était prosternée à ses pieds, elle s'était laissé piétiner ; ou plutôt, c'était elle qui l'avait poussé à la piétiner. Elle l'avait supplié de l'aimer ; mais comment peut-on supplier de vous aimer quelqu'un qui, fondamentalement, ne veut pas de vous ? Voilà pourquoi Armand lui avait dit d'aller dans le secret des caves. Parce que là, loin des regards de la soldatesque et de quiconque, il lui ferait savoir qu'il avait eu un moment d'égarement et que tout ce qu'il lui avait déclaré dans ses lettres n'était que le résultat d'un caprice dont il s'était déjà repenti ; qu'elle n'était pas digne de ses attentions et qu'ils ne se reverraient jamais ; et affreuse comme elle l'était en ce moment, négligée, livide et décoiffée, elle n'avait aucune chance de le faire changer d'avis ! Non, elle devait s'éviter une telle torture... Elle revint sur ses pas : elle allait traverser la cour en toute hâte pour disparaître, et tant pis si elle faisait piètre figure en repassant devant tout le corps de garde ; mais mieux valait faire piètre figure et ne pas risquer une scène pathétique que son orgueil ne pouvait accepter ! Mais si pourtant... si pourtant Armand montrait un sentiment pour elle, pas de l'amour, certes, c'était trop demander, mais une sorte d'affection ?

Du coup elle s'arrêta, en envisageant les mille raisons innocentes pour lesquelles il avait pu cesser de lui écrire : peut-être que, prise d'une sorte de jalousie, Victoria ne lui avait pas envoyé sa dernière lettre ; ou alors elle l'avait fait, mais il n'avait pas eu la possibilité de lui répondre. Que savait-elle, elle, une femme ordinaire, de la gravité des fonctions d'un major de l'armée ? Et qui était-elle pour s'ériger en juge supérieur des actes d'un homme et en tirer des conclusions indues ? Sans compter que sa lettre pouvait être partie mais ne lui être jamais parvenue, car le service postal était parfois défaillant. Pas souvent, mais enfin cela arrivait.

Elle marcha jusqu'à un escalier et s'assit sur les marches. Celles-ci étaient taillées dans la pierre, grossières et sales ; néanmoins, elle allongea les jambes, laissa aller sa tête en arrière, ainsi que ses bras, et resta sur le dos à fixer les voûtes du souterrain, ivre de conjectures. Elle sentait s'agiter dans sa poitrine un tourbillon de nuages lourds comme du plomb qui s'entrechoquaient sans bruit, l'oppressaient, faisant remonter son estomac jusqu'à ses lèvres. Craignant une nausée, elle se releva doucement et descendit pour se retrouver dans un passage obscur et frais, où elle enleva ses chaussures et ses bas, et s'étendit par terre, les jambes verticales contre un mur.

Jupe et jupon remontèrent sur son ventre, et même ses caleçons brodés se retroussèrent jusqu'à la taille. Nannerl contempla ses jambes (ce qu'elle faisait très rarement), les toucha et les caressa légèrement. À bien les regarder, elles n'étaient pas vilaines ; ou peut-être était-ce seulement le peu de lumière qui les rendait jolies, réfléchit-elle. En tout cas, elles étaient longues, couvertes d'un duvet invisible, avec des chevilles minces liant les pieds allongés aux mollets fuselés, des genoux bien tournés aux rotules avenantes, et deux morceaux de chair tendre attachés aux muscles des cuisses... Oh, mon Dieu, et si Armand arrivait maintenant ?

Elle se leva et se réajusta en toute hâte, épousseta ses vêtements, défit sa chevelure pour la renouer, serra derrière ses oreilles les mèches rebelles, passa les doigts sur ses yeux, ses sourcils, ses joues, humecta ses lèvres et redressa les épaules. Puis, d'un pas décidé, elle gagna la porte de la cave et l'ouvrit.

Le chandelier était déjà allumé ! Et dans son dos surgit un homme qui la saisit, lui mit la main sur la bouche : un bras entourant sa poitrine, il la serrait à lui faire perdre le souffle, et elle se débattit, terrifiée, mais elle comprit qu'elle n'avait rien à craindre. Armand la lâcha, elle se retourna et vit qu'il tenait un doigt sur ses lèvres pour lui recommander le silence, après avoir trop raisonné et tant raconté. Puis, avec une indicible lenteur, il la prit par les épaules, inclina la tête et posa ses lèvres sur les siennes.

Ce fut un baiser léger, sec, qui la laissa déconcertée. C'était donc cela, s'embrasser ? Mais il recommença, et cette fois il ouvrit les lèvres et se fit plus ardent. Elle ne savait comment se comporter. La moustache d'Armand la piquait, ses dents la mordillaient, sa bouche était mouillée, et ce n'était pas vraiment une sensation agréable. Le major s'en aperçut et s'écarta ; il la regardait d'un air gêné, peut-être contrit. Nannerl avait une envie terrible de s'essuyer les lèvres du dos de la main, mais elle pensa que le geste l'offenserait et se maîtrisa ; elle désirait aussi lui poser un torrent de questions, mais lui préférait le silence, et donc elle se tut. La pensée de s'enfuir l'effleura rapidement et s'évanouit aussi vite. Pour se donner une contenance, elle prit la main d'Armand et, sans presque s'en rendre compte, elle tâta, du bout des doigts, des ongles cruellement rongés jusqu'à la racine. Il retira immédiatement sa main.

« Pardonnez-moi. Je vous en prie, oubliez ce qui vient de se passer », murmura-t-il, et, tout penaud, il fit mine de s'en aller.

Quoi ? Tout risquait de finir ainsi ? Elle avait ouvert son cœur, dévoilé ses pensées les plus intimes à un homme qu'elle ne reverrait plus ? Oh non, c'était inacceptable ! Elle lui fit face : d'un air de défi, elle se haussa sur la pointe des pieds, et ce fut elle qui l'embrassa.

Cette fois, Armand ne fit rien. Il se borna à garder les lèvres ouvertes, tandis qu'elle y posait des petits baisers, les explorait, les goûtait. Puis elle s'en détacha et, de ses doigts, les caressa en les fixant avec des yeux pleins de curiosité, pinça sa moustache, effleura son nez, suivit son profil brun jusqu'au front, à la lisière des cheveux, aux mèches rassemblées sur la nuque dont elle défit le nœud pour les saisir et amener le visage de l'homme au-dessus du sien.

Ce fut un vrai baiser. Chacun tenait le visage de l'autre dans ses mains, le décoiffait, parcourait de ses lèvres le menton, les joues, le front, faisait enfin connaissance dans un échange de souffles qu'aucun échange de paroles ne pourrait jamais égaler ; et ils auraient pu continuer à l'infini, car ils sentaient que cette fusion était délicieuse et juste.

Le voyage en Italie

J'ai passé trop de nuits à me débattre contre les rêves de la journée, les projets, les souvenirs et les regrets… Mais, cette nuit, ce n'est pas une douloureuse appréhension qui m'empêche de trouver le sommeil, ni la crainte d'avoir tout manqué ; c'est plutôt une joie débordante, une accumulation d'images pleines de douceur. Et, encore une fois, me vient le désir de t'écrire, Armand, non tant pour mettre de l'ordre dans le tourbillon de mes pensées que pour t'y faire participer, toi qui en es la cause et l'inspirateur.

Je suis arrivée très tard à la maison, après notre rencontre dans les caves du Palais, et ma famille était déjà à table. Tout, à mes yeux, était si différent… Le temps coulait sans heurts à l'entour, et je pouvais m'occuper de moi. J'ai même recouvré l'appétit, ce qui a suscité une vive surprise chez les miens ! Puis j'ai demandé la permission de me retirer, je me suis enfermée dans ma chambre, et si j'avais, quelques heures plus tôt, senti vibrer mon corps prêt à tout, je me suis laissée aller cette fois à penser à toi, accompagnée en silence par ta douce présence. Le passage des minutes est une caresse, non une souffrance ; la vie me sourit, elle ne me pèse pas. Et je retourne dans ma tête les occasions qui rendront possible de nous mieux connaître…

« Nannerl, tu es toute rouge. Essaye de te calmer…

— As-tu vu la façon dont la chanteuse est affublée ? Comment va-t-elle faire pour contrôler sa respiration, avec ce cilice qui lui serre la taille ?

— Ce qu'elle ne pourra faire avec la voix, elle y parviendra avec son *décolleté*… ne te fais pas de souci, ma Reine : la raison de sa célébrité n'est pas l'art, mais ce qui saille juste au-dessus de sa taille et, pour être plus précis, sur le devant de son corps.

— Si tu crois que ça me rassure !

— Elle tiendra son rôle, ne crains rien... et toi, les applaudissements te procureront une émotion sans pareille. Je te le garantis. Maintenant, donne-moi ce verre – et il le lui prit des mains.

— Je te rappelle, Wolfgang : surtout pas de mauvaise plaisanterie : cela doit rester un secret... »

Wolfgang flairait la liqueur avec une mine dégoûtée :

« Mais quelle horreur bois-tu là ? »

Il la reversa dans une carafe, mais Nannerl avala un autre verre d'un trait, et autour d'elle la noblesse salzbourgeoise lui parut se multiplier. Leopold Mozart les dépassait tous, il avait l'air plus grand que d'habitude, et il ressemblait à un dieu grotesque des Enfers : pourquoi était-il venu, finalement ? N'avait-il pas dit qu'il préférait rester à la maison pour lire, plutôt que d'avoir à subir encore une de ces sempiternelles matinées ? Et pourtant il était là, en train de converser avec le comte von Esser, il lui offrait une prise de tabac, et peut-être lui avait-il déjà demandé une autre lettre de recommandation pour l'Italie…

« Excusez-moi, mesdames et messieurs, lança Wolfgang, du centre du salon. Je suis désolé de vous arracher à vos importantes conversations, mais si le moment vous semble propice, nous céderons la place aux divertissements musicaux. »

Il était resté très petit et faisait moins que ses treize ans, mais il avait une voix puissante et montrait une telle assurance que tous rejoignirent leurs chaises de bon cœur. Un peu gênés, Herr et Frau Mozart s'assirent dans le fond du salon.

« Inutile de m'étendre sur les qualités de cantatrice de la célèbre Paulina Eleonora Gellert, poursuivit-il pendant que la soprano s'avançait, précédée de ses seins opulents, ni sur celles de claveciniste de ma sœur que vous connaissez tous bien, Maria Anna Walburga Ignatia Mozart. Je préfère laisser ces deux artistes interpréter mes arias, elles parleront pour moi ; je me bornerai donc, pour le moment, à vous souhaiter un bon divertissement. »

Il regagna le public, accompagné de légers applaudissements, puis le silence se fit.

En dix-huit années de vie, Nannerl n'avait jamais joué aussi mal. Prise d'une panique inexplicable que la liqueur maléfique augmentait encore, elle ne réussissait pas à maîtriser ses doigts qui couraient sur le clavier pour leur propre compte ; les notes qui en sortaient étaient confuses et incertaines. Par chance, les roulades de la cantatrice étaient très convenables, malgré les baleines du corset qui devaient certainement réduire les dimensions de son diaphragme à celles d'un cornet de papier ; sa poitrine provocante, ses gestes habiles, faisaient le reste en concentrant sur elle toute l'attention du public. À la fin, cependant, personne n'eut le temps de l'applaudir, car déjà Wolfgang avait bondi de sa chaise pour s'écrier :

« Mesdames et messieurs ! En réalité... ce n'est pas moi l'auteur des arias que vous venez d'entendre ! »

Nannerl devint d'une pâleur exsangue et les protubérances de Paula faillirent, d'indignation, s'échapper de son corsage.

« C'est ma sœur qui les a composées : Maria Anna Walburga Ignatia Mozart ! C'est donc à cette remarquable musicienne que vous devez adresser vos applaudissements, et certainement pas à moi ! Je vous en prie, mesdames et messieurs : que vos battements de mains soient à la hauteur de la satisfaction que vous en avez eue ! »

Scandale ? Accueil mesuré ? Ovation stupéfaite ? Nannerl ne sut jamais quelle avait été la réaction de la crème de la noblesse salzbourgeoise car, telle une marionnette cassée, elle glissa de son tabouret et perdit connaissance.

« Depuis combien de temps cela dure-t-il ? »

Éclairé par la lampe dans la pénombre de la cuisine, le visage de Leopold était réellement celui d'un dieu des Enfers.

« Je te l'ai dit, papa, c'était la première fois...

— Toi, tais-toi ! C'est à ta sœur de répondre !

— Wolfgang dit vrai, papa. Nous ne l'avions jamais fait...

— Et de qui vient l'idée ? »

Nannerl se tut, gênée, et son frère répondit pour elle :

« De moi, père.

— Je t'ai dit de te taire. Laisse parler Nannerl.

— Eh bien, oui... c'est Wolfgang qui m'a proposé de jouer mes arias.

— Tu ne devais pas accepter ! tonna-t-il. Ainsi, tu as continué de composer !

— Heu... oui... Mais juste quelques lieder, des chansons... et aussi un quatuor... et personne n'en a jamais rien su, papa...

— Un quatuor ? Et comment diable as-tu pu écrire un quatuor, sans la moindre connaissance du contrepoint ? »

Cette fois, le silence de Nannerl fut long. Wolfgang s'agitait pour répondre à sa place, mais Leopold lui ordonna d'un geste impératif de se taire.

« Eh bien... à dire vrai... le fait est que... Wolfgang m'a donné quelques leçons, de temps en temps.

— Quoi ?

— Nannerl ne voulait pas, c'est moi qui ai insisté, papa...

— Ce n'est pas une raison ! Elle aurait dû refuser ! Et toi tu devais rester muet ! Est-ce clair ? »

Anna Maria s'interposa timidement :

« Mon amour, ce qui s'est passé est sûrement très grave... mais ne pourrions-nous pas en discuter demain matin ? Nous sommes tous très fatigués...

— Nous sommes sur le départ, et je dois prendre une décision d'une importance capitale. Si tu veux aller te coucher, vas-y ; nous, nous ne bougerons pas d'ici. Nannerl, je veux voir toutes les partitions de tes musiques. »

Cachés par sa longue jupe, les genoux de la jeune fille s'affaissèrent encore tandis qu'elle franchissait la porte pour gagner sa chambre. Sa mère la suivit en portant la lampe et chuchota :

« Ma petite fille chérie, mais qu'y a-t-il donc dans cette tête de bois ? Pourquoi continues-tu de défier ton père comme s'il était ton pire ennemi ?

— Wolfgang n'aurait pas dû faire ce discours devant tout le monde.

— C'est possible, mon trésor, mais c'est toi la plus fautive ! »

Le vieux portefeuille secret était caché sous le matelas de Nannerl, tout usé et bourré de partitions au point de ressembler à un gros pavé recouvert d'étoffe. Elle le transporta dans la cuisine et le remit à son père comme un agneau voué au sacrifice ; sous les mains impatientes de Leopold, il se déchira en deux.

Il examina quelques partitions et sursauta :

« Ce lied, je m'en souviens ! Wolfgang, il est de toi ! Tu me l'as montré, il y a quelque temps !

— Je t'assure, papa, intervint Wolfgang, c'est Nannerl qui l'a composé, pas moi. »

Les yeux de Leopold semblaient sur le point de sortir de leurs orbites et les veines de son front d'éclater :

« Combien de fois, petits scélérats, m'avez-vous berné ainsi ? »

Les enfants n'osèrent pas répondre.

« Ce rondeau aussi, je le reconnais... et ce duetto ? Je t'avais même fait des compliments pour le thème ! Qu'as-tu fait, Wolfgang ? As-tu passé ton temps à me soumettre les musiques de ta sœur ?

— Papa, tu ne m'as pas laissé d'autre choix... s'interposa Nannerl.

— Je ne t'ai pas laissé d'autre choix que de te moquer de moi ? C'est ça que tu veux dire, effrontée ? »

Maintenant, l'homme hurlait. Cela ne faisait aucun doute que les voisins l'entendaient et que ces cris seraient l'objet de toutes les conversations pendant plusieurs semaines.

Puis un lourd silence tomba, dans lequel on n'entendait que la respiration étranglée du chef de famille. Sa femme s'approcha, épouvantée :

« Mon ami, calme-toi... ne t'agite pas ainsi... assieds-toi, je t'en prie... »

Elle le fit s'installer sur une chaise, lui donna à boire, lui caressa le front et ne s'arrêta que lorsqu'il parut un peu rasséréné.

« Dis-moi juste une chose, Wolfgang, reprit Leopold d'une voix rauque. Est-ce que de la musique de Nannerl a été publiée sous ton nom ?

— Non, papa ! répondit Nannerl violemment. Je n'aurais jamais accepté...

— Tais-toi ! s'étrangla-t-il de nouveau. C'est à ton frère que j'ai posé la question, pas à toi ! »

Le garçon s'empressa de répondre :

« Tout ce qui a été donné à imprimer est de moi, et de personne d'autre.

— Tu dis la vérité ?

— Oui, père.

— En es-tu bien sûr ? Je ne puis tolérer l'idée que ton œuvre soit polluée, tu comprends ça ?

— Je te le jure solennellement. De toute manière, ne t'inquiète pas. Je suis le premier à veiller sur l'intégrité de mon œuvre. »

Cette orgueilleuse affirmation surprit Nannerl, mais ce

n'était certes pas le moment de la commenter. Leopold, pour sa part, parut un peu soulagé.

« On peut aller se coucher, maintenant, mon amour ? » suggéra calmement Anna Maria.

L'homme ne répondit ni oui ni non, et elle l'obligea à se lever, avec douceur mais fermeté, pour le conduire vers leur chambre. Il s'abandonna à la volonté de son épouse et, tout au long du couloir, il garda les yeux fermés, épuisé.

Les rayons obliques du soleil matinal pénétraient par la fenêtre ouverte malgré l'hiver et éclairaient un petit groupe d'hommes suants et soufflants. À la recherche du meilleur endroit pour placer un piano-forte neuf, Herr Mozart changeait tout le temps d'idée, en contraignant les portefaix à fournir le triple d'efforts tout en pestant intérieurement ; il refusait d'écouter les suggestions de Wolfgang qui restait un peu à l'écart avec une étrange expression sur le visage. Nannerl s'arrêta, interdite, sur le seuil.

« Vous avez fait un excellent choix, Herr Mozart, disait un jeune homme efflanqué. C'est le plus beau de tous mes pianos-forte. Il vous donnera de grandes satisfactions !

— Je vous remercie, répondit Leopold, mais il en donnera surtout à ma fille. Ce sera elle, en effet, qui l'utilisera – et il la désigna avec un geste de parfait maître de cérémonie.

— Fräulein Mozart, quel plaisir ! Je suis un de vos plus fervents admirateurs : je vous ai entendue si souvent jouer...

— Ma fille est une excellente concertiste, cela ne fait aucun doute ; mais je suis convaincu que ce piano-forte l'aidera à donner à son existence une tournure plus appropriée... Voilà, ici au centre, c'est parfait. Arrêtez-vous, maintenant. »

Quel sens cela pouvait-il avoir d'acheter un piano-forte à la veille de la tournée en Italie ? Nannerl chercha le regard de son frère, mais celui-ci semblait très intéressé par la mécanique et avait enfourné sa tête dans la table d'harmonie. Le jeune homme longiligne se précipita sur elle et lui baisa la main :

« Voulez-vous l'essayer, Fräulein Mozart ? Je vous en prie, faites-le tout de suite, pendant que je suis là !

— Pourquoi ne l'essayez-vous pas plutôt vous-même ? s'interposa Leopold.

— Moi, Herr Mozart ? Mais je ne suis pas pianiste… j'ai juste un peu étudié, en amateur…

— Dans ce cas, vous devez connaître les morceaux faciles de mon fils.

— Oui, je l'avoue… il y en avait un, en particulier… il plaisait beaucoup à ma pauvre grand-mère qui voulait toujours que je le lui joue. Mais je ne sais pas si je m'en souviens… »

Tandis que les portefaix s'éclipsaient, sans doute pressés d'aller se rafraîchir les boyaux avec quelques chopes de bière dans une taverne voisine, le jeune homme posa sur le clavier deux longues mains et attaqua une sonatine de Mozart, qu'il sembla exécuter plutôt avec les pieds. Wolfgang ne manqua pas d'exhiber la plus large panoplie des grimaces moqueuses dont il avait le secret, et Nannerl s'approcha timidement de son père :

« Je te remercie pour le cadeau, mais je ne comprends pas… »

Sans se soucier d'elle, celui-ci se tourna avec vivacité vers le piano-forte :

« Non, ici c'est en mineur, vous ne vous souvenez pas ? Wolfgang, donne-lui la partition, comme ça il pourra répéter ce passage. Elle est dans le troisième tiroir.

— Je sais où est la partition », fit Wolfgang en ouvrant la porte de l'armoire.

Il y prit une chemise sur laquelle on lisait, élégamment calligraphié : « Morceaux composés à l'âge de huit ans », et en tira du premier coup la bonne partition.

« Vous voulez dire que... c'est le manuscrit original ? Accepteriez-vous de me le vendre, Herr Mozart ? s'exclama l'échalas en s'emparant de la feuille comme si c'était de l'or.

— Que voulez-vous que ce soit d'autre ? Voyez vous-même ! Vous n'aurez qu'à me faire une réduction sur le prix de l'instrument, et nous serons quittes. »

L'homme, ivre de joie, reprit le massacre de la sonatine, et Wolfgang ne put s'empêcher de corriger les erreurs les plus énormes. Tandis que, de nouveau, se succédaient fausses notes, exclamations étouffées et excuses murmurées, Nannerl fit une nouvelle tentative en direction de son père :

« Vas-tu m'expliquer enfin à quoi il va servir ?

— Tais-toi, ma fille... Pas maintenant. Pour l'instant, j'aimerais écouter notre ami...

— Peux-tu me dire la raison d'un piano-forte ? cria-t-elle. Nous n'allons quand même pas l'emporter en Italie ! Pourquoi l'as-tu acheté justement maintenant ?

— Toi, tu ne verras jamais l'Italie, ma petite. Tu resteras à Salzbourg avec maman et tu donneras des leçons de piano-forte. » Et avec un mince sourire : « N'as-tu pas toujours eu envie d'un piano-forte ? »

« Tu demanderas cinq florins par leçon, pas un de moins, et tu exigeras d'être payée d'avance. Cherche des élèves parmi les nobles et fais en sorte que le bruit s'en répande le plus possible. Tous les quinze jours, tu iras à la poste pour m'expédier l'argent aux adresses que je te fournirai... »

Tandis que Leopold donnait ses instructions à son épouse, Nannerl, devant une planche à découper usée, tranchait des choux avec un couteau bien affûté en imaginant que c'était son père.

« Ah, et trouve tout de suite une domestique à demeure !

Une femme présentable, qui puisse ouvrir la porte aux élèves et servir des rafraîchissements pendant les leçons. Elle devra donner une image d'élégance et d'aisance, car souviens-toi bien, femme : l'argent appelle l'argent. Écris aussi cela. »

Près de sa sœur, Wolfgang faisait une mine contrite.

« Je suis triste, Nannerl, triste à en mourir, disait-il tout bas.

— Ne me dis pas que tu n'étais pas au courant.

— Non, je te le jure…

— Ne me mens pas !

— Je compte sur toi, Anna Maria, pour être raisonnable ! » conclut Herr Mozart, puis, magnanime, il se tourna vers sa fille : « Bien entendu, tu pourras garder quelque chose de l'argent que tu gagneras. Pour t'acheter une jolie robe, par exemple. »

En lui tournant le dos, elle versa les choux sur un plat et cracha dessus. Puis elle posa le tout et quitta la cuisine.

« Où diable vas-tu, c'est presque prêt ! lui cria sa mère.

— Laisse-la, fit Leopold d'un air supérieur. Elle est butée, mais au fond elle n'est pas méchante : ça lui passera. »

Il empoigna sa fourchette, enfourna dans sa bouche une généreuse portion de chou et la mastiqua avec satisfaction.

Pendant des journées entières, elle n'avait pas bougé de son lit. Les cheveux épars sur l'oreiller, le regard perdu et la respiration ralentie, elle ressemblait à un animal des bois qui hiberne.

« Regarde un peu ce que j'ai trouvé », dit Wolfgang, en déroulant presque sous son nez un vieux parchemin couvert de griffonnages.

Ceux-ci représentaient un pré avec deux arbres, un château au donjon crénelé, un soleil à demi caché par un nuage, un étang où nageaient des oies, et deux petites silhouettes humaines, l'une masculine et l'autre féminine, portant d'énormes couronnes. L'ensemble était surmonté d'une légende maladroitement rédigée par une main enfantine: «Le Royaume Caché».

Nannerl lui tourna le dos. Il s'assit sur le lit et lui posa la main sur l'épaule, mais elle ne réagit pas. Résigné, il enroula la feuille et la posa sur la commode.

«J'ai essayé de le convaincre, murmura-t-il après un long soupir, mais tu sais bien que c'est une entreprise impossible. Qu'est-ce que je devrais faire? Refuser de partir?»

Il crut deviner un signe d'assentiment; mais ce devait être le fruit de son imagination, car Nannerl n'avait pas bougé.

«J'y ai pensé, mais j'ai fini par conclure que personne, à ma place, ne le ferait. Réfléchis: je devrais renoncer à une chance aussi grande pour ma carrière, pour toute ma vie? Même toi, à ma place, tu ne le ferais pas... Aie le courage de l'admettre.»

Elle se tassa sur elle-même, en élevant un barrage mental entre elle et les paroles qu'elle entendait.

Le garçon décida alors d'être plus honnête.

«Je ne peux pas rester en province, Nannerl. Vraiment, je ne peux pas! Ici la vie n'est qu'une répétition de tristes ballets par un tas de richards obtus. Il y a tellement de musique neuve en moi... et je sais que je ne pourrai la faire sortir que si j'ai la liberté de connaître le monde.»

Elle avait peut-être enfin réussi à devenir provisoirement sourde.

«Et puis... il y a aussi des questions pratiques, poursuivit Wolfgang, d'un ton gêné. L'archevêque a refusé de payer papa pendant tout le temps où il sera en congé. Et moi, comme tu sais, pour mon travail à la Cour, je n'ai jamais touché un florin! L'Italie est un pays très cher; et, même si ça semble absurde, il paraît que les concerts y sont gratuits; en plus, même si je réussis à faire représenter mon opéra, je serai moins rémunéré qu'un ténor... C'est vrai, Nannerl, nous ne pouvons pas partir tous les quatre... nous n'aurions pas de quoi vivre. La vérité, c'est que... sans l'argent que tu gagneras avec tes leçons, nous ne pourrions pas même partir, papa et moi. »

Aurait-il bientôt fini de parler d'argent ? Nannerl semblait transformée en pierre. Impossible même de savoir si elle respirait toujours.

« Et maintenant, je dois t'avouer une chose. Si j'ai révélé que ces arias étaient de toi... je veux dire celles qu'a chantées Paulina... je l'ai fait parce que je savais déjà comment ça devait finir. C'est pour toi que je l'ai fait, Nannerl. »

Cette fois, elle se retourna d'un coup, et le dévisagea en écarquillant les yeux : ça, c'était vraiment le comble !

« Mais oui, crois-moi. Tu dois cesser de te cacher dans mon ombre. Tu dois devenir indépendante, composer à la lumière du jour, goûter à la satisfaction d'entendre un autre interpréter tes notes... au fond, pour toi notre départ est une chance ! De si loin, papa n'aura pas les moyens de te brider ; et, maintenant que la vérité a éclaté, tu peux chercher un noble disposé à te soutenir, et tu le trouveras sûrement... »

Nannerl ouvrit enfin la bouche, et sa voix grave s'abattit comme du plomb sur la tête de son frère :

« Ainsi, tu pars essentiellement pour me faire plaisir ! Merci, Wolfgang. Maintenant, je voudrais être seule. »

Il se leva en silence et gagna la porte. Juste avant de sortir, il se retourna pour la regarder :

« Tu me manqueras beaucoup, dit-il, avec un tremblement dans la voix. Je penserai à toi à chaque instant... et j'espère que tu le feras aussi. »

Dès qu'il fut parti, elle tira de sous les couvertures ses partitions dans leurs lambeaux d'étoffe et les serra contre elle.

Wolfgang erra dans la maison. Les mains dans les poches, il avançait lentement, les yeux baissés, traînant les pieds. Ses pas le portèrent vers la cuisine ; il s'adossa à l'encadrement de la porte, n'osant entrer, car sa mère était occupée à retirer des gâteaux du four avec l'aide de la nouvelle domestique.

« Ne reste pas planté là, Wolfgang ! Entre ! Regarde comme ils sont réussis ! lui lança-t-elle dès qu'elle le vit. Tu veux en goûter un ? »

Il fit non de la tête et s'approcha sans hâte de la fenêtre qui donnait sur la cour intérieure.

« Qu'y a-t-il, mon ange ? Tu es triste ? Je sais, tu penses à ta sœur. Ne te fais pas de souci pour elle : avec le temps, elle comprendra. Malheureusement, elle a toujours été égoïste… C'est ça l'ennui.

— Égoïste ? répéta-t-il, perplexe.

— Mais oui, et pas seulement : elle est plus têtue qu'une mule ! Papa dit que ça vous fera du bien à tous les deux de rester un peu séparés. Et puis, avec l'aide de Tresel, je pourrai apprendre à Nannerl comment on tient une maison. N'est-ce pas, ma chère, que tu m'y aideras ? »

La domestique acquiesça avec une espèce de grognement, tout en goûtant un gâteau. C'était une femme d'âge moyen et peu bavarde, aux manières brusques, qui ne semblait pas connaître le sens du mot sourire.

« Oh oui, tu verras que Nannerl deviendra une excellente maîtresse de maison ! Comme sa mère, toute modestie mise à part.

— Madame, dit Tresel en reposant le gâteau d'un air écœuré, est-ce que par hasard vous n'auriez pas mis du sel au lieu de sucre ?

— Quoi ? »

À ce moment, le regard de Wolfgang se porta au-delà de la fenêtre, sur la cour intérieure : sa sœur avait mis le feu au tas de l'ancien Royaume Caché et était en train de brûler un monceau de papiers. Elle avait allumé le foyer juste au milieu, à l'endroit exact où se trouvait jadis le trône du roi, et y jetait feuille après feuille.

C'étaient ses partitions manuscrites. Méthodiquement, avec une implacable lenteur, elle prenait une page, mettait le feu à un coin, observait la flamme dévorer ses notes et les teinter d'un brun irréversible avant de les transformer en une impalpable poussière noire. Au dernier instant seulement, afin de ne pas se brûler, elle lâchait le coin restant sur les tisons rougeoyants, puis recommençait avec une autre page.

Wolfgang se précipita dans l'escalier qu'il dévala au risque de se rompre le cou.

« Que fais-tu ? Tu es folle ?

— Celle-là est pour Florence, annonça-t-elle en jetant une feuille au feu. Celle-là est pour Venise. Et celle-là pour Rome. Allez saluer le pape de ma part ! »

Et elle jeta tout le reste d'un coup en faisant fuser une flamme monstrueuse.

Wolfgang s'élança vers la fournaise pour tenter de sauver ce qui pouvait l'être, mais le mal était fait. Il réussit à extraire une seule partition, la jeta par terre et la piétina pour éteindre le feu ; les marges avaient été entamées, mais elle était encore lisible.

« J'en ai au moins sauvé une, annonça-t-il, essoufflé. Les autres, je te les réécrirai. Je me les rappelle toutes...

— Ne le fais pas. Je les brûlerais de nouveau, dit-elle avec un sourire qui semblait distant de millions d'années. Je ne composerai plus. Jamais plus, Wolfgang. Je ne serai qu'une petite répétitrice de province. Profite bien de l'argent que je t'enverrai. »

Et elle s'assit pour contempler, comme fascinée, la danse des flammes, sous le regard consterné de son frère. À la fenêtre apparut le visage impénétrable de Tresel, tandis que le vent faisait valser l'unique feuille survivante.

Des tas de neige sale s'amassaient sur les côtés de la Getreidegasse tapissée de glace et de boue.

Une voiture chargée de bagages attendait sous le porche, et le cocher se frottait les mains en soufflant dessus sans réussir à les réchauffer. Herr et Frau Mozart ne se décidaient pas à se détacher l'un de l'autre, et le révérend père Joseph Bullinger, qui avait déjà beaucoup discouru, n'avait plus rien à dire et se bornait à les contempler affectueusement. Wolfgang était déjà à l'intérieur, écrasant son nez et sa joue contre la vitre, ce qui donnait, sans qu'il s'en rende compte, un air grotesque à son expression mélancolique. Son regard était tourné vers la fenêtre du troisième étage, dans l'espoir d'y voir apparaître le visage de celle qui, peut-être, au dernier moment, accepterait de lui dire adieu, sinon de vive voix, du moins d'un geste.

Dans la salle de musique, Nannerl se tenait loin de la fenêtre. Enfermée dans la solitude qui allait devenir sa compagne, elle observait le piano-forte resplendissant comme un objet d'un luxe insultant. Elle s'installa sur le tabouret, arrangea les plis de sa robe, souleva le couvercle du clavier et enfonça ses doigts.

Elle improvisait en se promenant au gré de son imagination, guidée par les lois de l'harmonie qui était pour elle un terrain naturel et très fertile. Faisant succéder à de rapides cadences endiablées des moments de repos, à des envols aériens de violents coups d'arrêt, il lui vint soudain l'envie de chanter. Elle ne prononçait pas de paroles, mais utilisait ses cordes vocales comme un instrument de plus qui, en accord avec les notes que créaient ses mains, mais aussi contre elles, criait, tempêtait et se ployait avec la docilité qui n'appartient qu'à la chair.

Dans la voiture, son frère l'entendait et aurait voulu rejoindre la fenêtre, luttant pour ne pas pleurer tandis que les autres ne s'apercevaient de rien; seul le révérend père leva vers la maison un regard soucieux, juste après avoir donné sa bénédiction. Et pendant ce temps Nannerl épanchait son âme sur le clavier, yeux clos et lèvres entrouvertes sur un murmure, ou béantes pour une vocalise furieuse. C'était son adieu à Wolfgang, et à la musique.

Leopold monta, le cocher fouetta les chevaux, et la voiture partit en cahotant. Elle gagna petit à petit la chaussée et le jeune garçon, défiant le froid, sortit la tête par la portière pour entendre les dernières notes, mais, avec l'éloignement, celles-ci ne furent plus bientôt qu'un faible écho qui, brusquement, passé l'angle de la rue, s'éteignit; et ce fut le silence sur la chaussée déserte.

Nannerl se tut et posa ses mains sur ses genoux. Elle referma le couvercle et tourna la clef. Elle avait pris sa décision: elle ne jouerait jamais plus.

... Toute relation humaine connaît un point de rupture; passé ce point, la faille s'élargit et tout conduit inéluctablement à l'effondrement. Le mécanisme était désormais en marche et il n'y avait pas de retour possible: je voyais bien que, pour la première fois, mes rapports avec Wolfgang couraient un grave danger; je perdis tout intérêt pour la musique, pour les gens, pour la vie elle-même, je restai immobile dans l'attente que le Royaume Caché s'écroule et qu'avec lui soient anéantis non seulement le terrain émotif sur lequel mon frère et moi avions régné souverainement et dans la concorde, mais mon existence même.

Voilà à quoi j'étais réduite, mon aimé, peu avant de vous connaître, Victoria et toi: seule, comme je le suis en ces jours où je dois de nouveau me résigner à ton absence, mais en proie alors à un désespoir qui, grâce à vous, m'a aujourd'hui quittée. Je restais tapie sous mes draps et ne me levais que lorsque c'était vraiment indispensable. Je cherchais l'obscurité, j'enfouissais ma tête et restais des heures immobile dans le noir ; mais dès que je m'endormais mes jambes se contractaient, mes doigts se recourbaient et parcouraient la couverture comme un clavier, ma bouche émettait des sons confus qui me réveillaient, encore plus perdue et affolée.

Dans la journée, c'était Tresel qui m'apportait à manger, et le fait qu'elle ne me demande aucun remerciement me réconfortait. Elle entrait discrètement, prenait le plateau intact au pied du lit et le remplaçait par un nouveau ; elle ne se montrait pas offensée parce que ses petits plats avaient été dédaignés ; elle ne prononçait pas un mot, elle ne me regardait même pas, mais je sentais qu'elle me comprenait et me respectait. Les visites de ma mère étaient plutôt une invasion de mon territoire…

« Fais un effort, ma petite fille… ce n'est pas bon de rester toute la journée au lit ! Est-ce que tes migraines sont passées ? » gazouilla Frau Mozart en la palpant avec des doigts enfarinés et poisseux de miel, et en voltigeant dans la chambre. « J'ai dit à Tresel de te faire une omelette à la marmelade. Tu es contente ? Elle va te l'apporter. Je dois admettre qu'elle la réussit très bien, on dirait une pâtisserie. Mais il faut un tas d'ingrédients et, que Dieu m'en préserve ! nous ne pouvons nous le permettre, malheureusement… Pas pour le moment, tout au moins, parce que dès que tu auras commencé à donner des leçons, nous pourrons nous offrir des denrées de luxe… Ah, voilà Tresel ! Viens, viens, ma chère, pose le plateau sur le lit. Et ensuite, tu iras faire la vaisselle. Nannerl, ma chérie… »

Pas un muscle de la jeune fille n'avait bougé. Anna Maria s'assit près d'elle et soupira.

« Mon trésor… ma chère petite fille… il faut quand même manger quelque chose. Courage, assieds-toi. » Elle approcha le plateau et avisa une enveloppe, posée entre la cuillère et le couteau. « Regarde : c'est une lettre de papa et de Wolfgang ! »

À cet instant, Nannerl sortit soudain de son immobilité ; mais sa mère était trop pressée de briser le sceau pour s'en apercevoir. C'étaient deux feuilles, l'une de l'écriture régulière de Leopold, l'autre griffonnée par Wolfgang. Anna Maria saisit la lettre de son mari :

« Je vais la lire près de la fenêtre du salon. Ensuite, tu me montreras l'autre ! » et elle s'éclipsa.

Nannerl se mit sur son séant avec une vigueur insoupçonnée, les yeux rivés sur la feuille de papier restée sur le plateau : elle avait été pliée plusieurs fois de manière à ressembler à un petit paquet. Elle la déplia et découvrit qu'elle contenait un billet très petit, écrit en minuscules pattes de mouche. Aussitôt, elle se leva, s'habilla en un clin d'œil, glissa le papier dans son corsage et ouvrit la porte de la chambre. Tout d'un coup, elle se retourna, alla au plateau, y prit deux tranches de pain entre lesquelles elle glissa l'omelette, les enveloppa dans la serviette qu'elle mit sous son bras ; puis, s'élançant hors de la chambre, elle parcourut en courant le couloir, attrapa un manteau, l'enfila en continuant sa course, et sortit de la maison.

Les rues étaient pleines de citadins qui se promenaient en jouissant d'une journée ensoleillée : des dames accompagnées de leur marmaille et de la nourrice, des jeunes femmes à demi cachées par leur ombrelle en dentelle, et même quelques messieurs seuls avec leur chien. Nannerl avait rabattu son capuchon sur son front et marchait tête baissée, elle esquivait les passants et ignorait ceux qui la reconnaissaient et esquissaient un salut.

Durant le temps qui lui fut nécessaire pour gagner le petit

bois aux abords de la ville, le ciel se couvrit brutalement : les premiers coups de tonnerre se firent entendre alors qu'elle courait sur le sentier, sa jupe volant au vent ; les premières gouttes tombèrent juste au moment où elle venait d'atteindre, avec son agilité naturelle, une grosse branche au faîte du plus grand arbre. À l'abri du feuillage, elle tira la grande feuille de son corsage et la déplia ; elle remit le petit billet contre sa poitrine et lut la lettre officielle de Wolfgang, celle que, sans nul doute, son père avait vue et qui devait passer ensuite sous les yeux de sa mère.

Ma sœur chérie,

Grâce à Dieu, nous sommes en bonne santé, papa et moi, et j'espère qu'il en est de même pour toi et maman. Durant les premières étapes nous avons eu très froid, et la neige nous a poursuivis avec une telle insistance que je serais mort d'épuisement si je n'avais eu pour me soutenir ta pensée, celle de maman, de notre maison et de la patrie désormais lointaine.

Je me demande comment se passe pour vous cette période de solitude, et j'essaye tout le temps de deviner ce que sont tes pensées, dans quel état d'esprit tu te trouves. Je ne sais, ma sœur chérie, si tu as déjà commencé à donner des leçons aux dignes rejetons de la noblesse salzbourgeoise ; je t'imagine, dans ce nouvel emploi, aussi inflexible et capable que notre père, qu'il me pardonne la comparaison. Quoi qu'il en soit, j'aimerais que ce soient tes mots, et non ma seule imagination, qui me parlent de toi. Je te prie donc de me répondre vite, puis de m'écrire toutes les fois que cela te sera possible, et en tout cas à chaque départ de la poste. N'oublie jamais que tu as un frère et que celui-ci continue de te vouer un amour sincère.

Wolfgang Mozart

Le moment était venu de chercher un abri plus efficace, car les gouttes tombaient plus serrées, si grosses qu'elles s'écrasaient au sol avec un bruit de tambourin. Nannerl se laissa glisser en se retenant aux branches, parcourut rapidement le petit sentier et s'accroupit dans une cavité au-dessous d'un rocher. Là, elle sortit le minuscule feuillet et se mit en devoir de le déchiffrer dans la pénombre de l'orage zébrée d'éclairs.

Il était en latin. Son frère s'était montré habile : de toute évidence, il l'avait inséré dans l'enveloppe au dernier moment, avant que leur père ne la scelle ; et, si leur mère l'avait trouvé avant Nannerl, elle n'y aurait rien compris et l'aurait pris pour un quelconque exercice qui se trouvait là par erreur.

« *Valde semper laetor quod te docuerim latinam linguam, qua ita nunc possumus clam communicare.* »

« Je suis heureux de t'avoir initiée à la langue latine, car cela nous permet aujourd'hui de correspondre en secret », traduisit laborieusement Nannerl.

« *Deditus sum ad parandos pro te aliquot modos de italica arte musica...* »

« Je te prépare... des notes concernant la musique italienne... » Et c'était elle qui était têtue comme une mule ? Wolfgang lui annonçait qu'il avait transcrit pour elle, en secret, des arias qu'il avait entendu chanter par des musiciens des rues. Quelle idée bizarre ! Et il se promettait de trouver le moyen de les lui envoyer en cachette de leur père...

Nannerl roula le billet en boule et le glissa sous une pierre. Elle ouvrit la serviette, en tira les tranches de pain avec l'omelette et les dévora avidement en se couvrant de miettes, puis s'essuya la bouche du dos de la main. Elle demeura longtemps tapie à l'abri du rocher, dans l'attente du retour du ciel bleu. Les gouttes qui tombaient formaient un tapis sonore continu. Elle était bien, là-dessous.

« Les voilà ! » s'écria Anna Maria en entendant frapper, et elle poussa Tresel en avant pour qu'elle ouvre la porte. La comtesse Katharina Margarethe von Esser et sa fille, la jeune Barbara, chez elle ! Dans sa maison !

L'aristocratique héritière avait neuf ans et était d'une rare laideur : un oisillon noirâtre aux traits imprécis, corps trapu et gestes gauches. Sa mère avait beau s'échiner à la couvrir de robes fleuries, elle avait beau l'obliger à consacrer chaque matin plus d'une heure à s'attifer, rien n'y faisait : impossible de lui insuffler la moindre grâce. En conséquence, il était nécessaire de miser sur d'autres qualités : l'instruction, les bonnes manières et, naturellement, la connaissance de la musique.

« Madame la comtesse, quel honneur ! Oh, la jolie petite fille que voilà ! Tu dois être Barbara, non ? Que tu es charmante... »

La petite exécuta une espèce de révérence bancale, et les deux femmes se serrèrent la main avec affectation.

« Venez, Nannerl vous attend ! » annonça Frau Mozart, qui se dirigea vers la salle de musique en esquissant presque un pas de danse.

Toute la vie de Katharina von Esser reposait sur un solide principe moral : savoir cultiver l'art de la conversation. Elle adorait débiter des paroles, elle le faisait à une vitesse inégalable, elle pouvait s'entretenir de n'importe quel sujet, dans n'importe quelle discussion, en paraissant toujours compétente et instruite. Elle connaissait des phrases adaptées à toutes les circonstances, allait pêcher dans sa mémoire des affirmations entendues Dieu seul savait où et quand, et dès qu'elle avait l'impression de s'avancer sur un terrain incertain, elle réussissait à glisser habilement. Elle avait pour cela un talent remarquable.

« Je suis tellement impatiente de faire la connaissance de votre fille ! Mon mari et moi, nous l'avons entendue dans plusieurs concerts, mais nous n'avons jamais eu l'occasion de la voir de près. C'est étonnant, n'est-ce pas ? Le révérend père Bullinger m'assure qu'elle sera un excellent professeur, et je ne puis qu'écouter les conseils de ce saint homme. À la vérité, Barbara étudiait déjà sous la conduite d'une autre répétitrice, dont je tairai bien entendu le nom ; je vous avouerai néanmoins, tout à fait entre nous, que je n'en étais pas satisfaite, car elle fait partie de ces personnes qui ne savent pas respecter les convenances. Vous comprenez ce que j'entends par là, n'est-ce pas, chère Frau Mozart ? Certains artistes pensent que vivre dans le désordre fait d'eux des génies, mais vous savez mieux que moi à quel point c'est faux. Imaginez-vous qu'une fois nous sommes allées chez elle pour une leçon et qu'elle était absente ! Elle était partie Dieu sait où, sans même se donner la peine de nous prévenir ! Un comportement scandaleux... »

À cet instant, Anna Maria ouvrit la porte de la salle de musique et constata que Nannerl n'y était pas. Elle entra, incertaine, tandis que la comtesse regardait autour d'elle d'un air interrogateur.

« Prenez la peine de vous asseoir », dit Frau Mozart nerveusement, puis elle ajouta d'une voix un peu trop aiguë : « Tresel, sers les rafraîchissements ! Je reviens tout de suite, ne vous inquiétez pas, madame la comtesse... »

Elle se dirigea vers la chambre de Nannerl comme un général prêt à rallier ses troupes et poussa la porte.

Nannerl était là, décomposée, allongée parmi les oreillers, les cheveux en désordre, les vêtements défaits, le visage absent.

« Que veut dire ce comportement indigne ? » siffla sa mère, exaspérée.

La jeune fille ne répondit rien et ne bougea pas. Elle la prit par le bras et la secoua violemment.

« Nous ne pouvons pas nous permettre ce genre de simagrées ! Prépare-toi en vitesse et viens tout de suite ! Ai-je été claire ? »

Elle reçut en réponse un faible hochement de tête, et cela lui suffit. Elle retourna tout de suite dans la salle de musique ; avant d'entrer, elle s'arrêta devant la porte, respira un bon coup, prit un air cérémonieux et se jeta dans l'arène.

« Je vous prie de nous pardonner, madame la comtesse ! Nannerl... eh bien, Nannerl se sentait un peu indisposée, et elle s'est reposée un moment, mais elle ne va plus tarder.

— Oh, pauvre fille, je suis vraiment désolée... et de quoi souffrait-elle, si je ne suis pas indiscrète ?

— Rien de sérieux, heureusement, chère comtesse ! Il lui arrive d'avoir mal à la tête, c'est tout.

— Je comprends parfaitement, Frau Mozart, affirma gravement Katharina. Moi aussi, quand j'étais jeune fille, j'avais parfois de terribles migraines.

— Vraiment ?

— Oui, madame. Et en réfléchissant à la question, qui est sans nul doute d'un grand intérêt, je suis parvenue à la conclusion qu'il y a quelque chose de douloureux dans le passage d'une femme à l'âge adulte. Voyez comme c'est curieux : justement, j'en discutais l'autre jour avec notre médecin, en prévision des changements que ma Barbara devra bientôt connaître et auxquels je tiens, comme toute bonne mère, à ce qu'elle soit préparée. La vérité, je crois, est que les jeunes garçons en grandissant semblent déborder comme une coupe trop pleine. Ne le pensez-vous pas aussi, chère madame ? C'est comme si le moment de la puberté – pardonnez-moi la crudité du terme – les projetait dans la vie avec une vigueur décuplée. Tandis qu'au contraire il est assez courant qu'une jeune fille se referme sur elle-même et souffre en silence ; et seul le mariage – et sa conséquence, la procréation – peut la tirer de cet état et lui donner la force d'aller de l'avant. Pour moi, en tout cas, c'est ainsi que les choses se sont passées. Et vous, comment avez-vous vécu cette période ? »

D'un coup, il se fit dans le cerveau d'Anna Maria un vide absolu. Depuis son enfance elle avait toujours eu trop à faire pour avoir le temps de réfléchir sur ses propres émotions. Seuls les riches en ont les moyens, mais des gens comme elle, non ! Elle fut sauvée par Tresel qui vint faire diversion et dont la voix rauque lui fit l'effet d'un chant de rossignol :

« Frau Mozart, désirez-vous que je serve le *Gugelhupf* ?

— Mais oui, bien sûr ! Il me semble que c'est le bon moment ! Apporte-le tout de suite, avec la pelle à gâteau et les assiettes. » Et elle se tourna aussitôt vers Barbara en minaudant : « Tu aimes le *Gugelhupf*, ma chérie ? »

La mère la gratifia d'un sourire aimable :

« C'est son gâteau préféré, Frau Mozart. On dirait que vous l'avez deviné.

— Oh, vous m'en voyez ravie !

— Notre cuisinière en fait toujours, dans les grandes occasions. À propos, chère madame, je dois vous complimenter pour votre domestique. Elle me fait l'effet d'une personne vraiment sérieuse, efficace et polie... C'est si difficile, de nos jours, de trouver un personnel de qualité... Vous partagez mon sentiment, n'est-ce pas ? Imaginez-vous que, chez nous, nous avons eu une aventure affreuse avec une femme de chambre. Cette effrontée puisait dans l'argent des commissions, elle volait la monnaie et même, un jour, elle a dérobé une bague de prix ! Pourtant elle m'avait été recommandée par la famille de mon mari, où elle avait servi au moins cinq ans. Je la soupçonne fort d'y avoir rapiné sans vergogne à l'insu de ma belle-mère, la pauvre femme, qui ne s'est aperçue de rien. À propos d'argent, si je puis me permettre d'aborder le sujet sans détour, quel arrangement proposez-vous ? »

Après un court instant d'embarras, Anna Maria réussit à balbutier :

« Eh bien, je crois que le mieux serait de payer les leçons d'avance... Et si possible par groupes de dix. Le fait est que je dois expédier l'argent à mon mari en Italie, et donc, vous comprenez...

— Cela ne fait aucune difficulté, Frau Mozart. Comme vous devez vous en douter je ne manie pas d'argent personnellement, et donc je vous enverrai dans la journée un valet qui vous remettra cinquante florins en espèces sonnantes. »

L'idée d'une telle somme en une fois donna le tournis à la pauvre femme. Elle prit une énorme portion de *Gugelhupf* et l'engloutit sans presque la mâcher.

Le bavardage des deux dames avait ennuyé à mort la petite Barbara, et le gâteau non plus ne lui plaisait guère, car il était différent de celui que lui préparait sa cuisinière : trop épais, avec trop de miel. Juchée sur un fauteuil démesuré pour elle, elle balançait ses petites jambes torses dans le vide, d'abord paresseusement, puis de plus en plus nerveusement, si bien qu'elle finit par n'y plus tenir et explosa :

« Maman, on rentre à la maison ?

— Mon trésor, ne sois pas mal élevée ! Tu dois apprendre à modérer tes manières. Tu vas faire la connaissance de ton nouveau professeur de piano-forte : n'es-tu pas contente ?

— Non.

— Frau Mozart, pardonnez-lui, je vous en prie ! Ce n'est encore qu'une enfant, et elle ne sait pas ce qu'elle dit.

— Mais voyons, madame la comtesse ! Ne vous faites aucun souci ! »

Avec une patience digne d'éloges, Katharina von Esser admonesta sa fille :

« Un jour, tu me remercieras, ma petite fille. Pour le moment tu ne comprends pas, et c'est bien naturel, vu ton jeune âge, mais la musique est un élément essentiel dans l'éducation d'une vraie demoiselle... »

À cet instant, Nannerl apparut sur le seuil, habillée d'une manière plus ou moins adaptée à la situation et le visage fermé. Dès qu'elle la vit, Anna Maria renchérit :

« Je suis sûre que ma fille pense comme vous ! Pas vrai, mon trésor ? Allons, dis-le à madame la comtesse !

— Oui, bien sûr... dans un jeune esprit, la musique aide à développer la capacité d'abstraction...

— Et à contracter un bon mariage ! poursuivit Katharina von Esser, triomphante. La bonne société adore les jeunes filles qui savent jouer du piano-forte... Oh, je vois que nous avons déjà trouvé un terrain d'entente, Fräulein Mozart ! »

Nannerl semblait avoir coulé dans les profondeurs de la mer, comme si ces trois créatures s'étaient transformées en poissons, en homards, voire en pieuvres. Un courant glacé la poussa vers la pieuvre-comtesse, dotée soudain d'énormes bracelets jusqu'à l'extrémité de ses tentacules, et la força à lui faire une révérence. De la pieuvre-élève lui vint un regard hostile, elle se tourna vers elle pour observer ces globes fixes et un peu troubles, et imagina cette chose invertébrée nageant vers la fenêtre pour s'échapper en laissant derrière elle une grosse tache d'encre. Mais déjà elle se sentait happée par les ventouses de la pieuvre-mère, qui la traînait vers le piano-forte sans qu'elle puisse lui opposer de résistance ; et pendant ce temps la voix de la pieuvre-comtesse résonnait de mille échos caverneux : « Courage, ma petite Barbara, joue pour Fräulein Mozart ! Montre-lui comme tu joues bien ! »

Pas d'échappatoire. Il fallait se conformer au rituel. La petite comtesse s'assit devant le piano-forte avec l'air de poser sa tête sur le billot ; elle essaya de soulever le couvercle du clavier, mais il était comme bloqué, et sa figure se plissa en une moue perplexe.

« Tourne la clef ! » suggéra la voix atone de Nannerl.

La petite enfonça la clef dans la serrure, la fit tourner et ouvrit le couvercle ; elle rangea de côté l'étoffe de protection, et joua.

C'était un morceau simple, conçu pour des petits doigts qui n'étaient pas encore déliés, ce qui faisait que la main droite et la main gauche devaient jouer à l'unisson et que, lorsque l'une avait à exécuter quelque chose de plus compliqué, l'autre s'arrêtait ou tenait seulement quelques notes longues. Même un perroquet bien dressé aurait pu produire quelque chose d'acceptable, mais Barbara était un véritable désastre. Anna Maria, habituée à des sons bien différents, ne pouvait pas ne pas s'en apercevoir, mais elle n'en laissa rien deviner et affecta d'écouter avec bienveillance. La comtesse avait-elle conscience du manque d'aptitude de sa fille ? Nul ne le sait ; de toute manière, les sentiments de Barbara n'avaient aucune importance pour elle. Tout ce qui comptait à ses yeux était qu'elle apprenne à pianoter quelques notes, à bien se tenir et à savoir entretenir une quelconque conversation.

Et Nannerl... Oh, la jeune fille était blessée par ces horribles sons qui l'atteignaient comme autant de coups à l'estomac, et elle comprit sur-le-champ qu'il lui serait impossible d'instiller un peu d'art dans un esprit aussi peu motivé. Elle tourna le dos à Mme von Esser pour éviter de lui montrer ses sentiments et, feignant d'écouter attentivement le morceau, elle s'accouda à la fenêtre qui donnait sur la rue.

Parmi les passants se faufilait une très jeune fille qui devait avoir quelques années de plus que Barbara. Elle portait une jolie robe couleur turquoise parsemée de petites fleurs et un chapeau surmonté d'une rose blanche tenue par un nœud de ruban bleu. Sans savoir pourquoi, Nannerl suivit du regard la jeune fille anonyme, prise du désir d'être à sa place, loin de cette affreuse parodie de musique, de ce métier détesté, libre de se promener dans la rue avec une rose à son chapeau.

Soudain, la jeune fille s'arrêta. Elle devait avoir entendu les exploits pianistiques de la petite comtesse et s'en trouver aussi incommodée que Nannerl. Se guidant au son de l'instrument, elle leva la tête vers la fenêtre en faisant une grimace de dégoût qui contrastait avec son visage avenant et rieur ; les regards des deux jeunes filles se croisèrent et restèrent rivés l'un à l'autre pendant un long moment.

En se dissimulant derrière les colonnes du portail comme deux espions, Wolfgang et son père suivaient de près le carrosse de Michel II von Thurn und Taxis, gouverneur de Mantoue. L'idée en revenait à Leopold, décidé à obtenir une audience de leur noble compatriote qui, à son grand dam, ne semblait pourtant pas prêt à les prendre, lui et son fils, en considération. Ils s'étaient rendus dès le premier jour à la résidence princière pour présenter leurs hommages dans les formes et s'étaient entendu répondre que Michele était trop occupé pour les recevoir et qu'ils veuillent bien, en conséquence, revenir un autre jour ; ils étaient revenus, ponctuels, mais un valet leur avait déclaré que le prince était à la messe. Ah oui ? Eh bien, allons l'attendre à la sortie de l'église, suivons-le jusque chez lui, et on finira bien par voir sa belle tête de patricien !

Tandis que Leopold lui adressait force coups d'œil et lui faisait signe de bouger, Wolfgang s'attardait, charmé par l'architecture de la cité padane en cette claire journée. Il posa les mains sur un pilier du portique, le froid le fit frissonner, et il en déduisit que ce devait être du marbre. Il observa alors le chapiteau et crut le reconnaître : il était semblable à certains dessins d'un livre d'histoire romaine que son père lui avait fait lire. Un chapiteau ionique, si sa mémoire ne le trompait pas, simple mais somptueux, avec deux amples volutes sur les côtés qui enserraient le corps de la colonne ; et il semblait très ancien : était-il possible qu'il soit vraiment d'époque ? Le pilier aussi, à bien y regarder, avait des crevasses et des égratignures sur toute sa surface et pouvait bien remonter à deux mille ans. Wolfgang promena son regard le long du portique et se rendit compte que les colonnes et les chapiteaux étaient tous différents : ce qui prouvait qu'une bonne partie, au moins, devait provenir d'ailleurs. Mais ses méditations sur la réutilisation des vestiges de l'Empire romain furent interrompues par son père, qui l'empoigna sans ménagement par le bras et l'entraîna :

« Remue-toi un peu, nom d'un chien ! »

Le dernier tronçon de chaussée qui les séparait de la résidence princière fut parcouru au pas de course, car le carrosse avait nettement pris de l'avance sur eux et, au point où ils en étaient, ils n'avaient plus besoin de se cacher. D'une main Leopold retenait le chapeau posé en équilibre instable sur la perruque elle-même mal assujettie sur son crâne, et de l'autre il remorquait son fils qui risquait à tout moment de glisser sur les dalles du portique : est-ce que les habitants de Mantoue passaient leur temps à cirer le sol de leur salon à ciel ouvert ? Ce duo d'Autrichiens qui couraient suscita quelques rires parmi les passants qui vaquaient à leurs occupations, mais ils n'eurent pas le loisir de s'en apercevoir, et ils réussirent à arriver au palais à l'instant même où le carrosse, vidé de ses occupants, faisait demi-tour pour regagner les écuries.

Porté par son élan, Wolfgang rejoignit rapidement le poste de garde, prêt à se faire annoncer ; mais quand il chercha son père près de lui, il se rendit compte que celui-ci était resté derrière, plié en deux contre le mur d'enceinte, tout rouge et la bouche grande ouverte, comme si son cœur allait éclater.

« Papa, tu te sens mal ? cria-t-il, alarmé, et il revint vers lui, mais Leopold se redressa en haletant.

— Non, mon fils… tout va bien. Continuons… »

Il esquissa vers le poste quelques pas qui se voulaient résolus, mais Wolfgang lui fit face avec un sourire presque attendri.

« Si tu te présentes dans cet état, les princes te feront recevoir à coups de bâton.

— Pourquoi ? Être un peu essoufflé n'a rien d'irrespectueux !

— Tu n'es pas seulement essoufflé, père... » Et, en l'observant, il ne put s'empêcher de rire : la perruque de Leopold avait glissé de plusieurs pouces en laissant apparaître une grande partie de sa tignasse grise. Wolfgang la remit d'aplomb. « Il faudrait la repoudrer un peu, mais, pour le moment, ça ne me semble pas possible.

— Bien sûr. Allons, en avant ! fit Leopold d'un ton bourru, et il se présenta aux gardes d'un air supérieur.

— Bonjour. Auriez-vous la bonté d'annoncer au prince Michel von Thurn und Taxis et à sa gracieuse épouse que Leopold Mozart et son fils sont ici pour leur présenter leurs respects, en qualité de compatriotes du couple princier, sans doute moins illustres mais liés à eux par leur commune appartenance à cet empire des Habsbourg qui, jusque dans cette province lointaine mais non moins superbe, brille et fait tout briller à l'entour en répandant l'éclat de son éblouissante lumière ? »

Le garde l'inspecta des pieds à la tête en esquissant un petit sourire sous sa moustache, puis dit quelque chose à un autre garde, qui fit quelques pas dans la cour pour dire quelque chose à un troisième, lequel disparut dans le palais.

Arrivés à ce point, nos amis ne pouvaient rien faire de plus qu'attendre la réponse, retenus dans une sorte de purgatoire. D'un côté un palais magnifique qui avait été jadis celui des ducs de Gonzague, et de l'autre la place parcourue par des gens du commun tirant des chariots de marchandises. N'appartenant pour le moment ni à l'un ni à l'autre espace, Leopold nerveux et Wolfgang beaucoup plus placide observaient ces deux réalités sans vraiment les percevoir ; mais soudain l'attention du jeune garçon fut attirée par un musicien des rues qui, l'air pressé, chargé d'instruments, déboucha d'une ruelle et s'arrêta devant un porche, à l'autre bout de la place. Il se débarrassa de la bandoulière qui portait une mandoline, frappa le battant de la porte avec le heurtoir, se mit à crier en direction des étages en gesticulant, un sourire impatient sur la figure ; il ressemblait à un dieu Bacchus de la musique, avide de se plonger dans une orgie de notes qu'il ne savait probablement pas lire mais qui, simplement, le comblaient de joie.

« Je ne comprends toujours pas ton intérêt pour la musique du peuple. »

La voix de son père avait tiré Wolfgang de sa contemplation. Il le dévisagea, légèrement inquiet, tandis que Leopold poursuivait :

« Je veux dire, Wolfgang, qu'elle a certes son charme. Mais une fois qu'on a écouté une chanson, on les a toutes écoutées. Tu ne crois pas ?

— Si, papa, répondit-il d'une voix faible, mais ce qui m'intéresse, ce n'est pas la facture. C'est plutôt l'énergie que ces gens mettent dedans…

— Vraiment ? l'interrompit Herr Mozart, décidé à polémiquer. Pourtant, chaque fois que nous rencontrons un musicien des rues, il me semble bien que tu étudies ses sottises et que tu les graves dans ton esprit avec beaucoup de soin. Vas-tu enfin m'expliquer pourquoi ? »

L'arrivée d'un valet sauva Wolfgang de la nécessité de mentir à son père.

« Herr Mozart, je dois malheureusement vous informer que le prince Michel von Thurn und Taxis est retenu par des affaires dont il doit s'occuper sans retard. »

Leopold le toisa, profondément fâché. Il savait fort bien que la vie d'un prince était rarement faite d'affaires très pressantes.

« Donc, il ne peut nous recevoir aujourd'hui ?

— Hélas non, j'en suis désolé. Je suppose que vous devrez revenir un autre jour, répondit le valet, plus froid que les colonnes du portique.

— Veuillez au moins transmettre à Son Excellence nos respectueuses salutations, dit Leopold entre ses dents.

— Ce sera fait, n'en doutez pas. Je vous souhaite le bonjour. »

Sans rien ajouter, il leur tourna le dos et rentra dans le palais, en les plantant là.

Terriblement irrité, Herr Mozart prit la main de son fils et s'éloigna rapidement, en traversant la place à grandes enjambées. Ils passèrent non loin du porche du musicien. De la fenêtre sortait un agréable chaos d'instruments sur lequel se détachait le chant d'une voix féminine ; sans y paraître, Wolfgang dressa l'oreille et l'enregistra dans sa prodigieuse mémoire.

Ce même soir, Katharina von Esser avait invité Frau et Fräulein Mozart à une réception particulièrement huppée et, tandis qu'Anna Maria se faisait coiffer par Tresel, Nannerl traînait encore en chemise de nuit.

« Ma petite fille, il faudra bien que tu te décides à sortir de ta coquille ! Tu dois faire de nouvelles connaissances, parler un peu... C'est mauvais de rester toujours seule. Je dis ça pour ton bien...

— Inutile d'insister. Je n'irai pas, grommela Nannerl.

— C'est pourtant le meilleur moyen de faire passer tes migraines, tu verras que j'ai raison ! Il suffit que tu prennes l'air, ça te distraira et tu te sentiras tout de suite mieux. As-tu mangé quelque chose ? »

Nannerl répondit par un grognement qui signifiait « oui ».

« Eh bien, courage, passe ta robe rouge qui te met si bien en valeur, applique-toi aussi un peu de fard, tu es plus blanche qu'un linge. Tu verras, tu finiras par me remercier...

— Je n'irai pas », répéta la jeune fille, sur un ton plus décidé.

Frau Mozart soupira et vérifia l'œuvre de la domestique dans son miroir : la coiffure était réussie, mais quelques épingles à cheveux semblaient avoir été enfoncées directement dans la boîte crânienne.

« Tresel, ma chère, pourrais-tu relâcher un peu celles du haut ? Il y en a une qui pointe directement sur mon crâne et je n'aimerais pas qu'elle m'y fasse un trou. »

Tandis que la domestique s'exécutait, elle reprit d'un ton calme ses admonestations à sa fille :

« Vraiment, Nannerl, nous ne pouvons pas continuer comme ça. Nous devons nous faire des relations, trouver de nouvelles élèves... Nous n'en avons pas encore assez, tu le sais... et je ne peux pas tout faire seule, comprends-le. Tu dois m'aider ; tu dois venir, toi aussi. »

La jeune fille lui adressa un regard acéré.

« Je t'ai dit que je n'irai pas, maman. Est-ce clair ?

— Tu es en train de te faire une réputation de pimbêche ! Merde sèche ! Mais de qui tiens-tu cette tête de mule ? »

À cet instant, on frappa à la porte d'entrée, et la nervosité de Frau Mozart augmenta encore :

« Qui diable cela peut-il être ? Va voir, Nannerl, Tresel est trop occupée ! »

Heureuse de cette diversion, Nannerl passa rapidement une camisole et alla ouvrir ; mais ce qu'elle vit la laissa interloquée. Dans l'encadrement se tenait la jeune fille à la rose blanche, vêtue d'une jolie robe lilas et d'un chapeau de même couleur orné cette fois d'un bouquet de violettes, un sourire impertinent aux lèvres, un éclat joyeux éclairant ses grands yeux sombres.

« Bonjour, Nannerl, dit-elle tranquillement, comme si elles étaient des amies d'enfance. Tu ne donnes pas de leçons, aujourd'hui ? Ça doit être un drôle de soulagement... tes élèves sont toutes lamentables ! Mais comment fais-tu pour les supporter ? »

Elle devait avoir une quinzaine d'années, comme Wolfgang, et tout en elle exprimait le bonheur de vivre. Elle eut un rire argentin en renversant la tête en arrière, puis tira une partition d'un petit sac brodé aux teintes vives.

« C'est la première sonate de Johann Gottfried Eckard, celle que tu as jouée en concert, quand tu étais petite. Je la connais par cœur, et je peux même la jouer les yeux fermés, si tu veux !

— Tu peux payer ? »

D'un coup, le sourire s'effaça et les yeux bruns prirent une expression offensée.

« Je ne donne de leçons que si on me paye : je dois financer les études de mon frère. Si tu peux apporter de l'argent, reviens demain, sinon c'est inutile. »

Elle ferma la porte et retourna dans sa chambre.

« Qui était-ce ? » demanda Anna Maria.

Mais Nannerl ne répondit pas : sur le fauteuil était maintenant posée la robe rouge, prête à être endossée. Elle la fixa avec une rage sourde, en pensant qu'elle la déchiquetterait volontiers en mille morceaux si elle était sûre que sa mère n'en ferait pas autant avec elle.

« Voilà au moins de quoi te donner un peu de couleurs. Allons, Tresel, arrange-lui les cheveux comme tu pourras, nous sommes en retard, nous devons vraiment partir... Fais-lui quelque chose de joli, mais vite, ma chère, je t'en prie. »

Même la jeune fille à la rose blanche, qui était redescendue toute penaude dans la rue, dut entendre le rugissement de Fräulein Mozart :

« Je n'irai pas, maman, dans quelle langue faut-il te le dire ? Vas-y seule ! »

Finalement elle ne lui allait pas mal, cette robe, au moins par sa forme ; parce que cette agressive couleur rubis ne faisait que souligner son extrême pâleur. Pelotonnée sur le canapé damassé avec l'air de s'ennuyer ferme, Nannerl était une note dissonante dans cette société de brillants bavards, tout en conversations distinguées et œillades langoureuses.

En revanche, Anna Maria semblait parfaitement à l'aise, assise à une table de jeu avec Katharina von Esser et deux gentilshommes ; jouer aux cartes n'empêchait pas les deux femmes de bavarder à mi-voix, déjà intimes comme de vieilles amies.

« Pourquoi votre fille qui est si belle reste-t-elle toute seule, avec cet air maussade ? La voir ainsi me fait vraiment de la peine. Quel gâchis ! C'est une authentique aberration de la nature !

— Vous êtes bien bonne, comtesse... Nannerl est plutôt jolie, en effet. » Puis une expression accablée se peignit sur sa figure. « Mais elle a un caractère épouvantable. Pauvre enfant...

— Vous savez ce que je pense à ce sujet, Frau Mozart. Il faut lui trouver au plus vite un fiancé. C'est le meilleur remède...

— Probablement ! Mais j'ai peur qu'elle n'en veuille rien savoir. Les hommes ne l'intéressent pas du tout. Il n'y a rien à faire.

— Elle changera de comportement, tôt ou tard, ne vous faites pas de souci ; toute femme aime être courtisée. »

Tout en abattant une carte, Anna Maria regarda Nannerl. Un valet passait devant elle avec un plateau chargé de coupes ; elle en saisit une et en avala le contenu d'un trait. Frau Mozart soupira.

« Je voudrais tant vous croire, comtesse... mais quelque chose me dit qu'elle ne trouvera jamais un homme capable de supporter ses manières.

— Il ne faut pas vous donner pour vaincue aussi vite, ma chère... », et par-dessus son jeu de cartes le regard de Katharina se porta sur un personnage à l'autre bout du salon. « J'ai peut-être en tête l'homme qu'il lui faut, poursuivit-elle dans un murmure complice. Là-bas. Vous le voyez ? Il s'appelle Johann Baptist von Berchtold zu Sonnenburg.

— Noble ? s'enquit Anna Maria avec intérêt.

— Bien entendu, mon amie... sinon je ne vous l'aurais

pas proposé. C'est un baron, fort bien nanti. Il possède un certain nombre de demeures réparties entre Salzbourg et Vienne, ainsi qu'une villa dans la montagne, que l'on m'a dite splendide. Qu'en pensez-vous ? »

Anna Maria se voyait déjà habitant une luxueuse maison, entourée de domestiques toujours prêts à brosser les vêtements, cirer les chaussures et même vous faire les ongles, de cuisiniers qui, sur un signe, la submergeraient de pâtisseries raffinées, de valets qui la conduiraient d'un salon à l'autre sur des chaises à porteurs semblables à celles de Versailles.

« Eh bien… je dirais… il est plutôt intéressant…

— Pour le moment, il est solitaire. Le pauvre homme est veuf depuis un an, avec quatre enfants à élever, tous des garçons… N'est-ce pas triste de voir des enfants livrés aux seuls soins de gouvernantes ? Sincèrement, je trouve cela terrible.

— Bien sûr, bien sûr, c'est vraiment affreux. »

Katharina posa son jeu de cartes et s'adressa à haute voix aux autres joueurs :

« Messieurs, nous accorderez-vous une petite pause ? Mon amie et moi, nous devons nous occuper de certaine question. Je vous prie de nous pardonner… et soyez certains que nous ne serons pas longues. »

Les gentilshommes acquiescèrent, et les deux femmes traversèrent le salon avec le port d'actrices sur la scène. Elles affectèrent un air dégagé, un peu pour produire la meilleure impression possible et un peu parce que la comtesse se sentait mal assurée sur ses talons trop hauts, Anna Maria la suivant comme son ombre ; mais dès qu'elles furent à proximité du baron et que les traits de ce dernier se précisèrent, Frau Mozart s'écarta légèrement et, sans aucune retenue, l'examina de la tête aux pieds en retenant sa respiration.

Johann Baptist von Berchtold zu Sonnenburg était d'une beauté incomparable. Moins de trente ans, svelte, avec de longs cheveux blonds comme les blés qu'il portait sans recourir aux artifices d'une perruque, son front, son nez, sa bouche et son menton auraient pu être avantageusement comparés à ceux d'un Apollon. Il n'avait qu'un léger défaut, comme Anna Maria le constata quand il se leva pour saluer la comtesse : il était de petite taille, comme si le Créateur avait considéré que le gratifier de tant de qualités sur un corps plus grand, en le faisant plus resplendissant encore, lui aurait rendu, de ce fait, la vie impossible.

« Mon cher baron, quel plaisir... fit Katharina en lui tendant la main.

— Comtesse, vous rencontrer est toujours un ravissement, affirma-t-il sans trop de conviction, en regardant autour de lui comme s'il attendait quelqu'un ou quelque chose.

— Connaissez-vous ma bonne amie Frau Anna Maria Mozart ?

— *Enchanté, madame* », déclara-t-il en français. Il lui baisa la main, puis se tut en l'observant avec un sourire irrésistible. Encadrés de cils noirs, longs et fournis, ses iris étaient de couleurs différentes : le gauche était uniformément gris-vert, tandis qu'une tache bleue occupait la partie supérieure du droit. « Permettez-moi de vous faire remarquer, chère madame, dit-il d'une voix claire et juvénile, que je suis de plus petite taille que vous, et donc probablement que votre fille. La jeune personne en question est-elle ici, ou avez-vous l'intention de me la présenter plus tard ?

— Baron, laissez là vos enfantillages », dit la comtesse von Esser avec un petit rire de gorge. Puis elle se tourna vers Anna Maria : « Savez-vous, ma chère, que Baptist est un artiste ? Tout comme votre charmante fille. Peut-être sont-ils faits pour s'entendre... pourquoi pas ?

— Et à quel art s'intéresse la jeune personne ? » s'enquit poliment le baron en levant un instant au ciel ses yeux magnifiques.

Anna Maria osa ouvrir la bouche :

« Eh bien, si vous me permettez, ce n'est pas un simple

intérêt, c'est plutôt un métier... Ma fille Nannerl est la meilleure professeur de piano-forte de cette ville.

— Ah, mais alors j'ai compris de qui il s'agit... Je l'ai entendue en concert, avec son frère! Chère comtesse, est-ce donc une musicienne que vous avez l'intention de me donner comme mère de mes enfants? Compliments, voilà qui est original...

— Je n'ai aucune intention, cher Baptist, répondit celle-ci un peu piquée, et il n'est certes pas en mon pouvoir de choisir pour vous ce que seuls le destin et les desseins de la Providence décideront de vous donner. Je me borne à faciliter la rencontre entre des personnes chez qui je devine des affinités; et cela, pas seulement dans un but romanesque, croyez-moi, mais parce que j'aime élargir le cercle de mes relations et de celles de mes amis. Comme je le lisais l'autre soir dans un traité français que mon mari s'est procuré pour moi, rien n'est plus important en cette vie que les rapports humains: de fait, tous les succès que nous remportons, tous les actes que nous accomplissons, toutes les satisfactions que nous obtenons, nous les devons aux gens que nous fréquentons. Il en résulte que les relations entre les personnes doivent être cultivées et stimulées plus que toute autre chose, et nul ne niera que je possède dans ce domaine un rare savoir-faire, ou tout au moins une excellente intuition. Il est notoire que, d'ordinaire, les êtres que je présente les uns aux autres se lient pour le moins d'amitié, pour leur plus grand contentement et pour le mien. Et à propos de contentement, cher baron, permettez-moi de vous le dire: il ne fait pas de doute qu'un nouvel amour éclairerait votre vie, frappée par un malheur que nous avons tous en mémoire et que je ne veux pas nommer explicitement par respect pour vos sentiments; il ne fait pas de doute, donc, qu'un amour éclairerait votre vie d'une authentique lumière. Vous avez besoin, mon ami, de fréquenter des jeunes filles d'humeur enjouée, capables d'accueillir chaque événement de la vie avec sérénité et optimisme...

— Maman, je n'en peux plus ! »

Tous trois se tournèrent vers Nannerl qui les avait rejoints, plus pâle et plus triste que jamais.

« J'ai la tête qui éclate, j'ai envie de dormir. Je veux rentrer à la maison, et je le ferai avec ou sans toi ! »

Un instant, le baron la contempla avec une expression ambiguë, fort amusé de ces manières si peu civiles. Puis, il respira un grand coup et déclama :

« Ah ! si le bleu de ce regard lassé
Daignait sur moi s'abaisser,
D'un modeste manoir bien modeste écuyer,
Que j'aimerais, reconnaissant,
L'emmener sur mon cheval blanc ! »

Et il resta là, une main en l'air et l'autre posée mélodramatiquement sur son cœur.

Un silence vaguement embarrassé suivit. Nannerl le regardait comme on regarde un malade mental, et Anna Maria paraissait pour le moins interdite. En revanche, Katharina, satisfaite de ce qui lui semblait être un heureux départ, commenta :

« Chère Nannerl, notre baron est un homme digne du plus grand intérêt ! Il possède un don unique, qui l'élève au-dessus de tous ceux que tu as jamais pu connaître : celui d'improviser des vers d'une rare beauté et aux rimes subtiles, tantôt croisées et tantôt embrassées... Il vient de t'offrir de te raccompagner dans son carrosse, puisque tu as décidé de nous priver de ta compagnie ! Peut-on rêver plus parfaite galanterie ? »

Ne se tenant pas pour satisfait, l'homme récidiva d'une voix de stentor, avec des gestes comiquement théâtraux :

« Plus loin que le foyer de cette demoiselle
Qui de toutes ici est certes la plus belle,
Ma modeste voiture aura encor l'honneur

De mener ces beaux yeux créés pour le bonheur
En tout lieu de leur choix et jusqu'au bout du monde… !

— Votre proposition se limite-t-elle aux "beaux yeux" ou puis-je venir tout entière ? demanda Nannerl d'un ton sarcastique.

— Allez, allez, rentre à la maison, ma fille, trancha Frau Mozart. Je te rejoindrai plus tard. Je vous en prie, monsieur le baron, promenez-la autant qu'il vous plaira. Et merci de tout cœur ! »

D'abord, il n'était même pas imaginable qu'un homme d'une telle beauté s'intéresse pour de bon à elle ; ensuite, à supposer que ce soit vrai, il ne l'aurait sûrement pas manifesté par des vers aussi détestables ; et enfin, tandis qu'il déclamait, ces yeux uniques au monde tentaient de fouiller les siens avec une telle intensité qu'elle avait l'impression d'être nue comme cela ne lui arrivait dans la réalité que douze fois par an, au moment du bain. Et donc Nannerl les fuyait pour scruter ostensiblement les maisons qui défilaient de l'autre côté du luxueux carrosse vis-à-vis.

« Une tristesse, hélas, de l'homme étreint le cœur,
Car il sait que trop tôt il perdra cet honneur
De tenir près de lui l'ange qui l'a vaincu.
Ah, veuillez donc ne point opposer votre écu
aux dards de… de… Cupidon… »

Le baron s'interrompit et murmura pour lui-même, en fronçant un sourcil :

« Quel dommage… Il me faudrait une rime en "don"…

— Si j'ai bien compris, vous ne vous exprimez qu'en vers ?

— En vérité, la prose m'est moins naturelle, Fräulein

Mozart. On raconte que les premiers mots que j'ai prononcés rimaient ; et ma sainte mère, paix à son âme, m'a fait étudier l'art poétique dès ma petite enfance, non sans quelque succès.

— Si vous avez ce talent, pourquoi le gaspillez-vous ?

— Vous pensez vraiment que je le gaspille ? demanda-t-il, l'air très étonné. Ne me dites pas que mes vers ne vous agréent pas, ô gracieuse jeune fille : vous me briseriez le cœur !

— Au contraire, baron, je les trouve très beaux, je vous assure ! lui répondit-elle sans se départir de son ton sarcastique. Spontanés et sans nul artifice, comme une brise de printemps.

— Dans ce cas, et si vous avez la bonté de m'y autoriser, je composerai en votre honneur un poème entier : "Douce Nannerl, fleur du printemps" ! Que vous en semble ? Le titre vous plaît-il ?

— Fort bien trouvé. Il recueillera à coup sûr les suffrages du public.

— C'est bien là ce que j'espérais entendre, déclara Baptist, puis, après un temps de réflexion, il ajouta : Il est bien dommage que votre frère ne soit pas à Salzbourg !

— Et pourquoi ? demanda-t-elle, surprise.

— Lui seul aurait su composer une musique immortelle pour mettre en valeur les vers de mon poème. N'êtes-vous pas de cet avis ?

— Oh, certes ! Lui seul, et nul autre au monde, répliqua-t-elle froidement, et elle se remit à regarder par la fenêtre.

— Puis-je vous demander si vous êtes restés en relations épistolaires ? J'imagine qu'entre frère et sœur on s'écrit de longues lettres. N'en est-il pas ainsi ?

— Bien entendu ! Wolfgang m'écrit des lettres-fleuves. Et, un jour ou l'autre, je lui répondrai, n'ayez crainte ! Avez-vous d'autres questions ? »

Il se tut, de plus en plus piqué par ces manières distantes ; en même temps, il s'imaginait glissant la main sous la robe rouge et les jupons de Nannerl qui étaient certainement brodés et d'une blancheur éclatante, caressant ses longues jambes, les goûtant avec sa langue, remontant jusqu'au ventre. De la colère sourde de cette jeune fille se dégageait une énergie sensuelle qui était bien capable de leur faire perdre la raison à tous deux, Baptist en avait la certitude, mais le roulement du carrosse scandait le passage de ce temps mal employé, et la Getreidegasse se rapprochait rapidement.

« Aimez-vous la montagne, Fräulein Mozart ? demanda-t-il à l'improviste. Je possède une villa sur un lac, à Sankt Gilgen. Je manquerais à la vérité en ne disant pas que tous ceux qui sont venus m'y rendre visite en ont été enchantés.

— Je connais Sankt Gilgen. C'est le village natal de ma mère.

— Oh, vraiment ? Comme je regrette de n'avoir pas abordé le sujet avec Frau Mozart ! Mais ce n'est que partie remise : je pourrais organiser une excursion, dès que les jours se feront plus longs...

— Notre domestique aussi est de Sankt Gilgen. Vous pourrez faire l'excursion avec elle. »

À cet instant, le cocher tira sur les rênes : au grand soulagement de Nannerl, ils étaient arrivés à destination.

« Baron, je vous remercie pour le déplacement. Vous avez été très aimable », déclara-t-elle en s'en tenant aux formes les plus élémentaires de la politesse ; elle sauta au-dehors et fit claquer la portière. Puis elle se pencha à la fenêtre et lui murmura : « Je vous en prie, écrivez un beau poème. Je serai heureuse de vous l'entendre déclamer, un jour ou l'autre ! »

De l'intérieur, il lui cria :

« Je passerai vous voir demain, si vous n'êtes pas trop occupée... »

Mais Nannerl avait déjà disparu sous le porche. Baptist rit en lui-même, fit signe au cocher, et le roulement du carrosse prit le rythme d'une imaginaire et irrésistible étreinte.

Celui des grandes roues de la voiture qui emportait Leopold et Wolfgang hors de Bologne était, au contraire, serein et paisible. Elle appartenait à don Carlo Broschi, autrement dit le célèbre Farinelli, qui avait invité les Mozart dans sa villa distante d'une lieue de Porta Lame. L'homme qui avait foulé les scènes de Vienne, de Londres et de Madrid en attirant des foules en délire, le haute-contre inégalable par l'ampleur de son registre, par son souffle, par son intonation, par son agilité, par sa qualité de timbre et de sentiment, vivait retiré dans un petit palais à l'ombre des frênes et des mûriers, au milieu de douces collines.

En face des Mozart était assise une cantatrice assez connue, Clementina Spagnoli dite « la Spagnoletta ». Comme de coutume, elle cachait sa gorge sous un matelas de châles, d'écharpes et de foulards, terrifiée à l'idée qu'un courant d'air assassin ne vienne nuire à ses cordes vocales ; mais sa fille adolescente qui l'accompagnait était gracieusement décolletée et, tout en feignant de regarder par la fenêtre, Wolfgang lorgnait du coin de l'œil sa jeune poitrine pour s'en délecter sans vergogne. Personne n'ouvrait la bouche. La Spagnoletta était à la veille d'un concert, et converser lui aurait fatigué la voix ; le respect des convenances obligeait sa fille à se taire ; Leopold était plongé dans d'impénétrables réflexions, et les pensées de Wolfgang n'étaient pas de celles que l'on rend publiques. De toute façon, le voyage fut bref, et la Résidence que l'idole de la musique baroque avait fait édifier selon son goût apparut bientôt au fond d'une allée bordée de cyclamens.

Farinelli les attendait sous le porche, les mains sur les hanches, un sourire étrangement timide éclairant son visage. Wolfgang finit par détacher son regard et ses pensées de sa voisine d'en face et le tourna vers lui. Il devait bien avoir cinquante-cinq ans mais ne les faisait pas ; grand, maigre et droit, sa chevelure était plus noire que celle de Leopold. Une bizarre créature, comme tous les castrats : des doigts minces, des épaules étroites un peu tombantes et un long cou privé de pomme d'Adam comme celui d'une femme ; c'était du moins ce que l'on devinait sous le col de la chemise qui le masquait intégralement. Il se tenait dans une posture de danseur, la jambe droite en avant, les pieds légèrement tournés vers l'extérieur, et portait une redingote argentée avec l'élégance de quelqu'un qui a l'habitude des costumes de scène. À peine la voiture se fut-elle arrêtée qu'il vint lui-même ouvrir la portière, et la Spagnoletta se jeta sur lui en laissant, chose incroyable, filtrer sa voix – rien qu'un murmure prudent, à vrai dire : « Maître adoré... »

La villa était une vraie splendeur, décorée avec goût et enrichie d'œuvres d'art que le chanteur avait acquises ou reçues en cadeau. Un large escalier revêtu de tapis conduisait à l'étage principal ; au centre d'un vaste salon trônait une table de billard, et sur les murs étaient accrochés des portraits de rois d'Espagne, de Sardaigne, de princes des Asturies et même d'un pape, qui avaient été ses protecteurs. L'exhibition de ces trophées n'avait cependant rien d'ostentatoire, et, en les commentant à ses invités, don Broschi semblait presque s'excuser. Sa collection d'instruments était également précieuse : plusieurs violons et un grand nombre de clavecins fabriqués dans divers pays d'Europe. Tandis que Leopold les observait d'un œil critique, Wolfgang ne semblait guère montrer d'intérêt pour les questions musicales ; la jeune personne à l'appétissant décolleté était beaucoup plus passionnante. À côté de sa mère, qui laissait percer un ennui non dépourvu de morgue pour cette visite qu'elle avait déjà effectuée plusieurs fois, la jeune fille gardait un air réservé en s'éventant à petits coups. La chevelure fauve rassemblée au sommet de la tête laissait à découvert une nuque blanche, avec une fossette au centre ; deux mèches savamment bouclées tombaient des tempes sur les épaules en ondoyant sous le souffle de l'éventail, et le jeune Mozart rêvait de les effleurer d'une caresse ou même d'y déposer un baiser.

À sa grande surprise, la jeune fille accomplit un demi-tour sur elle-même, ferma d'un coup l'éventail et le regarda fixement, comme si elle attendait qu'il lui adresse la parole. Wolfgang s'en trouva fort embarrassé. Il allait se résoudre à suivre les adultes dans la salle suivante, lorsqu'elle l'apostropha :

« Est-ce vrai que tu n'as que treize ans ? »

Il ne répondit pas.

« Parles-tu italien ? insista-t-elle.

— Bien sûr…

— Alors réponds-moi : est-ce vrai que tu n'as que treize ans ? »

Avant de répliquer, il regarda la porte.

« En vérité, j'en ai deux de plus… mais ne dis pas à mon père que je te l'ai avoué.

— Et pourquoi le ferais-je ? » dit-elle d'un air offensé.

Wolfgang sentait le rayonnement physique de la jeune fille transpercer ses habits comme une onde magnétique. Elle, en revanche, semblait l'étudier avec une attention scientifique.

« Est-ce vrai que tu dois écrire un opéra pour le Théâtre-Ducal de Milan ? »

Il se borna à acquiescer.

« Et comment as-tu fait pour obtenir pareille commande ? Je veux dire : tu n'as que quinze ans ! T'en sens-tu réellement capable ? »

Le jeune Mozart sourit en lui-même, nullement vexé.

« Tu devras travailler avec des gens qui ont au moins le double de ton âge, poursuivit-elle avec un haussement d'épaules. Pour moi, ils te remettront à ta place et ne te permettront même pas d'ouvrir la bouche.

— Étudies-tu le chant, toi aussi ?

— Ah, ça non ! Je déteste la musique. »

Même cette affirmation hérétique ne suffit pas à la rendre moins attirante.

« Et pourquoi cela ? demanda-t-il.

— Pour ma mère, le théâtre est toujours passé avant moi. La seule chose qui compte pour elle dans la vie est de mettre un beau costume et de monter jusqu'à son *do* suraigu. Et tu voudrais que j'aime l'opéra ? »

À ce moment, comme si elle avait deviné qu'on parlait d'elle, la Spagnoletta apparut sur le pas de la porte pour exhorter sa fille à rejoindre le reste du groupe ; elle ne le fit pas par la parole, naturellement, mais par un gracieux signe de la main. La jeune fille réprima un bâillement d'ennui, prit Wolfgang par le bras et lui fit traverser un passage aux murs couverts de tapisseries, un couloir rempli de pendules, une pièce qui abritait une collection de céramiques, pour arriver enfin dans le salon d'où l'on jouissait d'une vue splendide sur les toits de Bologne. Là se trouvait le plus beau clavecin de Farinelli, et le chanteur, cédant aux prières de Leopold, s'apprêtait à faire retentir sa voix mythique pour ses invités. Sur un tabouret près de la fenêtre était assis un homme d'un âge avancé qui portait une robe de franciscain et qui, dès qu'il vit Wolfgang, lui adressa un affectueux salut. C'était une vraie tête couronnée de la musique, et pas seulement italienne : le père Giovan Battista Martini.

« Tu le connais ? chuchota la jeune fille à Wolfgang, surprise et un peu irritée de la position que cet Autrichien semblait avoir acquise sur son propre territoire.

— C'est le meilleur maître que j'aie jamais eu.

— Je le crois volontiers ! commenta-t-elle sèchement. Il n'en existe pas de plus grand ! »

De la voix de Farinelli, on avait dit tout ce qui était possible. Qu'elle faisait perdre leur concentration aux musiciens de l'orchestre, qu'elle poussait ses camarades de scène à sortir de leur personnage, qu'elle rendait les femmes follement amoureuses, et aussi les hommes, qu'elle rendait merveilleuse la plus médiocre des mélodies. Surhumain, il se jouait de trois octaves comme si elles n'en faisaient qu'une, savait produire deux cent cinquante notes en une seule respiration, était capable de tenir un aigu vibrant et précis pendant une minute entière. Mais tout cela, c'était quand il était jeune; et tant Wolfgang que Leopold doutaient fortement que le vieux castrat soit encore en mesure d'étonner.

Ils se trompaient tous deux, et grandement. Assis devant le clavecin auquel il avait donné le nom de Raffaello Sanzio, s'accompagnant de ses mains fuselées, tenant son buste droit pour remplir ses robustes poumons d'une respiration qu'il contrôlait magistralement, don Carlo Broschi fit jaillir de son gosier un son d'argent pur, tantôt teinté de bronze tantôt étincelant, capable d'exploser en un feu d'artifice d'harmonies en plein milieu du salon; et son visage se confondait entièrement avec cette voix d'argent, tout son corps devenait un instrument. On croyait voir un violoncelle, un hautbois et une clarinette se mêler et se faire humains, se doter d'une âme et chanter celle-ci. Farinelli ne se complaisait pas dans des virtuosités de vieux lion nostalgique, mais tout, dans la beauté de son chant, était sobre, nécessaire et parfait; les passages se succédaient d'une manière incomparablement naturelle, incomparablement émouvante.

Les Mozart restaient bouche bée, le père Martini écoutait avec un sourire lointain, la Spagnoletta prenait un air d'approbation complice, et sa fille avait recommencé à s'éventer, sérieuse comme le Sphinx.

« Ah, si Nannerl était là ! » murmura pour lui-même Wolfgang, mélancolique.

La jeune fille avait entendu.

« Qui est cette Nannerl ? lui demanda-t-elle à l'oreille, et, un instant distrait par la chaleur de ses lèvres, il cessa d'écouter.

— Ma sœur.

— Et pourquoi n'est-elle pas là ?

— Elle est restée chez nous pour me permettre de partir, murmura-t-il.

— C'est bon pour toi, alors. Pourquoi le regretter ? »

Peut-être n'avait-elle pas tout à fait tort. Le jeune Mozart se tut et ferma les paupières en laissant l'art du prodigieux interprète pénétrer tout son être. Puis il rouvrit les yeux et les riva sur Farinelli et le père Martini, l'un chantant et l'autre regardant. Il avait devant lui deux hommes également âgés, deux intelligences également supérieures, deux personnes également simples. C'était peut-être justement leur âge qui rendait ces deux grands si éloignés de toute superbe, si modestes et si discrets. En fin de compte, se dit Wolfgang, un vieil homme a vécu et dépassé les problèmes dans lesquels les jeunes se débattent, et il n'a plus rien à démontrer. Il n'est pas poursuivi par la nécessité de prouver quelque chose, car il est libéré des tensions futiles du quotidien et en mesure de ne garder que l'essentiel. Un vieil homme, au fond, ne se soucie absolument plus de rien, même de la mort s'il a bien vécu, et c'est ce qui le rend grand...

« Quand je serai vieux, je veux être comme eux », dit-il à mi-voix.

La jeune fille répliqua après un instant :

« Moi, je ne veux pas devenir vieille. Que j'arrive seulement à l'âge de ma mère, ça suffira.

— Moi si, au contraire : je veux devenir vieux, très vieux. Et sais-tu ce que je ferai ? J'irai vivre à la campagne, dans une maison comme celle-là, peut-être même en Italie, peut-être même dans cette région. Elle sera toujours ouverte aux amis qui pourront venir chaque fois qu'ils le voudront. Nous parlerons d'art si nous en avons envie, et nous ferons de la musique ensemble...

— Oh quelle barbe ! Encore heureux que je t'aie connu jeune ! » Et le regardant droit dans les yeux, elle posa une main sur sa cuisse.

Dans le ventre de Wolfgang, ce fut comme si une grenade

éclatait, mais, par chance, son trouble pouvait être interprété comme l'expression d'un ravissement musical. La jeune fille le caressa à la dérobée, longuement, intimement, et il la laissa faire, immobile et extatique, le regard fixé sur le mur, et les lèvres entrouvertes ; cela dura jusqu'au moment où l'aria de Farinelli atteignit son apogée en un aigu lancinant ; alors il s'abandonna, dans un decrescendo de notes et de tension qui, pendant un long instant, le priva délicieusement de toute conscience.

Cette lettre-là ne contenait pas de message secret en latin, ou c'était du moins ainsi qu'elle était arrivée à Nannerl : sa mère la lui avait remise ouverte et elle, prenant un air indifférent, avait demandé si c'était bien tout. Après avoir obtenu une réponse affirmative légèrement perplexe, elle avait laissé là les questions et l'avait emportée dans le bois pour la lire en paix.

Ma chère sœur,

Je te prie de m'excuser si je ne t'écris que quelques lignes, mais comme je compose d'arrache-pied, j'ai tout le temps ma musique en tête et rien d'autre. Au reste, tu es incroyablement paresseuse pour me répondre, et tu imagineras aisément que s'adresser à un interlocuteur absent finit par être lassant. En tout cas, je souhaite que Dieu te conserve en bonne santé et te permette de profiter de la belle saison : elle brille déjà dans ce pays dans toute sa splendeur, mais dans notre vieille Salzbourg aussi elle éclairera bientôt d'une chaude lumière ces bois que tu aimes plus que tout au monde.

Wolfgang A. Mozart

Elle dut la relire une deuxième, puis une troisième fois. Elle ne parvenait pas à croire qu'elle soit aussi froide et subtilement accusatrice. Soudain, elle perçut des bruits dans la végétation, comme si un animal s'était pris dans les broussailles ; elle tourna aussitôt la tête dans cette direction, mais ne découvrit rien de particulier et revint à la lettre.

Entre les lignes, son frère lui reprochait d'être privée de sentiments et égoïste ; et la barrière qui avait toujours opposé le fils au père semblait avoir été dangereusement levée par le premier. Cette manière allusive n'était pas la sienne ; sa gaieté, son habituelle bouffonnerie, paraissaient avoir disparu pour laisser la place au ressentiment. Qu'aurait-elle dû faire pour conserver son affection ? Lui écrire des missives mièvres, lui raconter sa vie plate et blafarde pour lui faire apparaître plus intéressante encore la sienne entre un concert et une première théâtrale, un triomphe dans les gazettes et des applaudissements extasiés ? Peut-être aurait-elle dû lui exposer dans tous les détails le parcours pédagogique de Barbara von Esser, ou lui conter comment sa mère la traînait dans ces salons peuplés de têtes vides, d'où lui-même se serait enfui sans demander son reste !

« Regarde, Nannerl, elles sont bleues comme tes yeux ! Je les ai cueillies une à une en pensant à toi ! »

Elle tressaillit et faillit tomber de sa branche. Au pied du tronc, nimbée d'un rayon de soleil, un sourire sur les lèvres et un collier de gentianes à la main, se tenait la jeune fille à la rose blanche.

« Comment te permets-tu de me suivre ? » dit Nannerl, dès qu'elle se fut remise de sa stupeur.

La jeune fille ne répondit pas. Calmement, elle passa le collier autour de son cou et grimpa à l'arbre pour lui offrir son cadeau ; mais elle n'était guère adroite. Sa jupe en dentelle entravait tous ses mouvements, et ses mains délicates ne trouvaient pas de prises sur l'écorce, pendant que l'indignation de Nannerl ne faisait que croître.

« Va-t'en ! Je t'ai dit de t'en aller ! »

Mais elle était décidée à ne pas faiblir, et, à grand-peine, elle réussit à rejoindre la base de la grosse branche sur laquelle s'était perchée la musicienne convoitée. Toute fuite était interdite à Nannerl. Aussi se laissa-t-elle glisser le long de la branche, puis elle prit le risque de sauter d'un coup au sol.

Un trop grand saut: elle atterrit mal sur une pierre qui la blessa à l'extérieur de la cheville droite, et elle roula sur elle-même en gémissant. Puis elle s'assit, ôta sa bottine et tâta l'attache de son pied, le visage déformé par une grimace de douleur.

« C'est ma faute, murmura la jeune fille, dès qu'elle fut redescendue au bas de l'arbre, ses vêtements salis et déchirés par cette aventure inattendue; mais le collier de corolles était resté intact.

— Ne t'inquiète pas, ce n'est rien », dit Nannerl, et, s'aidant de ses mains, elle se remit debout, en laissant en l'air le pied blessé. Puis elle tenta de faire quelques pas, mais c'était vraiment une mauvaise entorse et peser sur sa jambe droite était tout à fait impossible. Elle s'arrêta, exaspérée.

La jeune fille s'approcha en silence; avec douceur, elle lui prit un bras et le passa autour de son épaule, puis la saisit à la hauteur de la taille. Nannerl n'opposa pas de résistance.

« Appuie-toi sur moi. Courage, voyons si tu peux marcher. »

Toutes deux firent quelques pas prudents.

« Comment t'appelles-tu ? demanda Nannerl.

— Victoria.

— Victoria, on ne cueille pas les gentianes. Ce sont des fleurs précieuses, et elles doivent pousser en paix. Tu t'en souviendras. »

Se tenant enlacées, elles entreprirent avec force précautions la descente de la colline.

Le vieux clavecin de la maison Mozart semblait vibrer de joie sous ces deux mains qui étaient enfin capables de le faire de nouveau chanter, des mains impétueuses et décidées, précises et passionnées. La grâce languide de Victoria disparaissait du tout au tout devant le clavier, et elle se transformait en un être visionnaire, saisi par le feu de la création. Elle jouait la *Première Sonate* de Johann Gottfried Eckard, que seul un fou aurait inscrite au programme d'un concert ; et Nannerl prêtait l'oreille à cette interprétation si semblable à la sienne, assise sur le divan, la cheville posée sur un tabouret et un sourire radieux éclairant son visage.

« Avec qui as-tu étudié ? s'enquit-elle, dès que le dernier accord se fut perdu dans les airs.

— Avec ma mère.

— J'aimerais la connaître.

— Elle aussi aurait aimé te connaître, sois-en sûre ; mais ce n'est pas possible, à moins que tu n'ailles la trouver au Paradis.

— J'en suis désolée, murmura Nannerl, honteuse.

— Ne sois pas triste, ça fait très longtemps. Moi, aujourd'hui, j'arrive à en parler calmement, mais, pour mon père, c'est resté un sujet interdit. »

Elle s'approcha du piano-forte, caressa la table d'harmonie en bois clair, comme si elle voulait la prendre dans ses bras.

« Nous aussi, nous avions un clavecin et un piano-forte, mais papa a tout donné. Il disait que les instruments lui rappelaient trop maman. Et que si elle n'avait pas été tellement passionnée de musique quand elle était en vie, il aurait pu jouir davantage de sa présence.

— Comment fais-tu pour t'exercer ?

— Il y a une vieille caisse dans la cave du palais. Un clavecin tout cassé, auquel manquent quelques touches ; mais je parviens encore à en tirer des notes. »

Puis elle s'exclama, enthousiasmée :

« Ce piano-forte, c'est tout autre chose, sans aucun doute... il est neuf, n'est-ce pas ? »

Elle tourna la clef, ouvrit le couvercle, enleva le napperon et contempla le clavier avec convoitise.

« Je suis sûre qu'il a un timbre splendide. Tu me fais écouter quelque chose ?

— Je ne joue plus. »

Cette affirmation catégorique parut à Victoria parfaitement absurde.

« Qu'est-ce que ça veut dire ? Et pour quelle raison ?

— Joues-en, toi ! »

C'était un ordre ; et à dire vrai, fort agréable. La jeune fille s'assit et, avec fougue, attaqua la sonate d'Eckard, qui sur l'instrument docile prenait une saveur toute neuve ; seule l'inexpérience la portait à « taper » un peu : aussi, avec un soupir patient, Nannerl se leva-t-elle pour la rejoindre en sautillant sur sa bonne jambe, et, tandis que Victoria jouait, elle se mit à la diriger avec une passion grandissante.

« Ne passe pas d'un coup au *forte*. Tu dois augmenter l'intensité peu à peu... Encore, Victoria... Pas trop fort. Ne perds pas le caractère du morceau. Très bien... Maintenant, plus doucement... Entends-tu comme l'harmonie a changé ? Tu dois la mettre en valeur... »

Les deux jeunes filles ne perçurent pas les coups impérieux frappés à la porte d'entrée. Ce fut Tresel qui alla ouvrir, et elle se trouva face à un homme d'une quarantaine d'années, vêtu d'un uniforme impeccable avec de grandes bottes luisantes ; il portait une épée et, comme tout militaire, n'avait pas de perruque, mais ses longs cheveux étaient rassemblés sur la nuque par un ruban. Il n'était pas beau, et pourtant il possédait un charme sombre qui aurait fait tomber bien des femmes à ses pieds ; mais pas Frau Mozart, qui, arrivant sur ces entrefaites, le dévisagea, perplexe : que diable voulait ce personnage ? Peut-être était-il là pour l'arrêter ?

« Bonjour, madame. Je suis venu reprendre ma fille, déclara-t-il avec fermeté.

— À qui ai-je l'honneur, monsieur... ?

— D'Ippold. Major Franz Armand d'Ippold, en service auprès de la Cour de Son Excellence le prince-archevêque.

J'ai quelque raison de croire que ma fille se trouve dans cette maison sans ma permission.

— Rien de moins ? répondit Frau Mozart avec une certaine ironie. Si vous voulez faire un tour pour vous en assurer, ne vous gênez pas ; je vous la donne, moi, la permission. »

Armand entendit le son du piano-forte dans la salle de musique et se dirigea vers celle-ci.

« Mais voyons, monsieur... monsieur le major ! Où allez-vous ? Je ne parlais pas sérieusement ! Tresel, fais quelque chose ! » Elle trotta derrière lui le long du couloir, suivie de la domestique. « Je vous en prie, ma fille ne veut pas être dérangée pendant qu'elle travaille ! »

L'officier poussa la porte et, dès qu'elle le vit, Victoria ôta ses mains du clavier.

« Partons ! Et vite ! » lui ordonna-t-il sur le ton qu'il aurait employé pour s'adresser à une recrue.

Tous se turent. Puis la jeune fille fit mine de se lever, mais Nannerl la retint.

« Et pour quel motif, je vous prie, voulez-vous l'emmener ? demanda-t-elle, sur la défensive, au séduisant inconnu.

— C'est une question qui ne vous regarde pas ; n'est-ce pas votre avis ? répondit-il d'un ton glacial.

— Vous ne voulez pas que Victoria joue ?

— Je vous le répète, cela ne vous regarde pas. Et, de toute manière, je n'ai pas la moindre intention de gaspiller de l'argent en leçons de musique !

— Je ne veux pas d'argent pour donner des cours à Victoria !

— Ah ça, nous devrions peut-être en parler avant », intervint Anna Maria ; mais personne ne lui donna la réplique.

Dans le silence qui suivit, Armand dévisagea Nannerl, impénétrable et courroucé. Puis il demanda :

« Et pourquoi, de grâce, donneriez-vous des leçons gratuites à ma fille ?

— Parce qu'elle a du talent ! Un talent rare, authentique !

Et ne pas le cultiver serait un vrai crime, rétorqua-t-elle, tandis qu'elle se rapprochait de lui en boitillant et en s'appuyant sur le couvercle du clavecin. Vous ne savez pas ce que c'est que d'avoir du talent et de ne pouvoir l'exprimer. Vous n'en avez même pas idée ! Vous ne pouvez pas laisser votre fille devenir une femme insatisfaite qui se ruinera l'âme en silence, dans la rancœur et les obligations dénuées de sens… qui finira par se haïr elle-même et par haïr tous ceux qui l'approcheront… Vous ne devez pas faire ça, comprenez-vous ? Ce serait pire qu'un crime… ce serait un sacrilège ! »

La tristesse de ce cri du cœur laissa stupéfaites les femmes présentes, tandis que l'officier tordait ses lèvres dans une moue sarcastique.

« Un sacrilège, avez-vous dit ? Un acte contre Dieu ? Eh bien, sachez que votre Dieu a pris à ma fille quelque chose d'autrement plus précieux que son "talent" ! »

Un instant, son regard s'assombrit et la douleur fut clairement lisible sur son visage viril ; mais, soudain, il se secoua et lança, pour clore la discussion :

« Victoria, partons d'ici ! »

Cette fois, Nannerl n'eut pas la force de retenir la jeune fille, et celle-ci rejoignit son père, tête basse.

« Je vous prie de m'excuser pour cette intrusion, Frau Mozart, dit Armand sur un ton formel. Je vous garantis, en tout cas, que ma fille ne mettra plus les pieds dans cette maison. Jamais plus. Je vous souhaite le bonjour. »

Il claqua des talons et parcourut le couloir au pas cadencé. Tresel ouvrit la porte et, juste au moment où Victoria allait franchir le seuil, elle lui prit la main pour une étreinte furtive.

Il serait inutile, mon amour, que je te narre ce qui s'est passé après notre première rencontre, puisque tu en connais déjà tous les détails ; mais je ne serais plus capable, maintenant, d'abandonner cette douce habitude de me raconter, à toi et à moi-même. Sois sans crainte : m'y livrer ne soustrait à mes nuits que quelques heures de repos ; et elle donne tant de valeur à mes heures de veille, en me permettant de me connaître moi-même et en me soulageant... C'est un territoire qui n'appartient qu'à moi, que je défends avec un soin jaloux et qui me rappelle parfois l'ancien Royaume imaginaire que, toi aussi, à travers mes confidences, tu as visité. C'est l'unique expédient grâce auquel je puis pour le moment garder quelque proximité avec toi ; car même si je ne devrais pas te le dire, Armand, mon amour, mon adoré, tu me manques, tu me manques énormément, et je ne fais qu'aspirer ardemment à ton retour.

Chaque fois, ton départ provoque en moi les mêmes violentes émotions, oui, toujours les mêmes. Au début, un étrange mouvement d'orgueil me fait penser : au fond, je n'ai pas tellement besoin de lui ! Je peux bien m'en passer de temps en temps ; c'est même une excellente occasion d'exercer mon indépendance ; et cela me fait mieux encore apprécier le moment où, enfin, nous nous retrouverons ! Puis cinq jours passent, pas un de plus (c'est toujours après coup que je m'en rends compte), et voilà que m'envahit une sombre insatisfaction qui ne peut avoir qu'un seul remède : te savoir près de moi.

Comme si tout cela ne suffisait pas, l'approche d'une autre séparation augmente mon sentiment d'abandon. Ma mère et mon frère vont bientôt partir faire le tour de l'Europe, et alors Dieu seul sait quand je pourrai les revoir. Ce sera un long voyage, que mon père a organisé dans tous les détails et qui les mènera d'abord à Munich, puis à Augsbourg (où ils logeront chez mon oncle et ma cousine Thekla), puis à Mannheim, et finalement à Paris... Curieusement, tous deux ont accueilli ce nouveau périple sans enthousiasme, comme si c'était une calamité. Wolfgang est impatient de tenter l'aventure, mais il aimerait voyager seul ; à tel point que, pour éviter d'avoir à supporter maman, il avait proposé que ce soit moi qui l'accompagne ! Elle, de son côté, n'est pas certaine de savoir remplacer mon père dans les démarches pratiques, ni de pouvoir tenir tête au tempérament fougueux de son fils... mais enfin, le fait est là : Herr Mozart dispose et nous, sa famille, nous ne faisons que nous plier à ses volontés.

Je continuerai donc, Armand mon aimé, à combler l'espace physique qui nous sépare avec des signes et des lettres, des lignes, des taches d'encre, des larmes et de pauvres rires pour les maladresses qui ne sont pas de ton fait, mais toujours du mien, car je commence à soupçonner que je suis passée maîtresse en matière de soucis et de tourments, bien plus qu'en matière de musique...

La jeune fille se blottissait derrière une charrette chargée de poules en cages. Elle se tenait les jambes repliées, les épaules courbées et la tête baissée, elle serrait une partition dans une main, et de l'autre elle tirait Victoria par la jupe :

« Attention, on va te voir ! »

Victoria était, elle aussi, à demi cachée par la charrette, mais elle sortait dangereusement la tête pour surveiller le portail.

« Ne t'inquiète pas, Nannerl. Crois-tu que c'est la première fois que je le fais ?

— S'ils te découvrent, ils me découvriront aussi ; et qu'est-ce que je leur dirai ?

— Ils ne nous découvriront pas », déclara Victoria pleine d'assurance, puis elle vit quelque chose, et un frémissement la parcourut. « Maintenant ! » Et elle fila devant la charrette.

Nannerl hésitait. Les poules caquetaient.

« Qu'est-ce que tu attends ? Il faut y aller ! »

Elle l'attrapa et la poussa jusqu'au portail qu'un grand

carrosse était en train de traverser en concentrant sur lui toute l'attention des gardes. Elle se faufila très vite et courut dans la cour intérieure pour gagner une petite porte délabrée qui donnait sur un corridor, lequel débouchait sur un escalier, lequel descendait dans un passage obscur et froid. Nannerl la suivait, le cœur battant.

« Tu as vu comme c'est facile ? »

Appuyée au mur, Victoria riait, tandis que Nannerl se remettait à grand-peine.

« Je n'aurais jamais pensé qu'on pouvait entrer dans le palais de cette façon...

— Veux-tu que nous allions saluer l'archevêque ? Il nous retiendra peut-être à souper !

— Ne dis pas de sottises, Victoria ! Où est la cave ?

— Mais détends-toi, quel rabat-joie tu fais... Par ici, viens. »

Les souterrains du palais étaient un dédale de galeries. Les jeunes filles passèrent sous une voûte, descendirent un escalier étroit en spirale, et Nannerl dut prendre garde à ne pas se cogner la tête contre les volées, puis elles suivirent un long couloir, franchirent un seuil qui donnait sur un autre escalier, droit et raide, et elles arrivèrent enfin devant une porte que Victoria ouvrit en prenant un air solennel.

On n'y voyait absolument rien. Avec des gestes assurés, la jeune fille alluma une à une les bougies d'un chandelier, et Nannerl commença à distinguer les formes de meubles cassés, de piles d'assiettes au rebut, de tableaux entassés et même d'un vieux cheval à bascule. Qu'est-ce qu'un cheval à bascule faisait chez l'archevêque ? Et encore des bois de lit, un miroir brisé, une caisse pleine de poignées de porte, le tout recouvert d'une épaisse couche de poussière ; et enfin le clavecin protégé par un drap blanc qui, dans tout ce fatras, semblait rayonner de sa propre lumière. Victoria l'enleva et le plia avec soin, puis souleva le couvercle du clavier. Nannerl semblait encore hésitante.

« Ne t'inquiète pas, personne ne peut nous entendre ! Je suis venue ici des milliers de fois, et mon père ne l'a jamais su. D'ailleurs l'archevêque vient de l'envoyer à Linz pour une ambassade.

— Bien, répondit Nannerl, et elle posa la partition sur le pupitre. C'est du grand Bach… Jean-Sébastien, naturellement, et pas le saltimbanque qui vit à Londres. Vas-y, et fais bien attention à suivre les indications sur les portées. »

Victoria la regarda, stupéfaite :

« Quoi ? Tu veux que je joue à première vue ?

— Bien sûr. Tu peux le faire, crois-moi. Aie confiance dans tes capacités. Ne te laisse jamais intimider par ceux qui te sous-estiment. Jamais.

— J'ai compris ; mais pourquoi ne me le fais-tu pas écouter, au moins une fois ? »

En réponse, elle reçut un cri exaspéré :

« Parce que je ne joue plus ! Je ne joue plus, Victoria, veux-tu enfin comprendre ? Tiens, regarde : je me suis même laissé pousser les ongles ! »

Et elle lui montra ses mains, qui, assurément, n'étaient pas celles d'une pianiste. Ses paumes étaient marquées de cals, résultat de ses escalades dans le petit bois non suivies de bains d'eau chaude et de crèmes émollientes ; les ongles étaient longs, en effet, mais comme ceux d'un animal sauvage et non ceux d'une gracieuse demoiselle ; irréguliers, cassés, usés çà et là, et même un peu sales. Impensable qu'elle puisse jouer dans ces conditions.

Victoria parut attristée mais ne fit pas de commentaires. Elle s'assit, posa ses mains sur le clavier, se concentra sur les portées et exécuta timidement le morceau de Bach. Nannerl resta près d'elle et se mit à la diriger.

« Très bien. Ton regard doit anticiper. Il doit précéder les notes que tu es en train de jouer. Ce que tu lis doit être différent de ce que tu joues. Essaye de faire courir ta pensée sur deux lignes parallèles et de garder le contrôle des deux. Continue ainsi. Maintenant, c'est toi le maître du morceau… »

Tandis que les jeunes filles nourrissaient de musique leurs esprits éthérés, aux étages supérieurs les préparatifs pour nourrir plus matériellement Son Excellence battaient leur plein. Sur la table centrale de la cuisine étaient alignées deux rangées de petits pains blancs croustillants tout juste sortis du four ; Claudia, la cuisinière, venait de tordre le cou à l'une des poules qui avaient servi de paravent aux deux intruses et la plumait avec dextérité ; de son côté, Gunther, son mari, s'activait à préparer la soupe préférée de l'archevêque, la *Gulaschsuppe* : bœuf, lard, oignons et herbes aromatiques. Les caisses de légumes étaient empilées par terre près d'un mur, et cet homme bâti en Hercule les souleva toutes ensemble pour les poser sur son plan de travail, mais leur déplacement eut un effet inattendu. Juste derrière la pile se trouvait un trou dans le mur, de quelques pouces à peine ; et, dès qu'il eut enlevé les caisses, les accents lointains d'un clavecin s'échappèrent de ce trou.

Gunther s'arrêta, interdit, pour observer l'étrange phénomène. En revanche, Claudia, derrière un nuage de plumes, ne s'en étonna pas :

« Qu'est-ce qui te prend ? Tu sais bien que c'est la fille du major d'Ippold, non ?

— Ah, si tôt ! » dit le gros homme en se frappant le front, et il s'apprêta à pleurer sur les oignons.

Soudain, le son s'interrompit. Dans la cave, Nannerl venait de s'exclamer :

« Que fais-tu là ? C'est un *fa* dièse !

— Mais ce n'était pas plus mal ! répondit Victoria. Au contraire, même, je trouve que c'était beaucoup mieux que le *fa* naturel. D'ailleurs tu l'as dit toi-même, c'est moi qui suis maître du morceau.

— Je ne t'ai pas dit de changer les notes. Tu ne peux te permettre de modifier les choix de l'auteur ! Tu n'en as absolument pas le droit !

— Mais voyons, ce n'est pas si grave, quand même...

— Au contraire, c'est une question fondamentale. Tu es

l'interprète, et rien d'autre. Ce qui fait la valeur de ton art réside dans ta manière de rendre au mieux l'art d'un autre. C'est tout. » Puis elle ajouta, en baissant la voix : « Tu n'as pas la moindre idée de ce que veut dire le mot "composer". »

Victoria la regarda fixement.

« Pourquoi ? Tu l'as, toi ? »

Fräulein Mozart ne répliqua pas. Elle lui indiqua un point sur la partition et lui intima d'un ton tranchant :

« Reprends à partir de là. »

Victoria insista :

« Dis-moi : tu composes, oui ou non ?

— Je t'ai dit de reprendre ici ! »

Pour faire les courses, Anna Maria ne donnait à Tresel que de la petite monnaie, avec laquelle elle était censée acheter de la viande fumée, des saucisses et du gibier d'excellente qualité ; aussi la domestique en était-elle réduite la plupart du temps à choisir des poulets blêmes qu'elle déguisait en faisans grâce à une avalanche d'épices. Juste au moment où elle remplissait son panier de ciboulette, de cumin et de paprika, Tresel se rendit compte qu'elle était suivie. Un petit chapeau surmonté d'un bouquet de marguerites dépassait de l'étal des pommes de terre ; mais, dès qu'elle se tourna vers lui, le petit chapeau disparut. Tresel ne s'en émut pas. Elle choisit calmement un beau chapelet de têtes d'ail, l'ajouta au reste, paya et se dirigea vers un autre étal ; puis elle réfléchit, revint en arrière, se fit également servir un rameau de marjolaine et, au moment où elle levait le regard de dessus son sac, elle se trouva face à face avec la frimousse de Victoria.

« Nannerl compose. Je sais qu'elle compose ! Et toi aussi tu le sais, n'est-ce pas ? » lui lança la jeune fille.

La domestique la contourna et continua de choisir oignons et carottes.

« Tu as entendu ? Et tu n'as rien à me dire ? »

La domestique renifla un oignon pour s'assurer qu'il était frais.

« Et puis pourquoi a-t-elle arrêté de jouer ? Toutes les fois que je lui demande de me faire entendre quelque chose, elle s'invente une excuse. Un jour, elle m'a même dit qu'elle avait mal à la cheville ! »

La domestique décida que l'oignon n'était pas frais et passa à un autre étal.

« Tu as perdu ta langue ? Réponds-moi ! »

Et ainsi de suite, tout au long du marché et du chemin du retour. Victoria la suivait, la suppliait, la flattait, et Tresel filait droit devant elle, d'un pas énergique de montagnarde, les bras chargés de paniers.

« Je suis sûre que c'est elle qui a écrit toutes les musiques qu'elle me fait étudier. C'est bien ça, non ? Elle n'a que des noms célèbres à la bouche... Eckard, Schobert, Bach... mais je suis sûre que tout est d'elle ! Comprends-tu ce que je dis, ou ne parles-tu que le dialecte de Sankt Gilgen ? Dis-moi quelque chose, je t'en prie, Tresel ! Je veux comprendre... Je veux l'aider, tu sais ! »

Elles étaient arrivées devant la maison. « Monte ! » dit finalement la domestique. Puis elle entra et disparut dans l'escalier.

Victoria regarda autour d'elle : il n'y avait personne, à part une jeune femme qui marchait de l'autre côté de la rue, un bébé endormi dans les bras. Son père ne la verrait pas. Alors elle se précipita à son tour dans l'escalier.

Sur le palier, on entendait les accents laborieux du pianoforte. Tresel lui fit signe de se taire et ouvrit la porte sans faire de bruit ; elle posa les paniers et parcourut le couloir sur la pointe des pieds, en s'assurant de temps en temps que l'autre la suivait avec la même discrétion. La porte de la salle de musique était close ; Nannerl était en train de donner une leçon à quelque aristocratique demoiselle et, sur le petit divan, une dame et une petite fille attendaient leur tour. La petite fille regarda Victoria et lui sourit.

Le parcours s'acheva dans une pièce exiguë, juste assez grande pour contenir un lit plus court que la normale, une minuscule commode et rien d'autre. Tresel ouvrit le tiroir et, de son double fond, elle tira une feuille de papier à musique couverte de notes manuscrites, tachée de suie et les coins brûlés.

« C'est vrai, Nannerl composait, admit-elle. Mais ensuite, elle a brûlé toutes ses musiques. Il n'en est resté que cette feuille. »

Et elle la montra à Victoria qui la prit, en retenant son souffle : c'était une aria pour soprano. Le titre en était : *Vaines sont tes paroles, vains sont les pleurs*.

Jalousement, Tresel la reprit aussitôt.

« Tu ne l'as pas vue, dit-elle avec brusquerie. Tu ne sais rien. Et si tu veux vraiment l'aider, ne la tourmente plus ! »

Elle rangea la partition dans le tiroir et, d'un signe de la tête, l'invita à partir.

La cible était large, peinte de couleurs vives, et figurait une scène passablement obscène. Au milieu d'un gracieux bosquet, le peintre avait représenté un personnage au moment précis où il s'accroupissait pour faire ses besoins naturels ; la culotte à demi baissée laissait apparaître de belles fesses roses, et le visage, tourné vers le spectateur, était immobilisé dans une expression mi-gênée mi-farceuse. Les joueurs se passaient les fusils, tiraient, et les plombs s'enfonçaient dans la planche ; celui qui avait tiré juste entre les fesses remportait le plus de points.

Fräulein Mozart faisait mouche à tous les coups, et l'aristocratique société s'extasiait, tandis qu'elle, de son côté, n'adressait la parole à personne, se contentant de viser la cible, très concentrée, et de tirer. Le reste des invités bavardait, comme toujours. Que pouvait-on faire d'autre ? Trois bambins de quatre à six ans s'ébattaient en jouant à la guerre, totalement ignorés, tandis qu'un quatrième, très blond, d'un an à peine, sommeillait dans les bras d'une nourrice. Le buffet était somptueux, digne de la villa d'un baron : cuisinières, valets, décorateurs avaient travaillé des semaines durant à la préparation de ce festin dont le but était, pour Baptist, de revoir Nannerl.

« Vous n'imaginez pas ce que j'ai dû faire pour l'amener ici, chuchotait Anna Maria à Katharina, d'un air accablé. Je l'ai traînée de force...

— Ma chère, l'important est qu'elle soit venue. Vous verrez que notre ami réussira à s'ouvrir une brèche, tôt ou tard... il faut seulement un peu de patience. »

Des applaudissements discrets éclatèrent pour saluer Nannerl qui avait encore une fois touché le fessier peint en rose. Elle remercia d'une brève révérence et chargea de nouveau son fusil, tandis que le baron se plaçait à côté d'elle et prenait la pause pour préluder à ses déclamations burlesques.

« C'est Diane chasseresse, et ses flèches terribles
De mon cœur languissant se servent comme cible.
Percé de mille traits il se languit encore,
Ah, vierge cruelle... »

Ici, l'inspiration connut une défaillance momentanée, peut-être due à un accès inattendu d'esprit critique, et il s'interrompit. Les nobles présents prirent cela pour un effet de style et restèrent suspendus à ses lèvres ; Nannerl, en revanche, se montrait totalement indifférente aux prouesses poétiques et, coup après coup, continuait à faire mouche. Anna Maria la poussa du coude, puis s'exclama avec mille simagrées :

« Monsieur le baron, poursuivez : votre poésie nous réchauffe littéralement le cœur... »

Katharina lui fit tout de suite écho pour s'adresser en souriant aux invités :

« Ces vers merveilleux sont des improvisations, vous comprenez ? Il les fait jaillir comme par magie de son sublime esprit créateur. Ne trouvez-vous pas cela stupéfiant ?

— Oh si ! Tout, ici, est stupéfiant... » dit Frau Mozart tout bas, en regardant la luxueuse décoration du salon. Puis elle donna un autre coup de coude à sa fille et gronda : « Vas-tu arrêter ? »

Piqué par le silence provocant de Nannerl, Baptist retrouva sa Muse. Il alla se placer si près de la jeune fille qu'il pouvait percevoir l'odeur de son corps, et à mi-voix, il déversa dans son oreille :

« Ce front plein de courroux hélas toujours me fuit.
Pourtant ce cœur de lionne, et qui si fier rugit,
Cache au fond, je le sais, des trésors de douceur,
Que je saurai trouver comme un hardi chasseur... »

Ici, il s'emplit les poumons, avant de placer le *coup de théâtre* qu'il avait préparé, et déclama :

« Un unique désir est logé dans mon cœur :
Qu'à mes vers vous donniez un contrepoint céleste,
Avec votre musique, et donc... et donc... »

« Oh ! je ne trouve pas la rime. Tant pis ! » proféra-t-il en riant sous sa moustache de la situation et de lui-même. Il alla à l'autre bout du salon qui aurait pu contenir tout l'appartement des Mozart et plus encore, et, sous le regard fasciné de ses invités, il attrapa un drap, le fit voler en l'air et découvrit un piano-forte monumental. Il resta un instant silencieux, en se demandant comment Nannerl allait accueillir cette audacieuse invite, puis, avec une politesse raffinée, il l'interpella en français :

« *Mademoiselle Mozart, jouez ce petit piano pour moi ! Je vous en prie...* »

Un murmure de surprise polie se fit entendre parmi les invités, il y eut un frémissement d'éventails et des sourires en coin. Katharina s'exclama :

« Oh oui, chère Nannerl, sois gentille, joue pour le baron ! » Puis elle se tourna vers les autres pour ajouter : « C'est le professeur de ma fille, vous savez ? Un professeur exceptionnel. Sous sa direction, Barbara a fait de grands progrès ! »

Anna Maria s'adressa à Nannerl avec moins d'amabilité. Elle lui lança un coup de pied dans les tibias et siffla :

« Lâche ce maudit fusil et va jouer ! »

Fräulein Mozart s'arrêta enfin de viser les fesses peintes et se tourna vers la salle ; mais, ce faisant, elle garda son fusil en position de tir, de sorte que dans sa ligne de mire défila le gratin de la noblesse salzbourgeoise qui, ne sachant s'il devait rire ou avoir peur, tenta de s'écarter. Puis, tout à fait comme une chasseresse des forêts, rapide et silencieuse, elle traversa le salon et rejoignit Baptist qui était en train de lever le couvercle et de déplier le pupitre du piano-forte ; d'un coup de feu foudroyant elle l'atteignit en plein fessier, qui était peut-être rose, lui aussi, sous le pantalon – mais cela, impossible de le vérifier. Le plomb alla se loger dans la redingote, sous le regard horrifié de toute l'assistance et surtout d'Anna Maria, qui crut mourir.

La jeune fille leva son arme vers le ciel et, d'une voix triomphante, déclama :

« Baron, vous m'en voyez navrée :
Malgré moi le coup est parti.
Prenez-le comme vous voudrez
Mais surtout pas pour un oui ! »

D'un geste viril, elle jeta le fusil dans les bras d'un invité, au hasard, gagna la porte et s'enfuit.

Le voyage de retour de l'extrême Sud se déroula dans une chaleur insupportable qui collait les habits au corps. Leopold avait décidé de louer pour Wolfgang et lui une voiture légère dite *sedia*, à demi ouverte, très répandue en Italie mais fort inconfortable pour les longs trajets. Elle n'avait que deux roues, elle était tirée par deux chevaux et ne pouvait porter que deux passagers, assis face à la route et mal protégés par une méchante capote à soufflet. Mais elle était rapide, et Herr Mozart espérait couvrir la distance de Naples à Rome en une seule journée.

Accablés par la chaleur, les chevaux galopaient difficilement sur la route accidentée, écumants et couverts de sueur, sous les coups de fouet du cocher impitoyable. La voiture cahotait constamment, les malles fixées à l'avant bringuebalaient, le vacarme était exaspérant et le vent qui frappait leur visage, brûlant. Le père était épuisé et le fils nerveux.

« N'aurait-il pas mieux valu faire le voyage par étapes, avec une voiture confortable ? dit Wolfgang en forçant la voix pour dominer le tintamarre.

— Ça nous aurait coûté plus cher, répondit Leopold.

— Que dis-tu ?

— Ça nous aurait coûté beaucoup plus cher !

— Parfois, je ne te comprends pas, papa. Avec tout l'argent que nous recevons de la maison, tu as encore ce genre de soucis ? »

L'homme ne répondit pas et se laissa retomber contre le dossier. Le garçon enleva sa chemise et s'en servit pour s'éponger le front et le torse.

« Attention, Wolfgang, tu risques de tomber malade. Essaye de rester tranquille et de penser à quelque chose d'agréable. »

Agréable ? Qu'y avait-il d'agréable dans l'existence de Wolfgang ? Celle-ci avait changé du tout au tout. Il affrontait la vie avec arrogance, poussé par un père qui lui consacrait toute son énergie et exigeait des autres qu'ils fassent comme lui. Il s'était habitué à penser que c'était juste ; que le monde entier devait tourner autour de son incomparable talent. À part les applaudissements et les commandes qu'il recevait, il ne parvenait pas à imaginer le moindre plaisir.

« À quoi penses-tu ? » demanda-t-il.

L'esprit de Leopold s'était évadé vers Anna Maria, mais il n'osa pas le révéler, afin de ne pas communiquer à son fils sa nostalgie du foyer familial.

« Eh bien, je pense au moment où nous arriverons à l'auberge... au bon plat de poulet rôti au riz que nous nous ferons préparer... et au lit confortable que nous y trouverons.

— C'est tout ? »

Il baissa pudiquement la tête, et le fils comprit ses paroles au mouvement de ses lèvres :

« Je pense à maman, Wolfgang. »

Une femme ? Dans la vie du jeune Mozart il n'y avait pas de femme qui occupait la place d'Anna Maria dans celle de Leopold. Sa sœur semblait désormais perdue dans ses entêtements, et les jeunes Italiennes qui lui avaient fait découvrir la sensualité n'avaient été que de simples comparses ; à peine se prenait-il d'affection pour l'une d'elles qu'il partait pour une autre ville. Et puis les cantatrices étaient trop âgées pour lui, les nobles rarement intéressantes, les femmes de chambre interdites par son père...

Comme une paire de gifles assénées par le ciel, tout bascula en un instant, et ces réflexions cessèrent d'avoir un sens. La seule chose que Wolfgang réussit à comprendre, c'est qu'une force énorme l'expulsait de la voiture et qu'une autre force, la main de son père, le retenait. La *sedia* penchait dangereusement d'un côté, entraînée par la chute d'un des chevaux qui poussait des hennissements désespérés et lançait des ruades en faisant jouer tous ses muscles. Une des deux malles tomba par terre et s'ouvrit en répandant son contenu devant la voiture. Le cocher roula sur l'herbe et disparut dans le fossé. Puis ce fut le silence.

Les yeux affolés de son père, tout contre lui, le scrutaient.

« Tu es blessé ? » demanda-t-il.

Il fit signe que non. Leopold ne s'en contenta pas, l'inspecta de la tête aux pieds, lui palpa les membres, mais le garçon se débattit, furieux, se releva d'un bond et alla vers le bord du fossé. Le cocher était quelque peu cabossé, mais, dans l'ensemble, il s'en tirait indemne. En jurant dans son italien incompréhensible mêlé de napolitain, il rampa vers la route ; Wolfgang trouva une longue branche qu'il lui tendit et, en s'y agrippant, l'homme réussit à arriver jusqu'à lui.

« Et maintenant ? » fit le jeune homme, abasourdi, en contemplant la voiture renversée et son père resté à l'intérieur, le cheval qui tentait de se relever, l'autre cheval qui piaffait, nerveux, et leur malle disloquée sur le sol.

Le cocher brailla en réponse quelque chose qui devait être un chapelet d'injures adressées à l'animal, puis il prit celui-ci par le harnais et l'aida à se redresser ; par chance, il n'avait rien de cassé. Wolfgang rassembla les vêtements et les objets pour les remettre dans la malle. Il ramassa le sac contenant le linge, puis son beau frac aux boutons brillants, tout couvert de poussière (nota-t-il amèrement). Il le secoua, le plia avec soin et le déposa dans la malle ; après quoi, il chercha les livres et les papiers éparpillés à la ronde. Mais, alors qu'il revenait vers la malle, il remarqua quelque chose d'étrange : sur le frac doré se dessinait une tache sombre. Il se rendit compte qu'un liquide visqueux s'écoulait de la voiture, leva les yeux et, horrifié, vit que son père essayait de comprimer une large blessure au tibia.

« Comment est-ce arrivé, père ? cria-t-il, atterré, et il sauta à côté de lui, sans presque oser regarder la plaie béante aux bords déchiquetés, si profonde qu'on voyait le blanc de l'os.

— Ce n'est rien, mon fils, ne t'inquiète pas... répondit Leopold. Cherche plutôt la trousse de médecine. »

À son tour, le cocher s'approcha, en hochant la tête d'un air sinistre comme s'il avait devant lui un condamné à mort. Wolfgang l'écarta sans ménagement, ouvrit frénétiquement la malle de son père et en sortit la trousse contenant les onguents et les pansements.

« La voilà ! Que dois-je faire ?

— Toi, rien. Laisse-moi faire. Je t'assure, Wolfgang, il n'y a pas de quoi s'affoler. Ce n'est pas grave. »

Il prit un mouchoir blanc, déchira une longue bande dont il entoura son mollet en serrant très fort. Immédiatement, la bande se teignit de rouge.

Wolfgang était dans tous ses états.

« C'est ma faute. Si tu ne m'avais pas retenu...

— Ne dis pas de bêtises, mon fils. Tout va bien. Avec cette ligature, je peux aller jusqu'à Rome, et là, nous trouverons un médecin.

— Si nous avions pris une meilleure voiture...

— Maintenant ça suffit, Wolfgang ! Ça ne sert à rien de récriminer ! Essaye d'être pratique, pour une fois ! » Puis, plus calme, il s'adressa au cocher en italien : « Antonio, vous êtes prêt ? »

L'homme acquiesça, mais son expression demeurait sombre.

« Wolfgang, as-tu tout ramassé ? dit encore Leopold.

— Oui, tout... » murmura-t-il d'un air soumis. Puis il ferma la malle de son père et rattacha la sienne aux barres de l'avant. Antonio s'installa, remit les chevaux dans la bonne direction, fit claquer son fouet, et ils se reprirent leur route.

Roulant plus prudemment, la voiture disparut peu à peu derrière le tournant. Mais quelque chose était resté, abandonné par terre : les transcriptions des chansons pour Nannerl, déchirées et mêlées aux feuilles mortes.

Elle avait eu une discussion avec sa mère, ce matin-là ; ou plutôt Frau Mozart s'était livrée à un monologue polémique et Nannerl s'était tue, en essayant de laisser les reproches glisser sur elle ; et maintenant elle ne parvenait pas à oublier sa mauvaise humeur. Tandis qu'elle gagnait la place de la Résidence, elle se disait que cette surprise qu'elle voulait faire à Victoria n'était peut-être pas une bonne idée. Le stratagème pour entrer dans le palais sans se faire remarquer, qu'elle maîtrisait désormais parfaitement, lui semblait tout d'un coup un jeu puéril ; et dans quel but, au fond ? Enseigner enfin la musique à quelqu'un qui en était digne ; mais encore ? En cet instant, elle se serait plutôt enfuie vers le vieil arbre, dans l'espoir que toute cette sensation d'oppression s'évapore dans la brume ou soit nettoyée par la pluie. Une averse, un ouragan semé de coups de tonnerre, voilà ce qu'elle désirait. Et au contraire il régnait dans les rues une quiétude irritante, et les rares passants semblaient marcher sur la pointe des pieds ou fouler un gigantesque matelas, en affichant des sourires stupides.

Seul un bruit de talons retentissait avec force derrière elle, à quelques pâtés de maisons de distance, et leur écho montait jusqu'aux plus hauts étages des maisons. Celui ou celle qui se déplaçait avec tant de détermination s'était manifesté au début par un martèlement étouffé qui s'était ensuite amplifié pour résonner de plus en plus violemment. L'individu était maintenant tout près, et Nannerl était presque certaine qu'il s'agissait d'un homme : ce bruit compact ne pouvait provenir de talons évidés. Pour s'en assurer, elle se retourna, et son cœur faillit s'arrêter de battre : elle venait de reconnaître le major d'Ippold.

Vite, elle se planta devant une vitrine en feignant de s'intéresser aux pâtisseries exposées, pour attendre que ce butor d'Armand passe son chemin. Au moment où il passa à sa hauteur, elle l'observa du coin de l'œil. De profil, ses traits semblaient gravés dans le marbre, et il portait sur les épaules un manteau qui, en flottant, lui donnait un aspect un peu moins massif. L'uniforme était très ajusté, mettant en valeur sa musculature ; les boutons brillaient, et avec eux l'épée, en partie masquée par l'écharpe ; les bottes, dont les talons larges et bas avaient produit ce martèlement sonore, luisaient, fraîchement cirées. L'officier se rendait sûrement au palais pour prendre son service.

Peut-être rien n'était-il encore définitivement écrit. Peut-être pouvait-elle vraiment tout différer et courir au petit bois ; il aurait suffi à Nannerl de faire demi-tour et de filer sur la colline. Mais à la vision de cet homme qui marchait devant elle, si raide et si sûr de lui, elle ne put s'empêcher de se laisser envahir par le ressentiment : donner des leçons à sa fille sous son nez serait une revanche délicieuse, pour Victoria et aussi pour elle, contre toutes les tyrannies familiales.

Elle laissa Armand gagner du terrain et marcha sur ses traces à travers les ruelles chargées des odeurs du marché. À l'angle du palais, elle s'arrêta prudemment et attendit qu'il franchisse le portail ; puis, prenant son air le plus naturel, elle se dirigea vers le centre de la place en faisant semblant d'aller chercher un peu de fraîcheur près de la fontaine. Elle s'assit sur le bord de la vasque, à demi cachée par les imposantes sculptures, sans perdre de vue l'entrée de la Résidence, pour l'heure déserte.

Enfin un signe de vie : un gamin s'approchait du portail en poussant une carriole pleine de fruits. Pas assez grosse, pensa Nannerl ; un carrosse avec une escorte de cavaliers ferait mieux l'affaire ; mais elle se dirigea quand même vers lui, en suivant une diagonale dans le but d'être moins visible, et surtout moins reconnaissable. Pendant ce temps, la carriole était déjà passée dans la cour intérieure. Tout à coup, le garçon, par maladresse ou peut-être du fait d'un caillou, faillit faire verser la voiture, et des fruits roulèrent par terre. Il tenta aussitôt de réparer sa faute en tendant une main, mais le résultat fut pire: la carriole perdit complètement l'équilibre, se renversa, et la cour du palais princier se transforma en une place de marché aux fruits et légumes à la fin du Moyen Âge.

Tous les gardes, Armand compris, se tournèrent vers le garnement d'un air réprobateur. Nannerl en profita immédiatement et se faufila vers la petite porte délabrée; mais, au moment de l'ouvrir, le ressentiment l'envahit de nouveau, et elle lança un regard téméraire en direction du major d'Ippold.

Leurs yeux ne se rencontrèrent pas. L'homme s'était penché pour ramasser les fruits comme si c'était la chose la plus naturelle du monde. Les gardes l'observaient sans bouger, puis, au bout de quelques instants, en bons subalternes, ils se mirent à l'imiter; et pendant ce temps, il continuait tranquillement à récupérer melons et poires et à les déposer dans la carriole ou dans les mains reconnaissantes et incrédules du gamin, peut-être même en les accompagnant de quelques mots de consolation que Nannerl ne pouvait entendre. Quand la carriole fut de nouveau pleine, Armand gratifia le garçon d'une petite tape sur sa tignasse et le regarda s'éloigner, en hochant la tête avec un sourire qui rendit ses traits beaucoup plus avenants. Puis il dit quelque chose aux gardes et entra dans le palais.

Continuant à défier le sort, Nannerl ne franchit pas la petite porte et resta figée dans la même position, la main posée sur la poignée et le regard tourné vers la cour. Il n'y avait rien à observer, mais, avec les yeux de l'imagination, elle entrevit une scène d'une telle indécence qu'elle en frémit. Elle et l'officier étaient seuls dans une pièce pas très grande, probablement une cuisine, d'une agréable fraîcheur, avec une fenêtre à petits carreaux à demi fermée. Armand était assis sur une chaise paillée et elle était dans ses bras, mais jambes écartées, comme à cheval. Son âme, cependant, restait protégée du contact entre les deux corps, et sa conscience était libre de s'épandre et de se perdre par un trou qui s'était ouvert au sommet de son crâne ; mais elle s'agrippait à son homme auquel tous ses sens l'attachaient, et elle était certaine que cela l'empêcherait d'exploser.

Cela dura moins d'une seconde. Elle chassa tout de suite cette image, ouvrit la porte, courut le long du couloir, descendit l'escalier et gagna le passage voûté.

Là, étrangement, elle hésita un instant sur la direction à prendre ; peut-être ses sens étaient-ils encore en pleine confusion ; puis elle se décida et descendit un escalier qui, à vrai dire, ne lui sembla pas familier. En arrivant en bas, elle crut néanmoins reconnaître l'endroit ; elle franchit résolument une voûte, descendit quelques marches et finit par admettre qu'elle n'était jamais venue là. Elle retourna sur ses pas, ou ce fut du moins ce qu'elle crut car elle se retrouva dans un lieu tout à fait inconnu. Il n'y avait plus de doute : elle s'était perdue.

Sur un mur brûlait une torche, fixée à un crochet. Elle la saisit et tenta de s'orienter, mais, brusquement, à sa grande terreur, elle se trouva nez à nez avec un homme : il portait des balais, c'était Gunther, le cuisinier.

« Excusez-moi, bredouilla la jeune fille, se voyant déjà chargée de chaînes et traînée devant Son Excellence. Je ne... enfin je voulais dire que... en vérité je suis ici parce que...

— C'est de ce côté, Fräulein Mozart, dit-il calmement. La dernière porte à gauche, et ensuite l'escalier qui descend. »

Un peu perplexe mais quand même soulagée, elle suivit ses indications et, en effet, elle arriva en haut de l'escalier abrupt qui conduisait à la porte de la cave. Là, elle entendit le son du clavecin, amplifié par la cage de l'escalier dont les murs formaient une caisse de résonance pour produire un grondement assez confus. Mais, soudain, Nannerl reconnut le morceau et en resta abasourdie. Victoria était en train de jouer et de chanter, chose pour laquelle elle n'avait jamais eu de dispositions particulières, une aria pour soprano qui la ramena un siècle en arrière. Au temps où elle n'était guère plus qu'une enfant, au terme de la tournée européenne, quand elle composait de la musique vocale avec la complicité et le soutien secret de Wolfgang ; avant que le départ de son frère ne marque un tournant dans son existence, avant qu'elle ne soit confrontée au malheur, à la solitude, à l'amertume ; mais comment Victoria aurait-elle pu la connaître !

Elle parcourut les dernières marches sur la pointe des pieds et ouvrit la porte en retenant son souffle et en priant intérieurement pour que celle-ci ne grince pas. Elle ne grinça pas et, au fond du souterrain, elle vit le clavecin éclairé par un chandelier et Victoria assise, de dos, chantant de sa voix frêle de petit oiseau. Nannerl s'approcha à pas de loup, possédée par le sentiment d'une intrusion dans ses territoires les plus intimes. Elle arriva tout près de la jeune fille, si près qu'elle aurait pu la toucher, ou peut-être l'étrangler. Et sur le pupitre, elle reconnut sa vieille partition : les marges étaient rongées par les flammes et elle était toute noircie.

Violemment, elle poussa de côté la jeune fille qui hurla de peur et tomba, puis s'empara de la partition et la regarda, incrédule. C'était *Vaines sont tes paroles, vains sont les pleurs* : son manuscrit, le vrai, soigneusement écrit de sa main, avec cette petite tache d'encre sur la dernière portée, qu'elle avait laissée sans avoir le courage de tout recopier depuis le début.

Elle parla à mi-voix, l'esprit perdu :

« Qu'est-ce que tu fais, Victoria ? Tu joues avec ma vie, dans mon dos ? »

Victoria était restée sur le dallage souillé, haletante, et, durant un moment, elle n'eut pas la force de parler. Puis elle dit faiblement :

« Pardonne-moi, Nannerl... je voulais... je voulais te faire une surprise...

— Qui te l'a donnée ? demanda-t-elle, encore hébétée.
— Je l'ai volée à Tresel… Je suis désolée, crois-moi, Nannerl, je ne voulais pas te fâcher. Ta musique est si belle…
— Ma musique est morte ! » cria-t-elle, et elle s'enfuit en courant vers l'escalier.

La cuirasse était forgée, façonnée, prête à être endossée. Et ce jour-là, au lieu de la jeter de côté et de se ménager encore une chance d'espérer, Nannerl la revêtit, serra les boulons et ferma pour longtemps la porte de ses rêves. Elle tenait la partition contre elle sans se soucier de la chiffonner. Elle marchait rageusement, sans but. De la place de la Résidence aux rues étroites, du centre aux faubourgs, et de nouveau au centre, les yeux rougis mais secs et un nœud bloquant sa gorge, elle bousculait les passants sans se retourner ni s'excuser. Quelqu'un, derrière elle, l'insulta, mais elle n'entendait rien. Dans sa tête résonnait une symphonie confuse, un ensemble d'orchestres superposés dont chacun jouait pour son compte, le plus fort possible. Une cacophonie insupportable, même pour l'oreille la moins exercée.

Elle se retrouva sur le chemin de la colline, et ses jambes dévoraient la montée comme celles d'un athlète. Elle courait, Nannerl, elle courut sans s'arrêter, elle ne sentait pas la fatigue, et elle ne prit pas le sentier mais s'enfonça dans les fourrés. Sa jupe s'accrochait aux ronces, et elle la laissait se déchirer, les branches lui fouettaient le visage, le cou et les bras, et elle poursuivait sa course malgré leurs griffures.

Quand elle rentra à la maison, la nuit était tombée depuis un bon moment. Frau Mozart, qui l'avait attendue en souffrant mille angoisses, lui ouvrit la porte et, en la voyant dans un tel état, ne parvint pas à réprimer un cri d'effroi.

« Jésus ! Que t'est-il arrivé, ma fille ? »

Elle ne répliqua pas. Elle n'en avait pas la force. Avec des gestes lents, elle secoua la terre de ses souliers et les feuilles de ses cheveux.

« Où es-tu allée ? Tu vas bien ? As-tu mal à la tête ? » demanda sa mère, tandis que, muette, insensible à cette rafale de questions, elle lui tournait le dos et se dirigeait vers sa chambre. « Nannerl ! Mais qu'est-ce qui te prend ? Le souper est là, il est encore chaud... »

Elle finit par lâcher, d'une voix éteinte et sans s'arrêter :

« Je n'ai pas faim.

— Mais tu ne peux pas aller au lit le ventre vide ! Après, tu ne dors pas bien, tu le sais... » insista Anna Maria en courant derrière elle.

Sur la console, à mi-parcours du corridor, trônait, dans un vase, un bouquet de roses dont les tiges étaient d'une longueur impressionnante.

« Tu as vu comme elles sont belles ? » dit-elle d'un ton enjoué, en espérant vaguement lui remonter le moral. « Elles sont arrivées cette après-midi, avec un billet tout à fait charmant, en vers ; et devine un peu qui te les envoie ? Le baron von Berchtold zu Sonnenburg ! Tu vois, il tient encore à toi, malgré les vilaines choses que tu lui as faites ! »

Pour toute réponse, elle reçut un claquement de porte et le bruit d'une clef tournant dans la serrure trois, quatre fois et même plus si possible.

Voilà qui était fait : au moins aurait-elle quelques instants de paix. Nannerl tira l'aria de son corsage et se déshabilla ; elle se débarrassa de sa jupe lacérée par les ronces, enleva ses jupons qu'elle laissa entassés n'importe où, envoya valser ses souliers au pied du lit, arracha ses épingles à cheveux qu'elle expédia par terre mêlées à quelques mèches...

Au même moment, Wolfgang se trouvait également dans une chambre à coucher : celle d'une auberge modeste, bien tenue. Il jouait du violon pour Leopold, prostré dans un fauteuil, sa jambe blessée posée sur un tabouret. Frau Mozart ne savait presque rien de l'accident ; son mari lui avait tu que la blessure s'était infectée, que la jambe avait enflé et que, le soir, il avait le front brûlant et ruisselait de sueur – ce qui n'avait rien à voir avec le torride été italien. La peur d'une aggravation de son état le tenaillait, et seul Wolfgang, qui savait faire chanter un violon comme personne, réussissait à lui donner un peu de réconfort.

« Ce thème est vraiment original, dit l'homme d'une voix faible. Quand l'as-tu composé ? Je ne me rappelle plus... »

Le garçon arrêta de jouer et regarda affectueusement son père. Puis il dit, volontairement vague :

« Cela fait plusieurs années... Mais à vrai dire, moi non plus je ne me rappelle pas exactement... »

Puis il posa de nouveau l'archet sur les cordes et reprit la mélodie de *Vaines sont tes paroles, vains sont les pleurs*. De temps en temps, pour la faire sienne, il changeait çà et là quelques notes.

Nannerl était déjà sous les draps, repliée sur elle-même, incapable de trouver le sommeil. Elle était couchée sur le côté, les bras étreignant l'oreiller qu'elle griffait de ses ongles cassés, ébréchés et jaunis. Ses doigts de pied aussi se contractaient spasmodiquement et ses paupières se fermaient comme agitées de tics convulsifs puis se rouvraient sur l'obscurité. Brusquement, elle se leva et, d'un unique et rapide mouvement, elle attrapa sa partition et la déchira en mille morceaux...

Au même instant, le son du violon se brisa sur une note stridente.

« Que se passe-t-il ? s'inquiéta Leopold.

— C'est étrange... une corde s'est cassée. »

Tresel ne prononça pas un mot, mais, pour elle, c'était habituel : cela l'était beaucoup moins pour Victoria. La jeune fille franchit le seuil de la maison Mozart comme si le plancher lui brûlait les pieds et resta là, tête baissée, torturant les rubans de ses poignets ; le lourd silence de la domestique revêche la faisait se sentir encore plus en faute. Tresel aurait volontiers gratifié cet impudent minois d'une paire de gifles bien ajustées, mais ce sont là des choses que les serviteurs n'ont pas le droit de faire, aussi se contenta-t-elle de lui tourner le dos avec mépris pour aller dans la salle de musique.

Nannerl était en train de choisir quelques morceaux faciles pour ses élèves. Elle paraissait amaigrie, ou peut-être était-ce seulement les cernes sous les yeux qui lui donnaient l'air plus vieille ; pâle, les mâchoires serrées, elle ressemblait à Leopold au temps de sa gloire. Elle leva son regard sur la domestique et comprit qui venait la voir. Elle dit seulement :

« Fais-la entrer. Merci.

— Je prépare quelque chose à boire ? » demanda Tresel, d'un ton hargneux.

Nannerl fit signe que non.

« Elle ne restera pas longtemps. »

Tresel sortit en laissant la porte ouverte et indiqua celle-ci à Victoria d'un geste qui était presque une menace ; puis elle retourna dans la cuisine pour préparer les *Knödel* au foie de veau, bien contente de ne pas avoir à assister à la rencontre.

Faisant un effort sur elle-même, Victoria s'avança et entra tout doucement dans la salle. Tout de suite, elle s'arrêta, les mains jointes sur son ventre, honteuse, sous le regard noir de son professeur ; elle avait préparé une espèce de discours pour présenter des excuses, mais elle l'oublia aussitôt.

De toute manière, le silence dura peu.

« C'est absurde de venir ici ! » l'apostropha durement Fräulein Mozart.

La phrase cingla Victoria comme un coup de fouet ; en une seconde, ses yeux se remplirent de larmes, tandis que ses lèvres étaient prises de tremblements. Elle fit demi-tour pour partir, avec la conviction qu'elle ne reviendrait plus jamais, mais Nannerl ajouta :

« Nous ne pouvons pas courir le risque que ton père nous découvre ! »

Victoria suspendit sa marche. Que signifiait ce pluriel ? Et puis qu'est-ce que son père risquait de découvrir ?

« Je t'ai préparé un programme d'études, poursuivit Nannerl, sur le même ton inflexible. Et un programme de concert. Nous nous verrons dans la cave dans une semaine. »

Et elle lui désigna une liasse de partitions posées sur le piano-forte.

Les larmes qui coulaient des yeux de Victoria redoublèrent tandis qu'elle balbutiait, incrédule :

« Quoi ? Qu'est-ce que tu as dit ? Je dois donner un concert ? »

Nannerl ne répondit pas, toujours impavide. Victoria s'essuya frénétiquement la figure, riant et pleurant en même temps. Puis, d'un coup, elle se rembrunit :

« Mais... où, Nannerl ? Personne ne me connaît ! Personne ne me donnera une scène...

— Occupe-toi d'étudier ! Je m'occupe du reste. »

La jeune fille s'approcha, tremblante, et demanda dans un souffle :

« Tu m'as pardonné ?

— Va-t'en ! »

Victoria s'empara des partitions et parcourut le corridor d'un pas léger, son cœur battant encore follement.

Dès qu'elle fut de nouveau seule, Nannerl se laissa aller à sourire tendrement. En revanche, en entendant le claquement de la porte d'entrée, Tresel qui hachait le foie dans la cuisine eut un grognement de déception.

La cave avait changé d'aspect. Le gros des saletés avait été enlevé et le bric-à-brac avait été entassé contre les murs. Le clavecin trônait au centre, et un large espace avait été ménagé autour, ce qui permettait à Nannerl de déambuler en écoutant Victoria, la dirigeant et l'interrompant parfois avec l'autorité d'un tyran.

« Non ! Arrête ! Ce sont des tierces ! Concentre-toi ! »

Victoria répéta le passage une fois, puis une autre, et encore une autre.

« Voilà. C'est mieux. Continue comme ça. Oublie que tu as deux mains. Tu as dix doigts, et ils sont tous indépendants. Laisse-les courir ! Plus vite ! Encore plus ! Tu dois travailler dur, Victoria, ou tu resteras une illustre inconnue ! »

La sueur perlait sur le front de la jeune fille. Elle continuait à jouer avec fougue, les yeux fermés, presque en transe...

Dans la cuisine, le trou dans le mur avait été dégagé de tout obstacle, et le son du clavecin réjouissait les cuisiniers en train de préparer la collation de l'archevêque : café, accompagné de ses pâtisseries préférées, les *Zwetschgenknödel*. Gunther pétrissait la pâte à frire, et Claudia retirait patiemment les noyaux des prunes pour leur substituer un petit morceau de sucre ; et ils accordaient leurs gestes au tempo de la musique, en observant le plus grand silence. Mais soudain le son s'interrompit et sembla ne pas devoir reprendre. Fâchés, ils s'approchèrent du trou, lui les mains blanches de farine, elle les mains noires de prunes. Que diable s'était-il passé ?

Nannerl consacrait quelques minutes aux indications de style. Elle s'était assise à côté de son élève, qui agitait ses mains en tentant de détendre ses poignets douloureux, et elle lui commentait la partition d'un nouveau morceau.

« Comme tu vois, c'est un *minuetto*, disait-elle. Donc, en le jouant, essaye d'imaginer les révérences des danseurs. Tu dois te figurer la légèreté et la grâce de leurs mouvements, ainsi tu seras, toi aussi, gracieuse et délicate. »

Elle se leva et tourna le dos au clavecin, afin de ne pas voir Victoria et de se concentrer sur la musique. Dès les toutes premières notes, cependant, la jeune fille s'engagea dans une interprétation mièvre, avec des langueurs et d'interminables *rallentando* qui auraient laissé les danseurs le pied en l'air pendant un temps insoutenable. Nannerl, en l'écoutant, souffrait en silence, et elle craignit à cet instant de s'être complètement trompée. Peut-être Victoria n'était-elle pas prête pour pareille entreprise. Peut-être sa décision avait-elle été erronée et imprudente.

« Je t'ai dit d'être gracieuse, pas maniérée ! Tu es pire qu'une poupée de salon. Ta jolie rose, tu ne dois pas seulement l'enlever de ton chapeau, tu dois te l'ôter aussi de la tête ! Comprends-tu ce que je dis ? »

La jeune fille acquiesça, humiliée.

« Recommence ! Respecte les notes, respecte le style, et comporte-toi en vraie musicienne. Parce que c'est ce que tu es, maintenant ! »

Victoria reprit et, au bout de quelques instants, Nannerl se rasséréna ; elle avait un peu exagéré en prenant ce ton, mais, au moins, cela avait servi à quelque chose...

Dans la cuisine, Gunther et Claudia avaient abandonné les *Zwetschgenknödel* et dansaient allégrement aux accents du *minuetto*. Leurs mains jointes mélangeaient la farine et la prune, et leurs tabliers n'avaient rien à voir avec des habits de fête, mais leurs faces rubicondes arboraient de larges sourires, tels qu'une élégante salle de bal n'en connaîtrait jamais.

« Papa dit que sa jambe va beaucoup mieux, grommela Frau Mozart en parcourant la lettre de son mari. Il dit aussi que ça n'a jamais été grand-chose et que, maintenant, il est guéri.

— Tant mieux pour lui », commenta Nannerl, placide, tandis que Tresel versait la soupe bouillante dans son bol.

Mère et fille étaient à table, et Frau Mozart avait déjà échangé plusieurs fois sa cuillère contre les lunettes qui lui servaient à lire ; puis elle s'était résignée à renoncer à se nourrir pour se consacrer uniquement à la lecture.

« Oui, mais il ne me raconte pas tout. Je veux dire... si c'était grave, crois-tu qu'il l'avouerait ?

— Je n'en ai pas la moindre idée », répondit Nannerl. Puis, après un instant de réflexion : « Probablement... non. Il ne voudrait pas nous inquiéter.

— Tu vois ? Toi aussi, tu dis que c'est grave !

— Non, je n'ai pas dit ça ! Calme-toi, maman... de toute manière, ça ne sert à rien de te tourmenter. Quoi qu'il soit arrivé, d'ici nous n'y pouvons absolument rien.

— Vraiment, tu as une façon de consoler les gens !

— C'est lui qui a voulu que nous restions à la maison, non ? dit-elle en haussant les épaules, les sourcils et les coins de la bouche.

— On ne peut pas parler avec toi ! » déclara Anna Maria, irritée, puis elle saisit le bol de soupe et avala une gorgée qui lui brûla l'œsophage. « Tresel ! cria-t-elle. Au nom du Ciel, pourquoi ne l'as-tu pas laissée refroidir un peu, avant de la servir ?

— Mais Frau Mozart, c'est vous qui m'avez dit de me dépêcher.

— C'est vrai, ajouta Nannerl. Tu as dit que tu avais faim...

— Mais enfin, qu'est-ce qui vous prend, toutes les deux ? Vous vous êtes liguées contre moi ? »

Et elle s'apprêtait à se lancer dans un monologue plein de remontrances, quand Nannerl l'arrêta pour lui annoncer une nouvelle inattendue.

« Ah, maman, j'avais presque oublié de te le dire. J'ai décidé de donner un concert à la Cour. »

Puis, tranquillement, elle prit une cuillerée de soupe, souffla dessus et l'avala.

Le visage de Frau Mozart changea d'expression à une vitesse miraculeuse. Ses sourcils se détendirent, sa grogne se dissipa, le pincement des lèvres disparut et, une lueur d'excitation dans les yeux, elle s'exclama :

« À la Cour... toi, mon trésor ? »

La nouvelle se répandit rapidement dans tout Salzbourg. La bonne société attendait avec impatience la *rentrée* de Maria Anna Walburga Ignatia Mozart. Anna Maria avait transformé la chambre à coucher en salon de modiste et, pendant ce temps, Victoria s'exerçait dans le secret de la cave dix heures par jour et ne sentait plus la douleur de ses poignets auxquels lui étaient venus des petits muscles ronds et puissants.

« Oh, tu es parfaite ! On dirait une porcelaine de Saxe, Nannerl, mon amour ! babillait Frau Mozart en disposant la mousseline autour de son cou. Tout le monde viendra te féliciter de ta beauté ! N'est-ce pas, Tresel, qu'elle ressemble à un ange ? »

La domestique, qui versait le café dans les tasses, émit un monosyllabe qui pouvait donner lieu à toutes les interprétations.

« Maintenant, fais une jolie révérence, rien que pour me donner un avant-goût », poursuivit Frau Mozart, et elle recula de quelques pas, éperdue d'admiration pour le coûteux travail de la couturière qui serrait impitoyablement le buste de la jeune fille, s'évasait à la taille en une corolle de taffetas jaune semé de petites fleurs, et descendait ensuite jusqu'à terre dans un fouillis de volants. Pour manifester son enthousiasme, la mère fit mine d'applaudir. « Allons, ma chérie, maintenant tu dois poser les mains sur les côtés de la jupe, légèrement, puis croiser les pieds, plier un peu les genoux et surtout, je t'en prie : souris... »

La jeune fille suivit ces indications sans beaucoup de conviction et en restant raide comme un piquet, empêchée d'ailleurs par les baleines du corset d'opérer la moindre flexion.

« Non, trésor, ça ne va pas ! On dirait un sac de pommes de terre ! Regarde-moi... »

Elle prit la pose et fit une courbette maniérée, en arborant un sourire qui mettait surtout en évidence l'absence de plusieurs prémolaires.

« Bah, toi tu as la chance d'avoir encore toutes tes dents. Allons, recommence, et montre-les-moi dans tout leur éclat ! »

Nannerl fit un louable effort pour répéter la révérence, manifestement en apnée, et elle réussit même à sourire.

« Bravo, ma chérie ! Tu es merveilleuse ! Le baron en aura une attaque, quand il te verra !

— Espérons qu'il l'aura avant de partir de chez lui, comme ça il sera forcé de rester à la maison.

— Oh non ! Pour rien au monde il ne manquerait le concert ! Sinon, qui lirait le fameux poème ? »

Nannerl la regarda :

« Quel poème ?

— Eh bien, celui qu'il a écrit pour toi, non ? "Douce Nannerl, fleur du printemps" ! Il doit le déclamer au début du concert.

— Et qui lui en a donné la permission ? demanda-t-elle avec une certaine irritation.

— Le maître de cérémonie, naturellement ! La comtesse von Esser m'a raconté que sa proposition a été tout de suite acceptée, et avec un grand enthousiasme. Je trouve étrange que tu n'en saches rien. »

Avec des gestes nerveux, Nannerl se mit à ôter la robe, et Tresel vint immédiatement à son aide.

« Et pour tout dire, il y a encore quelques petites choses qui me semblent étranges », poursuivit Anna Maria, en scrutant sa fille d'un air inquisiteur ; mais celle-ci était trop occupée à se battre avec les lacets pour s'en émouvoir. « Avant tout, comment se fait-il que tu n'aies pas encore protesté parce que le corset est trop serré et que tu ne pourras pas jouer dans ces conditions ? »

La question prit Nannerl de court. Elle murmura :

« À vrai dire... il n'est pas si serré que ça...

— Juste Ciel ! Il y a quelques années, tu aurais pleurniché sans fin ! Et puis il n'y a pas que ça que je ne comprends pas.

— Puis-je savoir quoi d'autre ? demanda-t-elle un peu tendue.

— Je ne t'entends pas t'exercer. Je m'attendais à ce que tu t'enfermes dans la salle de musique des semaines entières, et pourtant tu ne joues jamais ! »

D'instinct, Nannerl cacha ses mains derrière son dos, juste sous le nez de Tresel qui s'employait à délacer le corset. Puis, avec un mince sourire, elle dit :

« Qu'y a-t-il, maman ? As-tu peur que je te fasse honte ?

— Oh ça, jamais ! Tu as toujours été la meilleure, et tu le seras encore cette fois, je n'en doute pas. »

Elle s'avança pour lui caresser la joue :

« Fais comme il te plaira, c'est toi la musicienne, et moi je n'y connais rien. Tresel, as-tu mis l'eau à chauffer pour le bain ?

— Oui, Frau Mozart, ça fait un moment. Voulez-vous que j'aille vérifier ?

— Non ma chère, j'y vais moi-même. Toi, aide Nannerl à enlever tous ces vêtements, et mets-les ensuite sur le mannequin, je te prie. »

Et elle disparut derrière la porte.

La jeune fille resta immobile en laissant la domestique la déshabiller. Son regard errait au-delà de la fenêtre ; un moineau se posa sur l'appui avec une audace surprenante et gazouilla avec béatitude, mais, absorbée dans ses pensées, elle ne l'entendit pas. La jupe était maintenant sur le fauteuil, le corset lacé autour du torse en bois, les jupons accrochés aux cintres, quand s'éleva la voix rauque de Tresel :

« Tu l'aimes bien, cette fille, hein ? »

Nannerl revint à elle et la regarda, stupéfaite.

« Essaye de t'aimer un peu plus toi-même », dit encore la domestique, puis, d'un geste rude, elle lui tendit une camisole et sortit.

La Salle des Chevaliers était bondée de spectateurs, les derniers retardataires se pressaient dans l'escalier en un brouhaha de piétinements, de bruits de talons, et l'on voyait même quelques tricornes échappés des mains de leurs propriétaires étourdis rouler au bas des marches. La noblesse locale se livrait à son habituel concours d'élégance, dans une orgie de couleurs capable de blesser le nerf optique. Même Anna Maria, en sa qualité de mère de la concertiste, s'était mise particulièrement en frais : elle exhibait une robe lie-de-vin brodée d'argent, avec un ample col orné de rubans et de passementeries ; fort recherchée, mais guère plus qu'une robe de quatre sous comparée à la somptueuse toilette de Katharina von Esser, rose vif mêlé d'orange, la jupe à dentelles soutenue à la hauteur des hanches par une armature formant *paniers*, tellement ample qu'elle avait du mal à passer les portes. Elle y était quand même parvenue et avait réussi à s'installer sur un divan fait pour trois personnes qu'elle occupait entièrement. Pour échanger avec elle quelques propos confidentiels, Frau Mozart était obligée de rester debout dans son dos.

« J'ai déjà reçu cinq nouvelles demandes de leçons, chuchotait-elle avec excitation. Vous rendez-vous compte, comtesse ? Cinq, dès avant le concert ! Après, il y en aura au moins le triple !

— Ma chère, êtes-vous vraiment convaincue que ce soit une bonne chose ? l'interrogea la comtesse, en feignant de respirer avec délectation le parfum du petit bouquet cousu à son gant – lesdites fleurs étant bien entendu artificielles.

— Oh oui ! Pourquoi, pas vous ?

— Mon amie, je peux comprendre les exigences de votre famille, mais je n'aimerais pas que Nannerl se transforme en une sorte de vestale de la musique. À ce train, la jeune personne risque de s'occuper nuit et jour de ses élèves et de se couper de toute vie mondaine ! Parlons clair : la patience du baron ne sera pas infinie ; et si Nannerl s'obstine à le refuser, ce qui me chagrinerait sincèrement, elle devra quand même se résigner à l'inévitable, et il lui faudra bien, alors, se mettre en quête de quelqu'un qui lui plaise. Sinon, nous risquons vraiment que sa beauté se fane dans la solitude. Ne pensez-vous pas comme moi ? »

Frau Mozart acquiesça en silence, tout en observant sa fille qui, en cet instant, semblait plus éloignée que jamais de projets sentimentaux : en effet, elle conversait avec le révérend père Joseph Bullinger. Tous deux étaient près de l'estrade où trônait le clavecin, et l'homme d'église avait posé sur les épaules de Nannerl ses grosses mains affectueuses.

« Je suis heureux pour toi, ma chère fille ! disait-il.

— Réellement, mon père ? répondait-elle en baissant la tête.

— Oh oui ! J'ai craint que tu n'aies renoncé pour toujours à tes dons, et j'en étais profondément attristé. Permets-moi de te dire quelque chose, Nannerl. Le sacrifice n'est pas toujours un acte méritoire et voué au bien ; il ne l'est que lorsqu'il nous procure un bonheur authentique... *quo veraciter beati esse possimus*. Et se punir soi-même n'a jamais rendu personne heureux, ma petite fille... »

De toute évidence, elle était mal à l'aise, et il crut que c'était à cause de son ton trop didactique.

« Tu as raison, je ne devrais pas te parler de la sorte juste au moment où tu vas te produire sur scène. Je devrais me réjouir avec toi, te souhaiter bonne chance, et rien d'autre... Mais, en vérité, j'ai beaucoup pensé à toi, sans avoir jusqu'à maintenant l'occasion de te parler. Je t'ai vue plutôt rarement, à l'église...

— C'est vrai, mon père, et je vous prie de m'excuser... »

Il l'arrêta d'un geste.

« Ce n'est pas auprès de moi que tu dois t'excuser. Et d'ailleurs je suis sûr que, dorénavant, les choses vont changer. Te remettre à donner des concerts est pour toi comme revenir à la vie ; je le lis clairement dans tes yeux et dans tes gestes, plus posés. Maintenant ça suffit, je vais m'asseoir au premier rang... et, ma très chère fille, je vais consacrer toute mon attention à ton art. »

Il l'embrassa, et elle cacha son visage contraint dans l'habit ecclésiastique ; dès qu'il se fut écarté pour gagner sa place, elle lui tourna le dos. Son regard coupable alla se poser sur une petite porte au fond de l'estrade, puis sur le parterre élégant venu là pour l'écouter, et enfin sur sa mère qui, assise au milieu de la salle, lui adressait des gestes d'encouragement... la pauvre femme. L'archevêque occupait son trône avec toute son autorité de vieillard parcheminé et penchait la tête vers elle, la concertiste, d'un air bienveillant ; et près de lui se tenait le major d'Ippold, bombant le torse dans son uniforme... Lui, en revanche, faisait ostensiblement mine de ne pas la voir, peut-être encore fâché contre elle. Et si tout devait se dérouler suivant ses plans, Armand allait la détester définitivement ; il aurait envie de la transpercer de son épée... Mais déjà le chambellan prenait position et faisait son annonce, les divertissements de la soirée commençaient, et c'était trop tard pour revenir en arrière. Nannerl se ressaisit et, dans un silence chargé d'attente, elle monta sur l'estrade flanquée du baron Johann Baptist von Berchtold zu Sonnenburg.

Le baron serrait dans ses mains un précieux parchemin, et ses yeux fascinants avaient perdu une bonne partie de leur habituelle ironie, ce qui rendait sa beauté encore plus irrésistible. Nannerl s'assit sur un petit fauteuil placé sur le côté, pendant qu'il se préparait à livrer au public les vers qu'il avait composés pour elle et, du même coup, la passion violente qu'elle lui inspirait. Il déroula la longue feuille et commença à lire avec une surprenante absence d'emphase.

« "Douce Nannerl, fleur du printemps"

L'hiver, vos mains fermées sont autant de promesses
Immobiles et tenaces.
L'été, votre voix suave est comme un or qui vibre
D'accents inattendus… »

La voix du baron, en revanche, n'était qu'un simple murmure, terriblement sensuel. Nannerl l'écoutait, touchée malgré elle par ces vers si différents de ceux auxquels il l'avait habituée jusque-là.

« … L'automne vos cheveux dans leur tendre abandon,
Se nimbent de chaudes couleurs.
Le printemps sur vos traits pose de vifs parfums
Et de tendres éclats. »

L'homme se tut et roula le parchemin. Attendant la suite, le public garda un silence perplexe.

« C'est fini, mesdames et messieurs », déclara-t-il.

À ce moment, des petits applaudissements polis se firent entendre ; les mains battaient sans conviction, tandis que s'élevait un murmure gêné. Le seul à ne manifester aucun signe d'approbation fut l'archevêque qui, entre-temps, s'était endormi et ronflait doucement.

Katharina von Esser fit signe à Frau Mozart de s'approcher et chuchota :

« Ma chère, je crains vraiment que le baron n'ait un grain dans la cervelle. Je n'ai jamais rien entendu de plus horrible, et ça ne rime même pas ! Votre fille n'a peut-être pas tous les torts en refusant ses avances. Cet homme doit être quelque peu dérangé. »

Sur la scène, le dérangé en question avait rejoint Nannerl, et celle-ci le regardait d'un œil neuf. Elle lui tendit la main sans l'avoir prémédité, et il la prit, la baisa avec ardeur, tout en remarquant les ongles longs et négligés. Sur son expression passa une ombre d'étonnement et de doute : comment Nannerl allait-elle pouvoir jouer avec ces griffes ? En se coinçant entre deux touches, elles risquaient d'être arrachées ; et il était impossible que les doigts puissent courir à la vitesse voulue, ni leur pulpe jouir de la sensibilité nécessaire. Elle devina ses pensées, retira sa main et murmura :

« C'est le moment, baron. Si vous me permettez... »

De ses yeux aux couleurs dissemblables, Baptist lui lança un regard ambigu et alla s'asseoir dans le public.

À pas lents, Nannerl se dirigea vers le clavecin. Elle leva le couvercle. Elle se tourna vers la salle et resta un instant immobile. On voyait distinctement son cœur battre sous le corsage ; elle respirait les narines dilatées. De toute son âme, elle pria intérieurement pour que les choses se passent bien. De toute son âme, elle demanda pardon pour son mensonge. De toute son âme, elle chercha à se convaincre qu'elle avait quand même agi pour faire le bien. Au fond, qu'avait dit le révérend père Bullinger ? Donner à son prochain est un acte bon quand il nous rend heureux. Et le don qu'elle avait décidé de faire l'avait rendue heureuse, jusqu'à ce moment ; il la rendrait plus heureuse encore, si seulement Dieu aidait Victoria à ne pas succomber à l'émotion.

« Maintenant ! » cria-t-elle, et elle disparut dans les coulisses.

La petite porte du fond s'ouvrit et Victoria apparut : une fraction de seconde plus tard, elle était assise sur le tabouret et jouait sur le clavecin avec fougue. Mais la première partie du morceau fut recouverte par un tumulte de mécontentement, des cris poussés par les comtes, ducs et marquis (capables, à l'occasion, de se transformer en une assemblée de charretiers). Katharina, en revanche, était muette, la bouche ouverte, et Frau Mozart sentit que la tête lui tournait. La force de caractère du major d'Ippold lui fit un instant défaut, et, furieux, il se précipita vers la scène, prêt à en arracher sa fille ; puis il comprit que ce n'était pas le moment de faire un scandale et revint près du trône, mais il était sur des charbons ardents.

Victoria jouait avec décision et passion ; le public semblait la stimuler au lieu de l'intimider. Nannerl, dans les coulisses, était tombée à genoux et l'écoutait, sans la regarder, et toute son énergie mentale était concentrée sur elle : si elle l'avait pu, elle l'aurait encouragée à haute voix, comme elle le faisait dans la cave. Mais elle ne l'aurait pas interrompue, car ce n'était pas nécessaire. Tout allait bien. Tout allait bien !

Armand, lui, semblait sur le point d'exploser. Contraint de rester impavide, de cacher sa fureur, il fermait par instants les paupières et, pour se calmer, il respirait le plus profondément qu'il pouvait. Et, en respirant ainsi, lui revint le souvenir de celle qui, vivante, était tellement passionnée par la musique – trop passionnée. Au point de l'enseigner à leur fille avant même de lui apprendre à parler. Au point de rester toujours chez elle à jouer, fuyant la lumière du soleil, si bien qu'à chaque retour de mission il la trouvait plus pâle. Au point de s'éteindre pratiquement sur le clavier, parce qu'elle avait voulu que son lit de mort soit transporté à côté de l'instrument. Et voilà que ce souvenir qui remontait dans la mémoire d'Armand n'était pas un souvenir de mort, mais de vie ! En Victoria, il voyait revivre une étincelle de la femme qu'il avait désespérément aimée, et il ne la voyait pas seulement dans son aspect physique, mais dans ses gestes, ses expressions, peut-être pour la première fois; maintenant seulement, il comprenait pourquoi sa femme n'avait pas aimé que lui, mais aussi le piano-forte. Parce que s'approprier une feuille de papier à musique et en faire une chose vivante devait être enivrant. Parce que jouer pour un public, chose que Monika avait rarement réussi à faire, devait être encore plus exaltant: on s'imprégnait d'émotions universelles capables de transformer un parterre en un seul corps vibrant. Et c'était exactement ce qu'était en train de faire sa fille! Les yeux d'Armand brillèrent, et l'officier qui n'avait jamais pleuré de toute sa vie faillit le faire devant ses subordonnés, ses supérieurs et l'archevêque en personne (qui, de toute manière, continuait à ronfler).

Mais il n'éclata pas en sanglots, car soudain s'élevèrent une ovation, des applaudissements assourdissants, un concert de cris et de félicitations: « Bravo! Bravissimo! », tandis que sa fille restait assise, les mains sur les genoux, bouleversée elle aussi par ce succès qu'elle pensait peut-être ne pas mériter. D'un coup, elle était redevenue la Victoria de toujours, sa petite fille vive et impulsive, mais aussi timide et fragile. Tout le monde s'était levé et l'applaudissait de plus belle, même Joseph Bullinger, même Frau Mozart, cette dernière probablement par simple esprit d'imitation; les deux cuisiniers de Son Excellence qui dansaient au fond de la salle en hurlant de joie semblaient les moins étonnés et les plus exaltés.

La clameur réveilla l'archevêque dans un sursaut qui secoua sa vieille carcasse sur le trône.

« Comment cela s'est-il passé, major? bafouilla-t-il. Fräulein Mozart a-t-elle aussi bien joué qu'autrefois? »

Armand hésita, embarrassé, et le chambellan se précipita à son secours:

« Très bien, Excellence! Le public est fort satisfait, comme vous pouvez le constater par vous-même! »

Le prince décrépit applaudit donc à son tour la silhouette menue aux contours flous qui se tenait sur la scène.

D'un bond, Victoria se leva et, au lieu d'avancer sur le

devant de l'estrade et de remercier, rejoignit son professeur dans les coulisses.

« Comment ai-je joué ? Comment ai-je joué ? »

Nannerl sourit, émue :

« Très bien. Je n'ai pas de regrets, Victoria. Je suis fière de toi. » La jeune fille s'élança pour l'embrasser, mais elle la repoussa avec gentillesse. « Retourne, retourne... va cueillir les applaudissements. Tu dois être polie avec ton public. » Puis son expression se fit ironique : « Mais si tu n'as pas envie de faire la révérence, ne te force pas. Crois-moi : ça n'a aucune importance ! »

Victoria fila vers le centre de la scène et, à son apparition, les applaudissements redoublèrent. Nannerl, invisible du parterre, la suivait d'un regard affectueux et, pour la première fois depuis des années, elle se sentit envahie par une douce paix.

Brusquement, une main se posa sur son épaule. Elle se retourna et tressaillit en reconnaissant Armand, dont le visage n'affichait plus sa morgue habituelle et dont les yeux luisaient étrangement. L'homme ne dit rien, et son émotion était difficile à interpréter. Une chose, néanmoins, frappa Nannerl : elle ne lisait pas en lui la moindre trace d'animosité.

« Monsieur le major, je suis désolée... murmura-t-elle en fixant ses grands yeux bruns striés de petites veines. Je ne voulais pas vous faire souffrir... si j'avais su...

— Appelez-moi Armand tout court », dit-il, et son visage s'éclaira d'un pâle sourire.

Dans la salle, les applaudissements continuaient, et tous deux, réfugiés là, ne réussissaient pas à détacher leur regard l'un de l'autre, en se transmettant leur attirance et leur trouble, en se nourrissant de ce contact impalpable mais intense ; jusqu'à ce qu'une voix les fasse tressaillir.

« Je vous demande pardon... Oh, j'ai peut-être gâché l'atmosphère ? »

Un petit jeune homme coiffé d'un grand chapeau à plume

était arrivé derrière eux. Il se planta là en les dévisageant avec une insolence ironique, pendant que Nannerl se détournait, confuse ; elle sentait ses joues la brûler et essayait de cacher leur rougeur.

« J'aimerais vous parler, mademoiselle, si je ne vous dérange pas, dit-il encore. Ou peut-être même vous embrasser, vu que ce monsieur, comment dire... n'ose pas le faire. Mais je ne sais si c'est bien le moment. À ce propos... »

D'un bond, il colla ses lèvres contre l'oreille de Nannerl, si près qu'elle put en sentir le souffle, et chuchota :

« "Ici règne la félicité..."

— Wolfgang ! » s'écria-t-elle, et elle se précipita dans ses bras ; le chapeau à plume tomba sur les planches de la scène et roula jusqu'au premier rang. Elle étreignait le torse de son frère sans souci de lui faire mal ; le contact de ce corps désormais adulte lui fit un effet étrange, mais seule comptait sa joie de l'avoir de nouveau près d'elle.

Armand s'éloigna en silence. Les deux jeunes gens restèrent ensemble, muets. Ce fut une longue étreinte, qu'accompagna la fin des applaudissements.

Mademoiselle Jeunehomme

« Qui était cet individu en uniforme ?

— Personne.

— Ce monsieur Personne a quand même un nom !

— Mais que t'importe, Wolfgang ? C'est le père de mon élève.

— Ah ! Et tous les pères de tes élèves lorgnent ton cul comme lui ? »

Son frère avait beaucoup changé. Encore plus petit qu'elle, comme il le resterait toujours, mais quand même aussi transformé qu'elle ; et à part cela sensuel dans ses manières, impudique dans ses propos, passant d'une possessivité féroce au plus farouche dénigrement. Il était mis avec beaucoup de soin et se poudrait le visage et les cheveux ; il marchait dans la rue en bombant le torse, savourant les saluts déférents que les Salzbourgeois lui adressaient, ainsi qu'à son père respecté. Leopold, au bras de sa femme, le suivait de quelques pas ; il boitait un peu, s'appuyait sur une canne et se désolait que sa jambe reste sensible aux changements de temps, mais c'était surtout pour se gagner un supplément d'attentions conjugales car, en fait, il allait très bien.

« L'Italie n'est que médiocrité et corruption, soupira-t-il en s'asseyant à la table de l'auberge à côté de son fils. Pour obtenir que Wolfgang puisse travailler, j'ai dû me débattre au milieu de jeux de pouvoir écœurants. Je suis bien content de m'en être libéré.

— Mais comment ? protesta Anna Maria. Dans toutes tes lettres, tu disais que c'est un pays merveilleux…

— Il l'est, assurément, mais je crains que l'on doive y être né pour en supporter la complication. »

Pendant ce temps, Wolfgang passait une main sous la table, la posait sur la cuisse de Nannerl et l'y appuyait, mi-luxurieux, mi-bouffon, tout en chuchotant : « Je vous aime, je vous aime tant que je vous demande votre main, et quand je l'aurai… je me la mettrai sur les fesses ! »

Elle se dégagea violemment de sa pression et balbutia :

« Je vois que le voyage ne t'a pas réussi.

— Oh, je ne dirais pas tout à fait ça. Je me suis plongé dans des abîmes de luxure. Veux-tu que je te raconte ?

— Les enfants, on ne parle pas à voix basse quand on est à table ! protesta leur mère. Que disiez-vous ?

— Je lui faisais des compliments à propos… de Victoria. C'est bien ainsi que s'appelle cette fille, n'est-ce pas, petite sœur chérie de mon cœur ?

— Et qui est donc cette Victoria ? s'enquit Leopold.

— Mon élève qui a joué l'autre soir.

— Ah, oui, Victoria… d'Ippold », fit le père en acquiesçant.

Tous ses regards allaient à son fils assis près de lui et à sa femme qui lui faisait face ; c'était comme si Nannerl n'était pas là. Après tout, sa jambe souffrante l'empêchait peut-être de se tourner pour la regarder. Il se laissa aller contre le dossier de sa chaise et fit appel à ses souvenirs :

« La mère de cette fille était excellente au clavecin. Je l'ai entendue jouer deux ou trois fois, il y a des années, dans des concerts privés ; puis elle a arrêté de se produire, à cause de sa santé fragile. Le mari ne s'est jamais remis de sa perte. Une bien triste histoire…

— Donc l'individu en uniforme est un homme libre ! s'exclama Wolfgang, en adressant un clin d'œil à Nannerl. Et il aurait même tout pour plaire, s'il avait vingt ans de moins et s'il s'ôtait le pieu qu'il a dans le derrière… »

Elle le foudroya du regard, tandis qu'Anna Maria riait jaune :

« Voyons, ne sois pas grossier, mon ange... »

Il n'en tint pas compte ; il mit ses mains autour de sa bouche en forme de porte-voix et chantonna, sans hausser le ton :

« Protège ton cul du pieu, du pieu droit dans le cul...

— Arrête, s'il te plaît ! » siffla Nannerl.

Et lui :

« Je veux seulement comprendre ce qui s'est passé pendant mon absence, vu que tes lettres se sont fait tant désirer...

— Oh, vraiment ? Alors parlons un peu de tes transcriptions...

— Allez-vous vous taire, à la fin ? Merde sèche ! » cria Anna Maria.

Elle leva une main pour distribuer des gifles, mais l'hôte arriva avec une carafe de vin, et elle fit semblant de chasser une mouche.

Herr Mozart but une gorgée et parut satisfait. Puis il émit un claquement de langue et se tourna enfin vers Nannerl en contemplant ostensiblement son verre à contre-jour.

« Il me reste juste un doute. Le major d'Ippold paye-t-il régulièrement pour les leçons de sa fille ? »

Elle répondit fermement :

« Jusqu'à maintenant, je lui ai donné des leçons gratuites. Ensuite, nous verrons.

— Nous verrons... Qui ça, nous, ma chère fille ?

— Moi et les d'Ippold. Parce que ça devrait regarder quelqu'un d'autre ?

— Bien entendu. Tant que tu vivras sous mon toit, tu devras faire ce que je décide.

— Tant que ce sera moi qui vous entretiendrai, je ferai ce que je juge juste ! »

La colère de Leopold montait ; poings serrés, il fixait son assiette vide.

« Très bien ! Dans ce cas, tu vas cesser complètement de donner des leçons. D'ailleurs ce n'est plus nécessaire, je vais reprendre mon emploi, et Wolfgang trouvera bien, lui aussi, un travail rémunéré à la Cour. Aujourd'hui même, j'écrirai aux familles de tous tes élèves pour leur annoncer que tu arrêtes. Tu es contente ?

— Mais... vraiment, mon amour... ne crois-tu pas que ce serait dommage ? intervint timidement Anna Maria. Nous avons réussi toutes les deux, avec beaucoup d'efforts, à nous faire une position dans la bonne société, et je n'aimerais pas, maintenant, tout mettre en l'air...

— Maintenant, Wolfgang est ici, à Salzbourg. Ce sera à lui de nous garantir une position dans la bonne société. Et sans le moindre effort ! »

Le jeune homme semblait satisfait de la tournure prise par la conversation. Il saisit une main de Nannerl et caressa les horribles ongles d'un air patient.

« Petite sœur, je crois que tu devrais réfléchir à ce que dit notre cher père. Ne serait-ce pas mieux, si tu arrêtais d'enseigner et si tu redonnais des concerts ?

— Je ne suis qu'un petit professeur de province. L'as-tu oublié ?

— Oh, le temps a passé... et nous avons tous les deux grandi ! Tu es supérieure à tous ceux que j'ai jamais connus, et même cette Victoria n'est qu'une dilettante à côté de toi. Sais-tu ce que je vais faire ? Je vais écrire un concerto pour piano-forte et orchestre expressément pour toi. Ça ne te plairait pas d'être la première au monde à le jouer ?

— Ce serait à coup sûr un honneur insigne, répondit-elle sur un ton ironique qui ne fit aucun effet sur son frère.

— Nous devrions commander », gazouilla Anna Maria, et elle fit signe à l'hôte. Puis elle se tourna vers son mari, d'un air suppliant : « Mon amour, ne prends pas de décisions précipitées... Si Nannerl a donné quelques leçons gratuites, pour le reste tout s'est passé conformément à tes instructions, je t'assure. Elle est le meilleur professeur de Salzbourg, et ses élèves se reconnaissent à leur goût et à la précision de leur jeu. C'est ce que dit toute la noblesse...

— Laquelle, cependant, n'a pas entendu un seul concert d'elle depuis des années, grogna Leopold. Et je doute fort que quelqu'un qui ne joue plus soit encore capable d'enseigner.

— Sur le principe, je suis d'accord avec toi, déclara Nannerl. Mais tu sais aussi que toute règle a ses exceptions; or, autrefois, tu m'as définie toi-même comme étant exceptionnelle. Si tu as changé d'avis, eh bien, sache que de toute manière ça m'est égal.

— S'il vous plaît ! » cria Frau Mozart en direction de l'hôte.

Celui-ci arriva avec un grand plat de côtelettes et leur odeur vint à propos pour apaiser les esprits.

La porte de la cave noire et déserte s'ouvrit, et dans l'encadrement apparut la silhouette menue de Victoria. En silence, elle alluma le chandelier, puis s'avança dans un cercle de lumière vacillante. Nannerl la suivait. Protégée par l'obscurité, elle osa effleurer le bras de l'homme qui hésitait sur le pas de la porte, car il n'était jamais entré dans ce souterrain et craignait de violer un sanctuaire.

« Mais venez donc », dit-elle avec gentillesse.

Armand entra et referma la porte derrière lui. Cet entrepôt de bric-à-brac transformé par les jeunes filles en salle d'étude lui semblait vraiment un lieu sacré. Et son regard étonné suivit la lumière pour s'arrêter sur le clavecin.

Victoria était déjà sur le tabouret, et Nannerl alla s'asseoir à côté d'elle. Et sous la surveillance du professeur, l'élève favorite attaqua une sarabande de Jean-Sébastien Bach.

C'était une danse lente, en mineur, faite d'amples accords qui progressaient avec une impressionnante maestria et des trilles qui suspendaient les résolutions harmoniques en retardant le dénouement par une attente douloureuse. Armand s'approcha de l'instrument en écoutant le morceau, attentif à ne pas faire de bruit ; il observait, captivé, les visages des deux jeunes filles, celui de Victoria, abandonné, et celui de Nannerl, plus vigilant. Puis il fit le tour du clavecin et posa une main chaleureuse et protectrice sur l'épaule de chacune.

À les voir ainsi, on aurait pensé à un petit groupe familial plein d'amour. Victoria ne parut pas s'apercevoir du geste paternel et continua de jouer tranquillement, en répétant le morceau à plusieurs reprises, dans un perpétuel *da capo* ; et, chaque fois, elle pénétrait dans l'esprit de l'auteur avec davantage de plénitude, en ajoutant quelque chose par une petite pause ou une accentuation du sentiment. Nannerl, elle, fut profondément troublée par ce contact et, dans le fond de son cœur, elle remerciait le ciel qu'Armand ne puisse apercevoir son visage enflammé.

Avec lenteur, la main de l'homme se déplaça de la mince épaule vers le cou, puis vers la joue où elle s'arrêta pour savourer le contact de la peau devenue humide. Lèvres entrouvertes, retenant son souffle, Nannerl ferma les yeux et inclina légèrement la tête pour mieux apprécier cette caresse. Puis, maintenant ses paupières closes, elle leva doucement les bras et posa les doigts sur le clavier. Elle effleura les touches, sans appuyer, sans faire crisser ses ongles sur l'ivoire et l'ébène, sans produire le plus léger son, tandis qu'Armand continuait de la caresser.

C'étaient ses mains ! Longues, comme il convient à une jeune fille de bonne taille, charnues et fortes, la pulpe rembourrée des doigts habile à produire une succession de notes stupéfiante par sa rapidité et d'une précision inégalable. C'étaient vraiment les mains de Nannerl. Mais ce n'étaient pas les siennes. Elle était reléguée au parterre comme une spectatrice quelconque, et la pianiste connue dans l'Europe entière avait attiré dans le théâtre toute la noblesse, pas seulement de la ville mais des principautés voisines. Et elle était excellente, oh oui, elle était excellente ! Elle avait de la technique pour deux, et aussi le pouvoir d'émouvoir, et encore l'imagination indispensable à l'interprétation. Ça, c'est jouer ! On ne peut pas jouer mieux que cela. Nannerl se voyait elle-même sur la scène, celle qu'elle aurait pu devenir si seulement... si seulement quoi ? Même la ressemblance était frappante. Ses cheveux avaient la même couleur d'or, et elle les avait arrangés comme elle-même aimait le faire. Sa peau était d'un blanc teinté de rose, comme la sienne. De profil, la pointe du nez semblait un peu tombante, exactement comme la sienne. Et la robe était parfaite pour un concert, elle n'en aurait pas choisi d'autre : pas trop serrée à la taille, les poignets courts et sans volants, pas trop voyante parce que, ce qui prime pour une musicienne, c'est la manière dont elle joue et non la manière dont elle est vêtue. Et voilà que le concert se termine et que la pianiste se lève et salue. Même le salut est parfait ! Pas de révérence maniérée ou de battements de cils indécents. Juste une légère inclinaison de la tête, les mains jointes sur la poitrine : voilà comment on doit remercier. Puis l'artiste quitte la scène et ne revient plus, malgré les applaudissements prolongés : voilà comment on se garde de se prendre soi-même pour l'image que les autres ont de nous.

« Alors, comment l'as-tu trouvée ? lui demanda Wolfgang en se levant et en se dégourdissant les jambes.

— Tu veux la vérité ?

— Bien entendu.

— Je ne crois pas que j'aurais encore le courage de me produire après l'avoir vue. Ce soir, j'ai eu la confirmation que je ne vaux pas non plus grand-chose comme pianiste.

— Tu attends que je te contredise pour te faire plaisir ?

— Je n'attends rien, Wolfgang.

— Tant mieux. De toute manière, si l'on pense qu'on ne vaut rien, c'est qu'on ne vaut rien. Et en ce qui concerne le courage, tu n'en as jamais eu. Tu as toujours été à la remorque de quelqu'un. »

Elle n'eut pas le temps de lui répondre vertement, car Leopold prit son fils par le bras et l'emmena.

« Allons tout de suite dans sa loge. Nous avons besoin de nous faire quelques relations. » Puis il se tourna vers sa femme et sa fille : « Si jamais vous avez envie de venir avec nous...

— Si ça ne te dérange pas... » fit Nannerl entre ses dents serrées.

Herr Mozart ignora le ton agressif et poursuivit très vite, en s'adressant à Wolfgang :

« Tu devrais écrire un concerto pour cette Française : ce serait un excellent placement pour l'avenir.

— Pourquoi pas ? Je crois que c'est faisable, affirma le jeune homme, en esquissant un sourire canaille. Sais-tu ce que je souhaite plus que tout ? C'est que cette fille ne soit pas aussi masculine que son nom. Ce serait un vrai gâchis, avec les jambes qu'elle a...

— Essaye de lui faire des compliments sur ses dons artistiques et de ne pas confondre la tête avec le reste. »

Leopold s'arrêta à l'entrée de la loge, vérifia la tenue de sa famille, prit lui-même un air obséquieux et frappa.

« Entrez s'il vous plaît », dit une voix claire à l'intérieur.

En ouvrant la porte, la famille Mozart fut agressée par une profusion de parfums qui montaient à la tête. La loge était remplie de roses, de freesias, de lys, d'œillets, de camélias arrangés dans des porte-bouquets, des paniers, des vases chinois posés sur les consoles, les fauteuils, et même par terre. L'artiste accueillit les nouveaux venus avec un gracieux geste des bras semblable à l'éclosion d'une corolle, et Wolfgang se sentit happé par ses lèvres luisantes et charnues comme une abeille par un pistil.

Leopold lui baisa la main et prononça, dans son français parfait :

« *Je suis enchanté, mademoiselle Jeunehomme*...

— Ce qui, dans votre langue, se dit *Fräulein Jungmann*, répondit la pianiste en bon allemand, avec un très beau sourire. Étonnant contraste, n'est-ce pas ?

— Votre *charme* est délicieusement français, chère demoiselle. Et votre art est encore supérieur à votre réputation.

— Oh, je vous remercie. Moi aussi, naturellement, je vous connais de réputation... ainsi que votre fils prodige. »

Elle avait les yeux verts comme un bourgeon de fleur, et elle plongea son regard dans ceux de Wolfgang, qui sentit déferler en lui une telle onde de sensualité qu'il ne lui resta aucun doute quant à la féminité du *jeune homme*.

« C'est vous qui êtes prodigieuse, affirma-t-il galamment. Votre renommée est certes inférieure à votre... beauté. »

Nannerl était restée sur le seuil, un peu raide, et son malaise s'accrut en voyant son frère prendre la main de la Jeunehomme et la poser sur son cœur.

« Sentez-vous comme il bat ? dit-il. Durant le concert, il battait à l'unisson de vos doigts, exactement comme en ce moment.

— Oh, que c'est aimable... vous avez l'esprit poétique, mon cher Mozart.

— Seulement avec les personnes qui lui plaisent », affirma Nannerl à mi-voix, mais elle ne l'entendit pas.

Ses parents la foudroyèrent du regard ; Wolfgang, en revanche, ne se démonta pas.

« Mademoiselle, voici ma chère sœur adorée, Maria Anna Walburga Ignatia Mozart. Pardonnez-moi, mesdames, si j'ai oublié de vous présenter. Nannerl est musicienne, elle aussi, vous savez ?

— Oui, bien sûr, répondit la Jeunehomme avec suffisance, on m'a dit que vous jouiez un peu, autrefois. Aujourd'hui vous enseignez, n'est-ce pas ? » Et n'obtenant pas de réponse, elle reporta ses yeux couleur de feuillage sur

Wolfgang : « Donc, mon cher : à quand un beau voyage à Paris ?

— Mon frère est déjà allé à Paris, intervint Nannerl, piquée. Nous avons joué ensemble devant votre roi, ne vous en déplaise. »

La pianiste semblait n'en avoir cure.

« Je sais, je sais... ça fait un millier d'années, si je ne me trompe, ou plus. Ma chère Walburga, vous devez comprendre...

— Nannerl.

— Très bien, comme vous voudrez. Vous devez comprendre, Nannerl, que les temps ont changé. Je me rends bien compte que pour une personne qui vit dans une petite ville et qui en est réduite à enseigner, ce n'est pas facile à saisir ; mais le monde de la musique est en constante évolution. Aujourd'hui, on peut arriver à vivre librement du métier de musicien ! C'est plus risqué, je vous l'accorde, mais, si tout va bien, la satisfaction personnelle est incomparable. Mais vous, cher Mozart, me comprenez, n'est-ce pas ? Cela ne vous plairait-il pas de vivre à Paris, ou peut-être à Vienne, d'écrire de la musique pour divers commanditaires et de n'être l'esclave de personne ? »

Leopold s'alarmait :

« Pardonnez-moi, mademoiselle, mais je ne vois pas clairement où vous voulez en venir.

— Je veux seulement dire qu'une telle carrière est possible, à condition...

— À condition... ? insista Wolfgang, curieux.

— À condition d'avoir les bonnes relations. Tout est là. » Et elle lui décocha un nouveau sourire. Lui la dévorait des yeux.

« Des relations de quel genre ? Des relations étroites, peut-être ? Mon doux *Jungmann*, l'idée d'une relation étroite avec vous me remplit de délice. »

Le jeu de la séduction était à son paroxysme, et tous deux paraissaient être seuls dans la pièce. Leopold et Anna Maria se sentaient de trop, et Nannerl aussi, mais celle-ci ne pouvait l'accepter.

« Intéressant, cette histoire de relations, déclara-t-elle d'une voix acerbe. Je comprends maintenant par quelles voies mademoiselle est parvenue à la renommée. »

La Jeunehomme lui fit brusquement face :

« Et ces voies seraient... ?

— L'amour pour la musique, naturellement, mais surtout pour les musiciens. Et pour les imprésarios, les mécènes, les directeurs de théâtre... qui d'autre encore ? Peut-être quelques ministres. Une vie pleine d'amours peut faciliter une carrière...

— Sortez de ma loge ! » hurla la Française.

Leopold s'était transformé en bête fauve. Il poussa sa fille vers la porte en lui serrant les avant-bras avec une telle force qu'ils en devinrent livides. Pendant ce temps, sa femme suppliait :

« Mademoiselle, je vous en prie, ne nous en veuillez pas, soyez bonne... Nannerl ne voulait pas dire ce qu'elle a dit...

— Allez-vous sortir, oui ou non ?

— Attendez, cria Wolfgang de sa voix puissante, attendez juste un instant ! »

Ils se turent et le regardèrent : d'eux tous, il semblait le moins troublé ; la situation paraissait même l'amuser énormément.

« Mes amis, j'ai une proposition à vous faire. Pourquoi ne pas transformer cette dispute en quelque chose de plus intéressant ?

— Que voulez-vous dire ? demanda la pianiste, soupçonneuse.

— Mademoiselle, je crois qu'il existe des joutes plus fécondes que ce genre de propos. Et au lieu de dépenser comme en ce moment notre énergie à des échanges verbaux, certes d'un grand potentiel dramatique, je suggère de les transporter sur une scène : d'organiser un duel public au piano-forte entre Fräulein Mozart et Mademoiselle Jeunehomme !

— Quelle idée stupide ! » protesta Nannerl, et elle tenta de se libérer de l'étreinte de son père, sans y parvenir.

L'autre, au contraire, n'eut pas l'air d'être défavorable à cette idée (rien que pour la contredire).

« Une compétition entre deux pianistes ? Ce pourrait être intéressant... le public viendrait sûrement en foule.

— Surtout si elles jouaient ta musique, Wolfgang, suggéra Herr Mozart.

— Cela ne me semble pas nécessaire, père. Je pourrais peut-être écrire quelque chose en manière d'introduction, un *divertimento* ; une composition légère qui ouvrirait la soirée, en somme.

— Et que tu pourrais exécuter toi-même au violon avec un petit orchestre.

— Si tu veux. »

Leopold réfléchissait.

« "Mademoiselle Jeunehomme contre Fräulein Mozart"... Cela sonne bien. Je le vois déjà sur les affiches.

— Je suis d'accord ! déclara la Française. Pour moi, cela peut se faire.

— Parfait ! s'exclama-t-il, très satisfait. Combien de temps restez-vous dans notre ville, mademoiselle ?

— Au moins jusqu'à la fin du mois.

— La fin du mois ? Mais y aura-t-il encore un espace libre ? Je vais tout de suite en parler au directeur.

— Dis que tu es un ami de la comtesse von Esser, et l'affaire sera réglée, bredouilla Anna Maria.

— Excellent conseil, ma chère femme... »

Et, finalement, il lâcha le bras de Nannerl, qui sortit en le précédant et en criant à la Jeunehomme :

« Le duel, tu le feras sans moi ! »

Et elle disparut dans les méandres du théâtre.

« Tu as vu ce caractère ? C'est pour ça qu'elle joue si bien Je voudrais que tu aies le même toupet qu'elle.

— J'y ai repensé. Elle n'est qu'une mégalomane avec deux mains gigantesques. Elle peut bien débiter mille notes en une seule minute, elle ne sera jamais qu'une saltimbanque !

— Parle plus bas... » dit Wolfgang.

Les derniers spectateurs qui sortaient passaient devant le frère et la sœur en boutonnant leurs manteaux. Il la prit par la main et l'éloigna du porche.

« Si tu crois valoir plus qu'elle, démontre-le devant tout le monde.

— Mais pourquoi ? Pourquoi vois-tu la vie comme un duel ? Je n'ai pas envie de jouer "contre" quelqu'un.

— Avec quelqu'un ou contre quelqu'un, quelle différence ? Pour moi, la question est simple : tu as peur de perdre.

— Ce n'est pas vrai !

— En es-tu sûre ? Tu vis désormais retranchée dans la maison, en donnant des leçons à des filles qui ne savent même pas ce qu'est une note. Tu ne fais rien d'autre. Tu ne joues plus, tu ne composes plus... Pour moi, c'est le comportement d'une personne qui a une peur bleue de se mesurer.

— C'est grâce à l'argent de ces filles que tu es allé en Italie mener la belle vie ! Tu pourrais donc parler d'elles avec respect. Et aussi de moi !

— Du respect pour ces gens-là ? Mais tu es folle, Nannerl ? Et de toute manière, je ne t'ai jamais rien demandé.

— En paroles, non, mais dans les faits, tu as beaucoup exigé. Et que m'as-tu donné en échange ? Tu n'as même pas été capable de m'envoyer quelques transcriptions de chansons !

— Sois honnête, je t'en prie. Tu les aurais brûlées comme le reste !

— Tu veux que je te dise ? C'est possible. Et tu sais pourquoi ? Parce que ça n'a pas de sens que je m'obstine à écrire de la musique. Personne ne la publiera. Personne ne la chantera. Peux-tu m'expliquer à qui diable ça servirait ?

— À toi. Ça ne te suffit pas ?

— Mais moi... moi je n'en suis plus capable, désormais ! Je n'ai pas les compétences voulues, je n'ai presque pas étudié...

— Sais-tu quel style avaient tes arias ? Celui d'Antonio Salieri. Ça ne te suffit pas d'égaler le chef d'orchestre de l'Opéra italien de Vienne ?

— Wolfgang, sois sérieux... Aucune femme ne compose. »

Il haussa les épaules :

« Tu te souviens de Maria Antonia, la sœur du prince Maximilien ? Celle qui a chanté ton *Cieli, che feci mai* ? avec une voix de chat à qui on tire la queue ? Eh bien, elle écrit des opéras dans le style italien, non ? Il y en a donc au moins une autre dans le monde. »

Elle se tut un long moment, puis murmura :

« Tu me compares à la sœur d'un prince ? N'étions-nous pas Roi et Reine, nous deux ? »

Cette après-midi-là, la comtesse Katharina von Esser était d'une humeur exécrable. Peut-être commençait-elle à se rendre compte que sa petite fille jouait toujours aussi mal que lors de sa première leçon. Chez elle, elle l'exhortait à s'exercer et Barbara obéissait un moment, mais dès que sa mère sortait pour une visite elle rabattait le couvercle du clavier et passait à des jeux plus amusants. Son père lui avait fait cadeau d'un merveilleux automate : une oie capable de battre des ailes, de se lisser les plumes, de becqueter sa nourriture, de la digérer et même de faire caca ; elle l'adorait et la gavait de ses goûters ainsi que d'immondes pâtées de raisins secs et de boue. Ou alors c'était sa poupée préférée parmi les dizaines qu'elle possédait, ou encore un pantin aussi grand qu'elle et qui pouvait endosser les mêmes habits, les jupes de voile ou de brocart, les coiffes et les chapeaux de promenade ; mais il était inanimé et n'était pas forcé de jouer du clavecin : quelle chance il avait ! Le jour de la leçon était pour la petite comtesse le plus pénible de la semaine, et elle aurait fait n'importe quoi pour éviter cette corvée, mais les parents ont des principes éducatifs qui ne peuvent être discutés, et donc elle se bornait à jouer le plus mal qu'elle pouvait, dans l'espoir que sa mère, tôt ou tard, se découragerait.

Nannerl ne semblait pas être en état de l'écouter. Elle était assise près d'elle sur le sofa et, tandis que la comtesse s'éventait nerveusement, elle restait perdue dans ses pensées. Elle ne parvenait plus à se retrouver dans ses sentiments qui oscillaient en permanence entre la frustration et la satisfaction, la volonté d'agir et une terrible sensation d'impuissance. Se concentrer sur ces mouvements de son âme était un acte particulièrement amer, aussi préférait-elle s'en tenir aux tâches élémentaires et à son travail, et ne pas réfléchir ; mais quand le travail s'avérait infructueux, comme dans le cas de Barbara, elle retombait sans recours dans un gouffre d'avilissement et sentait que sa vie était privée de sens.

Soudain, la porte s'ouvrit et deux personnages hilares apparurent : Wolfgang et Mlle Jeunehomme. Ils se tenaient le ventre, se donnaient des coups de coude, se bousculaient l'un l'autre dans un ricanement hystérique provoqué par on ne savait quoi ; la présence de Nannerl et de ses hôtes ne les freinait pas, elle semblait même les amuser encore plus. Barbara cessa de jouer, indécise, et même les battements d'éventail de la comtesse marquèrent un temps d'arrêt.

« Pardonne-moi, ma petite sœur chérie... » Tout en parlant, Wolfgang n'interrompait pas son ricanement. « Veuillez nous excuser, madame la comtesse, nous voulions juste... juste... » Brusquement, il se tut, et poussa la Jeunehomme hors de la pièce en plaquant les mains sur ses hanches, puis il tenta d'étouffer un nouveau rire qui lui sortit par le nez comme un grognement de porc et apostropha Barbara :

« Nous voulions juste te féliciter pour ton merveilleux talent musical ! »

Après quoi, il sortit en claquant la porte.

La comtesse semblait paralysée. Il était clair comme le jour qu'ils les tournaient toutes les trois en ridicule et, si sa bonne éducation ne l'en avait empêchée, elle les aurait à coup sûr abreuvés d'injures. Ce fut Nannerl qui, sautant sur ses pieds, se précipita derrière eux : elle courut à la porte, l'ouvrit et, au fond du couloir, vit les deux complices, bras dessus, bras dessous, qui se moquaient d'elle en l'imitant.

Elle revint dans la salle, la traversa rapidement, puis retourna sur ses pas, la traversa de nouveau, en se tordant les mains, en écumant de rage. Au bout d'un instant, Barbara, que l'incident laissait de bois, demanda :

« Qu'est-ce que je fais ? Je recommence ? »

Sans répondre, Nannerl continua d'arpenter la pièce, et, avec un soupir, la petite fille réattaqua.

Les mains de la gamine semblaient jouer l'une contre l'autre plutôt qu'ensemble. Indéniablement, elle le faisait exprès. Ces deux-là l'écoutaient certainement et continuaient à se moquer d'elle et surtout de son professeur. Wolfgang et la Française étaient deux canailles, insolentes et cruelles, mais ils avaient raison ! Car Barbara avait incontestablement un talent, et un seul : celui de réduire un charmant petit morceau musical à une cochonnerie. En passant par ses mains, ce que l'auteur avait conçu devenait méconnaissable. Pour quelle raison fallait-il qu'elle, une Mozart, subisse un pareil affront ? Et pas seulement un, mais une longue série ! L'enseignement pouvait avoir un sens, quelles qu'en soient les conditions, mais le reste n'était qu'humiliations ; c'était la négation de ses compétences professionnelles et de son talent ; c'était un mensonge accepté par tous. Ses élèves étaient en général peu douées, elle le savait mais ne pouvait le leur dire, et même sa mère s'en rendait compte mais ne le dirait jamais, et les parents de ces petites filles aussi en étaient conscients mais continuaient de faire semblant pour une pure question de convenances. Et pendant ce temps Barbara s'acharnait à taper sur les touches de façon de plus en plus intolérable. Maintenant elle jouait très fort, peut-être pour attirer l'attention, ou peut-être parce que c'était sa manière à elle de souligner le grotesque de la situation. Eh bien, cela prouvait que la petite comtesse était la seule personne digne, dans ce tas d'hypocrites ! Elle détestait la musique et ne simulait pas le contraire. Elle ne venait là que parce que son idiote de mère le voulait, et elle ne se souciait pas de faire comme si ça lui plaisait. Elle aussi était une victime, tout à fait comme Nannerl. Il fallait l'aider à se libérer de son joug. Il fallait au moins faire quelque chose pour elle…

« Bon Dieu ! cria Fräulein Mozart de toute la force de sa voix. Tu es nulle, Barbara ! Tu es nulle en musique ! Tu dois arrêter de prendre des leçons ! C'est perdre son temps ! »

Pour la première fois depuis qu'elle la connaissait, la petite comtesse lui sourit avec une immense gratitude et, en cet instant, elle réussit même à paraître jolie. Katharina, en revanche, mortellement offensée, prit sa fille par la main et la traîna hors de la maison Mozart avec la ferme intention de ne plus jamais y remettre les pieds.

« Qu'est-ce qu'il y a entre cette Française et toi ? »

Elle avait fait irruption dans la cuisine où, au cœur de la nuit, Wolfgang transcrivait des partitions à la lueur d'une lampe à huile. Le jeune homme leva sur sa sœur un regard ostensiblement froid.

« Rien. Et, dans tous les cas, qu'est-ce que diable ça peut te faire ? » Puis, impavide, il trempa sa plume dans l'encrier. « Oh, la barbe, j'ai fait une tache. Peux-tu me passer un torchon propre ? »

Elle s'approcha, troublée :

« Où est la tache ? »

Elle la chercha sur le manuscrit, mais ne la trouva pas. Elle vit en revanche une partition pour piano-forte dans une écriture élégante qu'elle connaissait bien et qui ressemblait beaucoup à la sienne, avec ces fines accolades sur la gauche de la feuille et la bizarre inclinaison des doubles barres vers la droite. Puis, sur la portée supérieure, elle distingua une nuée de notes, brèves, serrées, procédant par un grand nombre de croches, le tout très compliqué et d'un effet sûr : un morceau pour d'authentiques virtuoses.

« Qu'est-ce que tu écris ? demanda-t-elle, vaguement alarmée.

— Un concerto, comme tu l'as fort bien compris. Pour piano-forte, naturellement, et pour instruments à cordes, deux hautbois, deux cors… Le titre portera le nom de l'artiste qui l'interprétera devant six cents personnes. Ou peut-être même plus, nous l'espérons bien. Le *Jeunehomme Konzert* ! Tu ne trouves pas que ça sonne bien ? Il plaît beaucoup à papa. »

Glacée, elle lui tourna le dos et s'en alla. Il hurla derrière elle :

« N'as-tu pas dit que tu ne voulais plus jouer ? Et que devrais-je faire, Nannerl ? Arrêter de composer pour t'imiter ? »

Effectivement, ils étaient plus de six cents. Que peut-on imaginer de plus appétissant que l'étoile de la ville écrivant un concerto et le dirigeant pour l'étoile internationale ? Tous les Salzbourgeois s'identifiaient à Wolfgang et étaient fiers de lui, ce qui les rendait du même coup fiers d'eux-mêmes. Le foyer du théâtre débordait, une foule en délire se bousculait à l'entrée, et des gardiens étaient prêts à verrouiller les portes pour limiter l'afflux. Les plus avisés se rendaient directement dans la salle pour s'assurer une place, et ceux qui ne pouvaient renoncer à bavarder un peu se fâchaient parce qu'ils se faisaient marcher sur les pieds. Ils étaient tous là : nobles, bourgeois, conseillers du prince, collègues musiciens, amateurs, quelques marchands d'instruments, directeurs de théâtres concurrents, et aussi un petit détachement de militaires, et encore Katharina von Esser, Johann Baptist von Berchtold zu Sonnenburg, le révérend père Bullinger, et Armand d'Ippold avec Victoria.

Mais Nannerl n'y était pas.

Leopold et Anna Maria, se serrant l'un contre l'autre, se frayaient un chemin dans la cohue ; l'homme était en proie à une irrépressible anxiété, comme si ce concert avait été le sien.

« Je vais vérifier que tout est en place. Toi, reste ici », ordonna-t-il, et il se dirigea vers la salle.

Frau Mozart, un peu désorientée, inspecta les alentours à la recherche d'un visage connu ; tous ces gens semblaient plus grands qu'elle, et elle ne distinguait que des perruques imposantes, des nuques aux nattes semées de fleurs et des poitrines constellées de décorations. Tout d'un coup, une brèche s'ouvrit dans la foule, au fond de laquelle elle entrevit la comtesse von Esser en compagnie du comte son mari et d'un autre couple aristocratique. Katharina portait l'un de ses plus beaux atours, une *robe à l'anglaise*, ample mais de lignes simples, avec des *paniers* de dimensions réduites : le dernier cri de la mode. Anna Maria, qui devait se contenter de la robe lie-de-vin réservée aux concerts de la Cour, se sentit vêtue comme une pauvresse, mais elle savait son amie indulgente envers son manque de moyens et la rejoignit avec un grand sourire. Un sourire qui s'effaça à l'instant.

« Où est votre rustre de fille ? l'apostropha la comtesse. Est-elle restée à croupir dans sa médiocrité ? »

Frau Mozart tenta de demander des explications, mais les mots ne sortaient pas de sa gorge. Le comte la toisait d'un air hautain.

« C'est la mère de la fameuse Nannerl ? s'enquit-il.

— Parfaitement », répondit la comtesse, puis elle se tourna vers ses amis : « La fille de madame est une créature à l'esprit vulgaire. Elle a osé traiter ma Barbara d'une manière impardonnable, et sous mes yeux ! Il faut bien l'admettre : les roturiers resteront toujours des roturiers. Venez, chers amis, il est temps d'aller occuper nos places. »

Et elle partit la tête haute.

Dans le foyer qui se vidait en direction de la salle, Anna Maria demeura immobile, laissant les gens la bousculer. Des larmes d'ahurissement et d'humiliation perlaient à ses paupières. Elle vit une causeuse vide et s'y laissa choir, en tentant de reprendre ses esprits ; elle tira un mouchoir de son sac, ferma les yeux et se les tamponna, gâchant tout son fard. La première chose qu'elle vit quand elle les rouvrit fut une paire de jambes masculines bien tournées, moulées dans des *culottes* arrêtées à mi-mollets par un joli ruban. L'homme mit un genou en terre et lui prit les mains. C'était Johann Baptist von Berchtold zu Sonnenburg.

« Votre fille n'a rien de vulgaire, Frau Mozart, dit-il avec chaleur et gentillesse. Les nobles de naissance sont bien peu de chose, croyez-moi. On peut acheter la noblesse, mais jamais le génie : il est inné, et réservé à quelques élus. Et votre fille est une élue. Vous savez que j'ai raison... »

Anna Maria tenta de nouveau de sécher ses larmes.

« Oui, mais Nannerl devrait corriger son caractère, une bonne fois pour toutes... elle doit vraiment le faire, crénom ! Elle ne peut pas être aussi dure avec les gens, ou elle fera le vide autour d'elle. Elle deviendra une vieille fille, seule, aigrie et méchante...

— Non, Frau Mozart, n'ayez crainte, elle ne le sera jamais...

— C'est pourtant la vérité ! Et si, par malheur, je n'étais plus là, que deviendrait-elle ? Je peux très bien mourir subitement d'une maladie quelconque. Cela peut m'arriver plus tôt qu'on ne croit...

— Mais que dites-vous, madame ? Vous êtes si jeune ! »

Anna Maria lui effleura la joue bien rasée, dans un mouvement de tendresse maternelle, et murmura :

« Baron, vous étiez tout à fait l'homme qu'il fallait à ma fille. C'est vraiment dommage... »

Là-dessus, elle se leva et gagna la salle d'un pas las.

Elle y fut accueillie par le charivari des instruments que chaque musicien accordait sans se soucier de son voisin. Il n'y avait plus une seule place libre et les gens se pressaient, debout, le long des murs, mais par chance son mari avait eu la bonne idée de réserver deux fauteuils au premier rang. Il était sur la scène et adressait, surexcité, des recommandations à Wolfgang, lequel, en revanche, semblait fort tranquille et sûr de son affaire. Un hautboïste l'appela pour lui demander quelque chose, il le rejoignit et lui donna d'un air rassurant quelques indications sur la partition, puis, poliment mais fermement, il raccompagna son père à sa place et prit congé de lui.

C'était le moment. Herr Mozart s'assit à côté de sa femme. Les musiciens arrêtèrent d'accorder leurs instruments, et le silence se fit également dans le public. Mlle Jeunehomme entra, s'installa, l'air concentré, devant le piano-forte, et Wolfgang, d'un geste décidé, donna le tempo.

Au même instant, dans la maison Mozart, la clef du piano-forte tournait, ouvrait la serrure, puis tombait par terre et disparaissait sous l'instrument. La partition du concerto était déjà sur le pupitre : une copie réalisée par Nannerl en cachette de son frère. Fräulein Mozart est seule dans la salle de musique éclairée *a giorno* par des lampes et des chandeliers ; elle contemple ses mains dont les ongles sont enfin courts... et elle joue !

Il n'y a personne pour l'entendre. Elle peut jouer à sa guise. Toute la famille, toute la ville, sont au théâtre. Nul ne le saura jamais. Pas même Wolfgang. Pas même Victoria. Et surtout pas la Jeunehomme.

Les deux pianistes jouent à l'unisson. La même maîtrise

et la même fougue. Le même abandon et la même sûreté. La même sueur qui, au bout de quelques minutes, coule des deux fronts diaphanes sur les deux claviers. L'unique différence est que Nannerl est seule, tandis que l'autre est le point de mire d'un public attentif et tellement charmé qu'il se laisse parfois aller à applaudir chaleureusement entre deux mouvements. Car il est surprenant, le *Jeunehomme Konzert*. C'est quelque chose qui n'avait jamais été tenté jusqu'à ce jour, et Nannerl sait qu'elle ne serait pas capable d'écrire une musique aussi novatrice. Mais elle est capable de la jouer. Le piano-forte en est le personnage central dès les premières mesures. Il dialogue avec l'orchestre, les deux s'opposant d'une manière enthousiasmante, créant presque une sorte de contraste théâtral qui vous entraîne au cœur de l'action dès le lever du rideau. Puis cette série de variations que son frère a établies de façon irrévocable, ne laissant nulle place aux tentations de l'interprète, les trilles et les cadences les plus originales qui aient jamais été conçues ; le second mouvement, plus lent et d'une sobre beauté, dont certains passages semblent inspirés d'un récitatif d'opéra ; enfin le très rapide rondeau avec au beau milieu le *minuetto* déconcertant et reposant, une oasis au cœur de la frénésie pure...

Et voici que la Jeunehomme a une petite défaillance. C'est étrange : peut-être la jeune femme est-elle fatiguée, peut-être a-t-elle voulu aborder cette partie trop vite, peut-être est-elle secrètement fâchée parce qu'elle aurait voulu élaborer les cadences elle-même, comme elle l'a toujours fait. C'est une erreur presque imperceptible, mais Wolfgang ne peut pas ne pas la remarquer, et il ne réussit pas à réprimer une grimace. Elle s'en aperçoit, et cela la rend encore plus nerveuse, ce qui fait qu'elle a une autre petite faiblesse. Wolfgang commence à s'inquiéter sérieusement. Leopold, lui aussi, est tendu. Espérons que le public ne s'est aperçu de rien.

Nannerl, en revanche, garde toute sa maîtrise ; elle exécute brillamment chaque passage ; elle exprime chaque nuance avec la puissance d'une passion réprimée qui n'attendait que le moment d'éclater. Ce n'est plus elle, ce n'est plus la jeune fille rancunière et rude, elle est de nouveau capable de créer et de s'émouvoir, d'atteindre le cœur de l'humanité, de le faire vibrer et de le relier au divin qui se trouve en nous. Mais, tout d'un coup, elle lève les mains du clavier; elle regarde autour d'elle et perçoit son angoissante solitude, elle perçoit le silence; elle bondit, court à la porte et sort en filant comme le vent.

Le trajet est long, mais elle le dévore en quelques minutes. Elle n'a pas mis de manteau, mais elle ne sent pas le froid. Elle court vite, toujours plus vite, forcenée, haletante, soulevant ses jupes jusqu'aux aines, et, tout ce temps, l'orchestre résonne dans sa tête, c'est elle et non la Jeunehomme qui joue le concerto. Il n'y a personne devant le théâtre et les portes sont ouvertes. Elle traverse le foyer, cœur battant et gorge serrée, elle entre dans la salle juste à temps pour entendre les accords finals du rondeau et voir la ville entière se lever, dans un tonnerre d'applaudissements et un déferlement d'acclamations étourdissantes !

À cet instant, Maria Anna Walburga Ignatia Mozart cessa de vivre. Et elle devait vraiment s'être réduite à l'état d'une âme incorporelle, car personne ne la remarqua; elle se sentait minuscule, niée, un insecte qu'on écrase; tous, hommes, femmes, enfants, étaient tournés vers la scène et criaient « Bravo ! Bravissimo », autant à l'adresse de la Française qu'à celle de son frère. Et elle, que faisait-elle là, au parterre ? Elle avança de quelques pas, avec l'intention confuse de sauter sur la scène mais, juste à ce moment, son frère et l'autre se prirent par la main et firent ensemble la révérence. Un double salut gracieux, affectueux.

Ce fut la dernière image qu'elle recueillit avant que sa vue ne se brouille. Elle fit demi-tour et sortit de la salle en vacillant, et, tandis que les gens continuaient de s'écorcher les mains et de l'ignorer, elle répétait, dans un murmure : « Maintenant, c'est à mon tour de jouer... »

Le foyer était désert, et ses pas de plus en plus incertains.

Les glaces des murs reflétaient sa silhouette à l'infini et elle la voyait, confuse, déformée, grotesque ; puis elle ne vit plus rien et tomba au sol, inanimée.

Les applaudissements s'éteignaient, et les spectateurs se préparaient à rentrer chez eux ; mais, les précédant, Armand s'approcha de Nannerl. Il s'agenouilla près d'elle et posa sa tête sur sa poitrine pour écouter la respiration, puis, ne la trouvant pas, il chercha les veines du cou. Rassuré, il se releva pour graver dans sa mémoire une image de ce visage si charmant dans son sommeil, yeux clos, traits apaisés, lèvres entrouvertes, privé de cette expression inutilement dure que la jeune fille qu'il aimait tant se forçait à arborer.

Après quoi le major prit Nannerl dans ses bras et la porta dehors. Personne n'eut le temps de la voir. Seul Baptist les suivit du regard, qui s'éloignaient dans la rue déserte, sous un croissant de lune.

Deux gouttes d'eau sur le front, ses yeux s'ouvrirent sur l'obscurité, et un frisson glacé parcourut tout son corps, malgré le gros manteau rêche qui l'enveloppait ; ce ne devait pas être le sien. Elle se rendit compte qu'elle était allongée sur les marches entourant la fontaine dont elle entendait l'eau ruisseler et qu'elle avait la tête posée sur quelque chose de solide, mais de doux en même temps ; elle battit des paupières et découvrit le visage d'Armand au-dessus d'elle, et cette chose solide était ses cuisses.

Elle se redressa d'un coup.

« Attention, Fräulein Mozart... ne faites pas de mouvements brusques », dit le major, inquiet.

Quelle heure était-il ? Combien de temps était-elle restée sans connaissance ? Qu'est-ce que cet homme lui avait fait ?

« Désirez-vous que je vous raccompagne chez vous ? »

Elle fit non de la tête.

« Désirez-vous que je vous apporte un peu d'eau à boire ?

— S'il vous plaît, taisez-vous », murmura-t-elle, et elle serra frileusement le manteau en repliant les jambes.

Le major acquiesça, s'abstint de poser d'autres questions et même de la regarder. Il resta là, assis près d'elle, et elle sentait qu'elle n'existerait plus sans cette présence calme et rassurante.

Après un long silence, elle chuchota :

« Le concert vous a plu ?

— Excusez-moi, je n'ai pas compris ce que vous disiez. »

Elle se tourna pour le dévisager.

« Je voudrais savoir si le concert vous a plu. »

Il haussa les épaules :

« Victoria a voulu à tout prix y aller, et je l'ai accompagnée. D'après elle la musique est magnifique, mais la pianiste a fait quelques "couacs".

— Ce n'est pas possible, Victoria a dû se tromper, dit-elle sans élever la voix, en détournant son regard pour le porter sur la place déserte.

— Nannerl, je ne sais si je peux vous demander cela, mais... pourquoi n'êtes-vous arrivée qu'à la fin ? Avez-vous eu un empêchement ? »

La jeune fille semblait ne pas avoir entendu la question. Elle avait croisé les mains sur ses genoux et, soudain, il en saisit une. Elle était glacée.

« Vous avez froid ? » demanda-t-il.

Le geste l'émut, et elle en fut heureuse. Les mains du major pressaient la sienne, et non seulement elles la réchauffaient agréablement, mais ce contact était parfait. Nannerl lui donna aussi l'autre main. Les doigts de l'homme paraissaient fusionner avec les siens, et ses paumes avaient juste la dimension voulue pour envelopper, presque épouser les siennes. Jamais elle n'avait éprouvé quelque chose de semblable. Elle avait tenu les mains de son frère, de sa mère, elle avait pris dans les siennes celles de ses élèves pour les examiner, des gentilshommes lui avaient baisé la main droite avec déférence, mais cette sensation – oh, cette sensation ! – ne ressemblait à rien de tout cela. Pas de sueur un peu collante, ni de pression gênante ou excessive : sa peau et celle du major semblaient naturellement faites pour s'accorder, se nourrir l'une l'autre et se donner de la force. Peut-être éprouvait-il, lui aussi, le même sentiment. Nannerl baissa les yeux sur cette étreinte et, pour la première fois, elle put observer les mains de cet homme. Elles n'étaient pas beaucoup plus grandes que les siennes : la paume l'était, naturellement, forte et massive, mais les doigts n'étaient pas particulièrement longs ; et le fait qu'Armand n'ait pratiquement pas d'ongles les raccourcissait encore. Comment pouvait-il les tailler ainsi, presque à la racine ? Non, il devait les ronger nerveusement : voilà l'explication. Et non seulement les ongles étaient rognés, mais la petite peau recouvrant les lunules était cruellement arrachée, de même que la pulpe des doigts, en laissant de vilaines taches là où il n'aurait dû y avoir que chair saine et rose.

Il eut un mouvement de gêne.

« Vous devez vous être réchauffée, maintenant, dit-il, un peu honteux, et il croisa les bras.

— Et c'est vous qui devez frissonner…

— Pas du tout. Je suis habitué au froid. Souhaitez-vous rentrer ?

— Comment s'appelait votre femme ? »

L'homme se raidit encore plus et observa un long silence.

« Monika, murmura-t-il enfin, en tournant la tête.

— Et de quoi, précisément, est-elle morte ? »

Il se leva et dit d'un ton maussade :

« Je crois qu'il est l'heure pour vous de rentrer. Votre famille doit s'inquiéter.

— Ça m'est égal.

— Et que voulez-vous faire ? Rester ici toute la nuit ?

— Si vous n'avez pas envie de me tenir compagnie, vous pouvez partir. Bien sûr, je ne peux pas vous forcer. Du reste, Victoria aussi doit s'inquiéter. »

Et elle lui tendit le manteau. Avec un soupir, il l'enfila, et l'épée qu'il portait au côté heurta les marches.

« Je peux la voir ? » demanda-t-elle au bout d'un instant.

Il la dégaina avec précaution et la lui montra, en la tenant par le plat de la lame. Elle brillait sous la lune comme un miroir.

« Avez-vous déjà tué, major ?

— Ce n'est pas le genre de choses dont on se vante.

— Donc vous l'avez fait.

— C'est évident, non ? Pourquoi me posez-vous toutes ces questions ?

— Victoria ne vous en pose jamais ? »

Les traits de l'homme s'éclaircirent.

« Vous la connaissez... Ses questions sont plutôt des ordres. Et il faut bien admettre qu'elle obtient toujours ce qu'elle veut, d'une manière ou d'une autre.

— Elle tient cela de sa mère ?

— Je vous en prie, Fräulein Mozart... Je n'ai pas envie de parler de ça !

— Je comprends. Pardonnez-moi. »

Un autre long silence suivit, mais elle le sentait plus lointain.

« Je ne suis jamais allée chez vous, risqua timidement Nannerl. Où habitez-vous ?

— Pas très loin d'ici.

— Et quand vous vous absentez, cela ne vous inquiète pas de laisser Victoria seule ?

— Mes camarades veillent sur elle. Ma fille ne peut faire un pas sans qu'ils le sachent. »

Nannerl sourit intérieurement en pensant aux manœuvres de Victoria pour entrer au palais au nez et à la barbe desdits camarades. Puis elle dit :

« Victoria veut être concertiste. Je crois qu'elle en a l'étoffe et la persévérance. Ne le pensez-vous pas aussi ?

— Dites-moi plutôt pourquoi vous ne jouez plus. »

Elle n'avait jamais imaginé une conversation comme

celle-là : un subtil échange, une sorte de badinage, presque plaisant, poursuivi peut-être pour obliger l'autre à se découvrir, ou seulement pour voir jusqu'où l'on pouvait aller. Jusqu'où ? Existe-t-il, au bout, une fin vers laquelle on tend inévitablement ?

« Je crois que vous avez raison. Il est temps de rentrer », dit Nannerl en faisant mine de se redresser.

Il se leva et lui tendit les mains, dans un geste protecteur. À son tour, elle réussit à se mettre debout, à grand-peine, en essayant de ne pas se prendre les pieds dans sa robe. Elle était sur la marche supérieure et lui, plus bas, au niveau du sol ; ce faisant, elle se retrouva tout naturellement dans les bras du major. Nannerl et Armand restèrent longuement l'un contre l'autre ; entre les deux corps s'interposaient des couches de tissu, l'épaisseur de l'uniforme, l'étoffe rêche de la robe d'intérieur qu'elle n'avait pas eu le temps de changer, mais ils se donnaient mutuellement de la chaleur et percevaient les battements du cœur de l'autre : Nannerl sut qu'il n'existait pas au monde d'endroit plus beau que cette poitrine.

« Inutile de m'accompagner, dit-elle en se détachant pour partir.

— Vous ne voulez pas le manteau ? »

Elle se retourna, avec un demi-sourire.

« Comment ferais-je pour le justifier ? »

Tandis qu'elle disparaissait dans une ruelle, Armand se dit que cette jeune fille était exceptionnellement libre et forte. Quelle tristesse de penser qu'il était justement à la veille d'une longue mission à Vienne ! Peut-être pourrait-il entreprendre une correspondance avec elle, en se servant de Victoria comme messagère...

AMER INTERLUDE

Salzbourg, 23 juillet 1778

Armand, mon amour,

Pour rien au monde je n'aurais voulu t'écrire cette lettre, et je l'ai longtemps reportée, je me suis occupée de mille choses dont je me tiens habituellement éloignée, et même de certaines qui ne sont pas de mon ressort, pour repousser le moment où, parvenue au fond de ma douleur, l'intensité de celle-ci risquerait de me faire tout rejeter, même toi.

Ma chère mère n'est plus de ce monde... Un mal inconnu l'a ôtée à notre affection, en terre étrangère. Nous ne pourrons même pas faire revenir sa dépouille ; il ne nous est même pas permis un dernier contact, un dernier regard au visage avenant, au front altier, au grand corps si doux de ma mère. L'ultime image qui me restera d'elle est celle d'une femme mécontente de nous quitter, d'une femme qui monte à contrecœur dans une voiture, peut-être consciente qu'elle ne reviendra jamais. Ma mère ne voulait pas aller à Paris avec Wolfgang, mais, dans cette maison, on ne discute pas les décisions de mon père !

Sais-tu ce qu'elle m'a dit, juste avant de fermer la portière ? « Ne fais pas de bêtises avec le major. » Oui, Armand : la dernière fois que j'ai entendu sa voix, elle m'a parlé de toi. Mais que voulait-elle dire ? De quelle bêtise parlait-elle ? Pourquoi ne le lui ai-je pas demandé, alors ? Je ne saurai jamais ce qu'elle voulait dire. Jamais.

Je sais avec certitude, en revanche, que l'instant où j'ai appris la nouvelle restera à jamais gravé au fer rouge dans ma mémoire, comme un rallentando *avant un* da capo, *et que la plaie restera toujours ouverte : mon père qui chancelle et doit s'appuyer au mur, le Révérend Père Bullinger, vieilli et fatigué, qui a les larmes aux yeux, et moi, à la porte, qui écoute leur longue conversation à voix basse et ne parvient pas à croire que cela puisse être vrai. Ma mère, morte à Paris ? Et de quoi, de grâce, est-elle morte ? D'une inflammation des humeurs. Qu'est-ce donc qu'une inflammation des humeurs ? On lui a administré une poudre antispasmodique qui n'a servi à rien ; on lui a tiré deux assiettes de sang qui ne l'ont pas débarrassée des humeurs mauvaises ; elle s'est éteinte, inconsciente, dans les bras de mon frère, de celui qu'elle avait enfanté dans la douleur ; elle s'est éteinte comme s'éteint une flamme. C'est donc vrai ?*

À qui ressemblais-je plus qu'à ma mère ? Autrefois, j'aurais dit : à Wolfgang ! Mais aujourd'hui, non. Aujourd'hui qu'elle n'est plus parmi les vivants, je me sens perdue et inconsistante, prête à me laisser emporter par la première rafale de vent ; un arbre dont un esprit malfaisant a traîtreusement coupé les racines ; un tas d'os et de chair au pied de cet arbre, jeté parmi les feuilles mortes, feuille morte lui-même, et comme une feuille incapable de se mouvoir de lui-même.

À toi

Nannerl

Linz, 30 juillet 1778

Mon tendre, si tendre amour !

Je partage chacune de tes larmes et je t'exhorte à pleurer, à crier s'il en est besoin. Ce n'est pas vrai, mon aimée, que les larmes sont inutiles ; si elles l'étaient, le bon Dieu ne nous les aurait pas données ; elles sont le sang du cœur, et les verser est synonyme de vie. Moi-même, en lisant ta lettre, et à la pensée de ta souffrance, j'ai pleuré. Maintenant, je t'en prie, ma très chère, mon adorée, entre dans le deuil avec chaque fibre de ton corps et de ton esprit ; immerge-toi dans la boue glacée de la douleur et, immobile, laisse-la te pénétrer ; puis, quand tu l'auras fait pendant tout le temps qui te sera nécessaire, recommence à vivre, dans la certitude que c'est ce que ta bonne mère exigerait de toi, et rien d'autre.

Mille questions angoissées se pressent en ce moment dans ton esprit, j'en suis sûr ; et je peux entendre ta quête désespérée d'une réponse, la seule juste, la seule qui t'apaiserait, la seule qui te permettrait de transformer ta douleur en une arme pour frapper, comme toi-même tu as été frappée. Ton père n'aurait pas dû envoyer Frau Mozart à Paris ? Ton frère, quand elle est tombée malade, ne l'a pas soignée comme il le fallait ? Toi-même, tu aurais pu t'opposer résolument à ton père, comme tu n'as jamais réussi à le faire, et le convaincre de renoncer à ce nouveau projet insensé ?

Ne te complais pas dans ce néfaste exercice, mon amour, je t'en supplie ! Mon expérience du deuil m'a enseigné qu'il n'y a pas de responsables. Il n'y en a pas, Nannerl ! Crois-moi, mon amour ! Empêche donc ces tristes interrogations de te ronger ; ne t'oppose pas à elles, car les combattre peut même les renforcer ; évite seulement de chercher des réponses, et de la sorte, petit à petit, je te jure que tu n'entendras plus leur voix.

Peut-être chacun de nous naît-il avec une destinée déjà écrite, et peut-être la disparition de ta bonne mère répond-elle à quelque dessein bénéfique dans ce Cosmos que nos esprits bornés ne parviennent pas à concevoir. Sois sûre que chaque fois qu'elle t'observe du Ciel, si tu es heureuse, elle l'est avec toi ; sois sûre que ta mère est près de toi à chaque instant, amoureuse et invisible présence, vigilante et tendre.

Avec tout l'amour de ton

Armand

Salzbourg, 7 août 1778

Mon très cher,

Je te remercie de tes paroles, délicates et perspicaces, comme toujours. Je porte constamment sur moi ta belle lettre, bien pliée sous mon corsage, et, dans les moments de profond désespoir, les moments où tout m'apparaît vide et dénué de sens, je la relis et la serre contre mon cœur comme j'aimerais serrer tes mains généreuses et chaudes. Je remercie Dieu chaque jour de m'avoir permis de te rencontrer, Armand. Je ne parviens pas à imaginer ce que serait ma vie si je ne t'avais pas…

Crois-tu, mon amour, que l'on puisse vieillir de dix ans en si peu de temps ? Je crains que ce soit ce qui arrive à mon père. Ses gestes sont devenus plus lents et comme bridés par une force intérieure, et, chaque fois qu'il fait un pas, il semble sur le point de s'effondrer ; et cela n'aurait pas manqué de se produire si Tresel n'avait accouru à son secours. La canne qu'il prenait pour ses promenades lui est devenue indispensable et, à la maison (car il refuse obstinément de sortir), ses pas résonnent lugubrement. Il s'est courbé, comme une plante sur une terre aride, il s'est desséché comme le foin en été, et sa peau est devenue toute grise. Il semble plus léger, et je suis certaine que, si besoin était, je pourrais le porter sans peine. Il se plaint de douleurs au ventre et dans les os, et reste assis dans son fauteuil avec une couverture sur les jambes ; il s'enferme dans sa chambre où il reste immobile et muet des journées entières…

Les connaissances, dès qu'elles ont appris la nouvelle, se sont empressées de nous rendre visite : les von Esser (la comtesse a momentanément oublié de me détester et s'est montrée fort compatissante), le marquis von Rinser (le père affectueux d'une de mes élèves, qui a apporté des douceurs et une corbeille de fleurs) ; même le baron Johann Baptist von Berchtold zu Sonnenburg est venu nous présenter ses condoléances (et son chagrin, je dois l'admettre, n'était pas feint) ; mais mon père n'a voulu voir personne. Son attitude est réellement préoccupante, et je ne m'y serais jamais attendue. Nous sommes toujours persuadés de connaître à fond les êtres qui nous sont chers, mais la nature humaine réserve des surprises… Qu'en penses-tu, mon amour ?

Le projet d'une vie avec toi, Armand, s'est nécessairement éloigné dans le temps. Pour l'heure, je ne puis laisser mon père seul; avant tout, je dois attendre que mon frère soit revenu de l'étranger; je dois attendre que mon père se ressaisisse au moins un peu. En ce moment, ma place est près de lui, et mon devoir est d'en prendre soin, de le consoler, de lui rendre, si possible, la vie moins odieuse. Dès que tu rentreras, mon amour, nous pourrons nous revoir, naturellement ; tu continueras de fréquenter cette maison, et mon père lui-même sera content de ta présence, je te l'assure ; mais pour l'épilogue tant désiré de notre amour, ou plutôt pour son début, toi et moi devrons encore attendre.

Ce sera néanmoins une douce attente, je l'espère, qui ne nous empêchera pas de caresser dans notre cœur l'image de son dénouement, une cérémonie religieuse simple mais intense, une petite demeure accueillante dans laquelle nous irons vivre, toi et moi, une nouvelle famille, avec Victoria.

Celle qui plus que jamais est tienne, et pour toujours,

Nannerl

Linz, 15 août 1778

Mon aimée,

Voici une nouvelle qui, je l'espère, te réjouira ; mes fonctions dans l'armée pourraient changer ! Je t'en parlerai plus en détail dès que ce sera possible, mais je veux que tu le saches dès maintenant, pour que cela vienne enrichir tes projets d'avenir. Les nouvelles dispositions, donc, permettraient que je ne sois plus assujetti à de fréquents voyages, déplacements et ambassades loin de chez moi, loin de toi et de ma Victoria, mais que je reste remplir mon devoir à Salzbourg même ! Tu en es heureuse, n'est-ce pas ?

Dans ces conditions, mon adorée, notre attente n'en sera que plus douce ; elle sera l'épice qui donne sa saveur aux mets ; elle sera (si tu me permets cette incursion sur ton territoire) la suspension de toute résolution harmonique qui, plus elle est savamment retardée, plus, lorsqu'elle arrive, satisfait l'attente de l'auditeur. D'où me viennent ces connaissances ? Et si je te disais que c'est Victoria qui me les enseigne ? Tu pourras le faire toi-même un jour, pour peu que tu le veuilles, quand nous vivrons ensemble, si tu ne trouves pas humiliant de transmettre un peu de ta science à un officier qui chante faux... celui-là même qui, aujourd'hui, te jure, Nannerl, de t'aimer, de te protéger chaque jour que le Seigneur nous donne, et te rendre heureuse autant que tu le mérites. Être avec toi, mon amour, être tous les deux, signifiera être à la fois infiniment libres et bien plantés dans la bonne terre fertile ; n'aie pas peur : aucun esprit malfaisant ne réussira à couper traîtreusement les racines, car je le combattrai et le vaincrai ; notre vie commune sera un tête-à-tête sans fin, un partage sans fin, un enchaînement sans fin de nos pensées et une communion sans fin de nos souffles...

Je vois venir le moment où tout cela se réalisera ; ce ne sera pas demain, mon adorée, mais bientôt. Et je le vois déjà...

SECONDE PARTIE

Le Galant Militaire

Six mois manquaient encore avant la célébration de ce mariage qui n'eut jamais lieu. Victoria gravissait l'étroit escalier, ses mains de pianiste relevant soigneusement ses jupes en découvrant deux escarpins de soie bleue brodés de fausses perles. Elle arriva sur le palier, laissa retomber les plis de sa robe qui balaya le sol de tous côtés et qu'elle remettrait le soir dans sa garde-robe après l'avoir méticuleusement brossée ; puis elle empoigna le heurtoir pour frapper à la porte, mais, de l'intérieur, une force tira celle-ci qui s'ouvrit toute grande : et, telle une barque surgissant de la tempête, apparut le père Jakob.

« Fräulein d'Ippold, quel plaisir de vous rencontrer ici ! s'exclama-t-il avec une mimique contrainte. Si j'en crois les aimables propos qui me sont revenus aux oreilles, mon église n'est pas digne de votre art musical ! »

C'était un petit prêtre mielleux qui passait son temps à rajuster sa collerette et, quand il ne le faisait pas, à se frotter les mains, ou bien à tourmenter les pages d'une bible crasseuse qu'il portait toujours sur lui et qui tombait en morceaux. On pouvait certes penser qu'il n'aurait pas dû maltraiter ainsi la parole du Seigneur, mais cette apparente négligence était censée donner un témoignage public de son empressement, en toute occasion, à consulter les pages sacrées.

« Oh… bonjour, mon père, répliqua Victoria, mal à l'aise. Ce sera donc vous qui officierez ?

— En personne. Même si l'office, contrairement à mon habitude, sera plutôt expéditif: peu d'invités, presque tous des militaires, d'ailleurs... et pas de musique du tout!

— Vous ignorez peut-être que l'orgue n'est pas mon instrument... Je n'ai jamais rien compris aux pédaliers...

— Fräulein Mozart m'a déjà mis au courant.

— Et puis je prépare un petit concert pour la réception après le mariage, et il est inutile que je joue plusieurs fois...

— Ce point-là aussi m'a été abondamment exposé. Excusez-moi, mais je n'ai pas le temps de converser davantage. Votre père est ici, et il vous attend. Au plaisir de vous revoir.»

Il fila en relevant sa soutane et dévala les marches comme s'il descendait aux Enfers.

Victoria devait souvent repenser à cette rencontre et constater que, si elle avait prêté plus d'attention au ton déplaisant du pasteur des âmes, cela aurait mieux valu pour tout le monde; mais (comme elle se le disait tout de suite après) refaire le monde est un exercice oiseux, et mieux vaut se concentrer sur le présent. Dès qu'elle eut entendu le choc sourd de la porte de la rue qui se refermait, elle entra. L'appartement était vide de meubles, il y régnait une agréable odeur de peinture, et le bruit des pas sur le parquet résonnait entre les cloisons; aussi marcha-t-elle sur la pointe des pieds, guidée par le son des voix, pour rejoindre les fiancés juste à l'entrée de la chambre secrète.

«J'aimerais que cette pièce soit toute pour toi», disait Armand à Nannerl, et, dès qu'il vit sa fille, son ton hésitant parut se raffermir. «J'espère que les ramages peints sur les murs sont à ton goût... Pour moi, dans l'ensemble, on dirait presque un jardin. Je crois que ton vieux clavecin serait parfait au milieu. Herr Mozart a dit que nous pourrions le prendre...

— Et pourquoi ne pas le mettre dans le salon à côté du piano-forte? demanda Nannerl, perplexe.

— Parce que tu auras besoin d'être au calme pour...»

Il s'arrêta et regarda de nouveau sa fille, à la recherche d'un soutien, mais celle-ci n'intervint pas.

« ... pour composer », lança-t-il d'un coup, et, très vite, il ajouta : « Si tu en as envie, bien entendu, mon amour ! Ce que je veux dire, simplement, c'est que, si jamais tu décides de t'y remettre, ce sera l'endroit idéal. . »

Nannerl changea brusquement de conversation :

« Tresel va retourner à Sankt Gilgen. Elle veut vivre avec son fils et ses petits-enfants, et il est bien temps qu'elle se retire, la pauvre femme. Nous devrons trouver une autre domestique... et où sera, s'il te plaît, la chambre de la domestique ?

— À côté de la cuisine, dit Victoria. Et Thekla, quand arrive-t-elle ?

— À temps pour être ma demoiselle d'honneur. De toute manière, elle écrira sûrement pour me donner la date...

— Parce que ta cousine sait écrire ? »

Nannerl ne parut pas amusée :

« Ce n'est pas un aigle et elle ne comprend rien à la musique, mais elle n'est pas sotte, affirma-t-elle. As-tu un motif quelconque, que j'ignorerais, de lui en vouloir ?

— Pas du tout ! Mais Thekla est si différente de toi, tu comprends... On ne dirait même pas que vous êtes parents.

— Wolfgang et moi ne nous ressemblons pas beaucoup non plus, si tu prends les choses comme ça, murmura-t-elle. Et voilà notre chambre ! N'est-ce pas, Armand ? Ou bien est-ce celle de Victoria ?

— À vous de décider : moi, les deux me plaisent. Celle-ci est plus bruyante, mais c'est la plus grande. »

C'était aussi la plus belle et, sur les murs, le peintre particulièrement inspiré s'était surpassé. Le plafond voûté était bleu ciel, constellé de nuages légers et cotonneux, et un groupe d'Amours joufflus aux mains pleines de fleurs semblait prêt à répandre une nuée de pétales. Les murs étaient d'une blancheur de lait, et l'artiste n'avait déployé son art que dans les coins en dessinant des buissons de plantes grimpantes parsemés de roses sans épines ; le sol était d'une couleur verte qui évoquait une prairie, comme pour inciter à se déchausser et à en savourer le contact. Nannerl alla au centre et pivota sur elle-même, bras croisés ; pourquoi Armand avait-il abordé ce sujet ? Mieux valait ne pas approfondir, sinon ils risquaient de se disputer. Il était là, dans son éternel uniforme, et elle ne désirait qu'une chose : qu'il la prenne dans ses bras, qu'il la caresse et la morde sur tout le corps. Ce serait dans cette chambre ou dans l'autre que, bientôt, elle connaîtrait les sordides délices auxquelles se livrent les époux... À ce moment seulement, elle commencerait à vivre pour de bon ! Combien d'années lui restait-il encore ? Trente, peut-être. Elle avait passé la moitié de son temps sur cette terre en tentatives pour s'affirmer, prendre ses distances, s'évader... et la nouvelle condition qui s'ouvrait devant elle ne serait plus une fuite, mais une initiation...

Par la fenêtre lui parvint le fracas d'une voiture qui passait. Oui, cette pièce était vraiment bruyante, et, à cet instant, Victoria espéra de tout son cœur que Nannerl la choisirait. Mais celle-ci ne dit rien, ouvrit les volets et regarda au-dehors : sur le quai de la rivière arrivait un carrosse princier, long et couvert d'or, traîné par six chevaux, précédé et suivi d'un détachement de gardes. La princesse Maria Antonia, sœur de Maximilien III, était en visite officielle à Salzbourg.

Armand la rejoignit :

« Il y a un éditeur... qui aimerait publier ta musique. »

« Tu devrais avoir le courage de t'exposer, sinon tu ne sauras jamais si tu vaux réellement quelque chose ! C'est le moment, Nannerl, c'est le moment de montrer tes dons de créatrice ! Toutes les conditions sont réunies ! répétait Wolfgang en sautillant dans le salon familial.

— Je n'ai pas envie que tous ces gens puissent acheter ma

musique, affirma Nannerl. Ce serait comme s'ils pouvaient regarder à l'intérieur de moi...

— Sornettes ! Vraiment, ça ne te plairait pas que tout un chacun puisse interpréter un morceau de toi, n'importe où dans le monde ?

— Je n'ai nul besoin de ce genre de satisfactions banales... elles ne sont pas faites pour moi...

— En es-tu sûre ? Petite sœur, tu peux te raconter toutes les histoires que tu voudras, mais ne me demande pas d'y croire : tu as seulement peur que quelqu'un te dise que ta musique ne vaut pas tripette. »

Armand s'interposa, fort de ses talents de diplomate :

« Excuse-moi, mais voilà qui est impossible... n'est-ce pas, cher Wolfgang ? Le talent de Nannerl et ton enseignement ne peuvent que donner d'excellents fruits...

— Mon enseignement ? Ah, parce que je devrais l'aider à composer ? Tu as tout organisé, hein, colonel d'Ippold ! Ton ami éditeur, le mentor... Je suis vraiment émerveillé, tu es l'homme providentiel, lança-t-il, tandis que son regard se faisait sardonique. Ça doit être un effet du pieu que tu as dans le c...

— Veux-tu bien arrêter ? explosa Nannerl.

— Je demande humblement pardon : je ne voulais pas offenser ton futur époux ; du reste, il sait combien il m'est sympathique. »

Il se détourna et tira une langue de plusieurs pouces, qu'ils virent mais préférèrent ignorer pour ne pas aggraver les choses.

« J'oserai même dire qu'il est l'homme parfait », enchaîna-t-il en se promenant dans le salon. « Il t'aime, il te respecte, il te stimule, il te prépare le terrain... et soit dit en passant, cher futur beau-frère, comme s'appelle donc cet éditeur ?

— Aloys Flatscher, répondit Armand à mi-voix.

— Flatscher ? Curieux, je n'en ai jamais entendu parler. Et qui a-t-il publié, jusqu'à maintenant ?

— Divers auteurs... de toute manière, si cela ne te gêne

pas, je préférerais que ce soit moi qui m'occupe de ces questions dans tous leurs aspects... sauf, naturellement l'aspect musical, qui ne concerne que vous deux et personne d'autre.

— Bah... comme tu voudras, fit Wolfgang en haussant les épaules.

— Je t'en remercie de tout cœur. Et maintenant... aurais-tu la bonté de nous laisser seuls un bref instant ?

— Ah, je suis de trop ? Aucun problème, je m'éclipse ! » déclara-t-il en singeant la déception et en gagnant la porte d'un bond. Juste avant de sortir il se retourna : « Si vous bavez en vous embrassant, n'oubliez pas de nettoyer. »

Et il claqua la porte.

Dans le silence qui suivit, Armand s'assit près de Nannerl. Celle-ci, effondrée, déchirée, murmurait :

« Je ne compose plus depuis des années. Je ne saurais pas par quel bout commencer...

— Écris une musique pour moi... tu me rendras heureux. J'en serai rempli de fierté. »

C'était bien la seule raison qui pouvait la pousser à faire resurgir cette part d'elle-même, la plus intime, qu'elle avait profondément enterrée. Tentée, elle reprit :

« Soit ! Mais dans quel genre ? Des morceaux pour pianoforte, ou des arias... ou autre chose ? Pourrai-je en parler avec ce monsieur Flatscher ?

— Pas besoin ; et sois assurée qu'il publiera tout ce que tu écriras.

— Mais pourquoi veut-il publier ma musique ? Que sait-il de moi ? Il ne me connaît même pas...

— Ne t'inquiète pas pour ça, dit-il avec gentillesse. Écris ce qui te plaît, ce que tu aimes depuis toujours. L'opéra dans le style italien continue de connaître une grande vogue : tu pourrais t'y essayer...

— Un opéra entier ? Jamais je n'en serai capable !

— Pourquoi pas ? Tu as le talent, la passion et l'intelligence... Crois-moi, tu n'as rien à envier à cet Antonio Salieri dont on nous rebat les oreilles ! »

Elle n'était guère gâtée par la nature, la cousine Thekla d'Augsbourg, et elle manquait d'éducation et de bonnes manières ; elle était également excessive dans ses démonstrations, plus encore que Wolfgang ; mais elle réussissait à se faire apprécier par ses proches en n'hésitant pas à jouer astucieusement à la petite fille. Elle sauta de la voiture, se précipita sur son cousin en l'étreignant de tout son corps, mains, pieds, bras, jambes et genoux, et en le couvrant de baisers sur le front et les joues mal rasées ; elle s'y piqua les lèvres, mais rien n'y fit, elle continua de l'accabler de ses témoignages d'affection, tandis qu'à demi étouffé il riait aux éclats.

« Wolfgang ! Que je suis heureuse, heureuse de te revoir ! Toi, plus que tous les autres : tu es mon préféré, tu le sais, mon petit Wolfgang chéri ! Mais non, ne sois pas vexé, mon oncle... »

Car sous le porche se tenait aussi Leopold Mozart qui boitait et se montrait de fort mauvaise humeur.

« Cela fait trois heures que je t'attends, explosa-t-il d'une voix fêlée. Tu t'es amusée en route, peut-être ?

— Pardonne-moi, je t'en conjure, mon gentil petit oncle ! » répondit-elle en se jetant à son cou avec une telle force qu'elle manqua de lui briser les côtes. Puis, avec la même fougue, elle le lâcha et s'écria : « Où est Nannerl ? Je veux lui montrer ma robe de demoiselle d'honneur ! »

Fräulein Mozart était à la fenêtre et regardait la scène sans la voir ; elle ne se montra pas à sa famille, n'écarta pas le rideau, ne fit pas de signes de bienvenue. Elle avait dans les mains un gros volume dont, d'un doigt, elle marquait la page qu'elle venait de quitter. C'était un livre lu, relu et souligné, non par elle mais par son frère ; chaque ligne de mots serrés et compliqués était accompagnée d'une portée musicale, comme autant d'exemples de solutions harmoniques. Elle le rouvrit et relut attentivement un passage, puis, songeuse, le referma.

« Pour quelle raison ton sympathique fiancé n'assiste-t-il pas au concert ?

— Parce que je leur ai demandé, à lui et à sa fille, de rester chez eux.

— Tu lui as dit de ne pas venir ? Et il a accepté sans protester ? demanda Wolfgang, en écarquillant les yeux.

— Lui, oui. Victoria a été plus difficile à convaincre.

— Je dois revenir sur ce que j'ai dit : Armand n'est pas l'homme parfait mais le parfait imbécile. Il fait tout pour te plaire, même quand tes exigences sont ridicules !

— Mes rapports avec lui ne te regardent pas.

— Mais ton comportement, si, ne t'en déplaise ! Explique-moi donc : quelle gêne t'auraient causée les d'Ippold ?

— La même que toi. Va t'asseoir dans la salle et cesse de m'embêter.

— Est-ce par envie de te mortifier que tu as décidé d'entendre les arias de la princesse dans la solitude ? Détends-toi et profite de la soirée, Nannerl : c'est le meilleur moyen d'en tirer quelque fruit.

— Je le ferai dès que tu auras disparu ! » lança-t-elle, puis elle alla au buffet, y saisit une coupe de vin et l'avala en deux gorgées.

Les spectateurs les plus zélés commençaient à se presser vers le salon en une procession d'étoffes multicolores qui, pour passer la porte, se rétrécissait avant de s'éparpiller dans les rangées de fauteuils. Intimidée, Fräulein Mozart se réfugia dans l'ombre d'une colonne : elle voyait devant elle une partie du parterre et, juste au fond, dans la loge de l'archevêque, la princesse Maria Antonia, identique en tout point à celle qu'elle avait connue à la Cour de Munich, et peut-être, pourquoi pas, dans les mêmes atours. Elle ne semblait pas du tout vieillie. Elle était sûrement de ces créatures qui, dans leur jeunesse, paraissent plus que leur âge et suscitent la commisération de leurs contemporains autant que le désespoir de leur mère ; mais qui, arrivées à un certain point, s'arrêtent, et tandis que le temps s'écoule inexorablement pour les autres, ne prennent pas une ride de plus que celles qu'elles avaient déjà quand elles étaient jeunes. Juste, peut-être, un peu plus raide, elle attendait que commence la soirée donnée en son honneur : une sélection de ses arias devait être interprétée par une cantatrice qui, jadis, avait été surtout célèbre pour sa poitrine, mais qui, celle-ci s'étant fanée (car elle ne devait rien aux artifices), avait eu l'intelligence d'y remédier en perfectionnant son talent musical : Paulina Eleonora Gellert.

D'un coup, Nannerl se retrouva complètement seule, tandis que le dernier couple de spectateurs allait s'asseoir, et, sa coupe vide à la main, elle se mit à faire les cent pas devant la porte qu'un page avait aussitôt fermée. Les valets s'employèrent à ranger les restes du buffet, comme des machinistes qui enlèvent les décors d'une scène entre deux actes ; ils la connaissaient et ne firent pas attention à elle, ce dont elle leur fut reconnaissante. D'un pas traînant, elle s'approcha de la table et remarqua une coupe de vin qui était restée pleine ; elle l'échangea contre la sienne.

« À votre santé », lui dit amicalement le serviteur.

À l'entrée de la salle, le page l'appela :

« Eh bien, que faites-vous, Fräulein Mozart ? Vous voulez entrer, oui ou non ? »

Elle regarda le serviteur, timidement, comme si elle voulait lui demander un conseil, mais il leva les mains ; alors elle se dirigea vers le page et lui tendit la coupe : « Vous la voulez ? » Et sans attendre la réponse, elle la lui mit dans la main, ce qui le laissa interdit, et elle entra dans la salle.

Elle demeura tout le temps au fond, debout, les épaules collées au mur ; elle voyait son père au premier rang se démener et la chercher des yeux, et son frère, assis à côté de Thekla, lui faire signe de les rejoindre ; mais elle les ignora. Elle ne connaissait pas les arias de la princesse, car elle ne les avait jamais entendues et il n'en existait pas de partitions en circulation ; du reste, elles n'avaient jamais été imprimées, et c'était la première fois qu'elles étaient exécutées publiquement à Salzbourg. Au début, elle ne leur trouva rien de particulier et ne les écouta qu'à moitié en souriant surtout des gestes affectés de la soprano ; mais, peu à peu, elle finit par abandonner son attitude critique pour se laisser emporter, et elle se mit à apprécier la fraîcheur de ces mélodies et la fusion, assez savante, de la musique et des paroles. Soudain, elle ouvrit son sac, en tira un carnet et un crayon pour prendre rapidement quelques notes ; tout en écoutant, elle mordillait l'extrémité du crayon, puis elle écrivait d'un geste automatique, de plus en plus souvent et avec de plus en plus de fougue : au terme du dernier air, elle avait rempli toutes les pages.

Elle remit le carnet dans son sac, s'élança hors de la salle avant même que n'éclatent les premiers applaudissements et dévora la distance qui la séparait de la maison. Elle se sentait le cœur léger, et un doux sourire se dessinait sur ses lèvres. Il lui semblait être revenue à son enfance ; ou, plutôt, pouvoir revenir à son enfance pour peu qu'elle le veuille vraiment ; pour peu qu'elle accepte de retrouver les émotions perdues. Il suffisait de se laisser aller à un petit exercice de l'esprit ; un exercice aussi simple qu'un claquement de doigts et beaucoup plus agréable ; et si elle avait su que c'était si simple et si agréable, elle n'aurait pas gâché des années de sa vie à… Mais non, rien n'avait été réellement gâché ! Désormais, toute son expérience passée allait être transfigurée et réinventée parce que, comme le disait justement son frère, l'heure était venue de faire resurgir ses dons de créatrice !

Elle se débarrassa de son manteau, prit un chandelier et

traversa rapidement les pièces plongées dans l'obscurité ; elle s'arrêta devant une porte, frappa et chuchota :

« Tu es encore éveillée ? »

Avant même d'avoir obtenu une réponse positive, elle fit irruption dans la chambre. Tresel, la vieille Tresel, toute chenue, était assise sur son lit en chemise de nuit.

« Je veux composer un opéra, annonça Nannerl. Un opéra entier ! *Le Galant Militaire !* Je le dédierai à Armand ! »

Pour tout commentaire, la servante répondit d'une voix caverneuse :

« Il était temps ! »

Là-dessus, elle se coucha et éteignit la lampe.

En réalité, Tresel n'avait jamais aimé les d'Ippold et ne voyait pas ce mariage d'un bon œil. Jusqu'aux derniers moments de sa présence dans la maison Mozart, elle continuait de travailler avec l'énergie obstinée d'une femme beaucoup plus jeune, faisant le ménage, les courses et la cuisine, et, un jour de lessive, elle l'avait dit ouvertement à Nannerl. L'eau bouillonnait et fumait dans le grand chaudron qui tremblait, et elle remuait énergiquement le linge sale avec une grosse louche en bois. La vapeur diffusait les mauvaises odeurs et se déposait sur ses cheveux gris en dégoulinant le long de ses joues striées de petites veines. Deux taches sombres marquaient ses aisselles et, régulièrement, une goutte de sueur tombait de son front dans le chaudron où elle allait rejoindre toutes les sanies de ses maîtres ; Fräulein Mozart avait l'impression qu'elle se trouvait elle-même dans l'eau bouillante au milieu des draps souillés, et que c'était elle que la servante frappait de sa louche.

« Je sais ce que tu penses, avait-elle affirmé. Que, vu la fille qu'il a, cet homme ne doit pas valoir grand-chose. C'est bien cela, non ? »

Tresel avait passé le dos de sa main sur son front et avait repris sa besogne. Nannerl avait insisté :

« Cela fait longtemps que j'ai pardonné à Victoria de m'avoir volé ma partition. C'est de l'histoire ancienne... Se peut-il que tu lui en gardes toujours rancune ? »

Tresel s'était bornée à hocher légèrement la tête, comme devant une gamine trop bête ou trop entêtée pour comprendre les choses les plus élémentaires. Puis elle avait étalé les braises car, petit à petit, le feu était en train de s'éteindre, et, avec force précautions, elle avait retiré un peu d'eau du chaudron afin d'en avoir de réserve pour la prochaine lessive ou pour le prochain bain. Ce faisant, elle avait murmuré :

« Tu te trompes. Cette fille est la dernière de mes pensées.

— Alors, quel est le problème ? »

Tresel lui avait adressé un coup d'œil rapide et pénétrant :

« Ce n'est pas l'homme qu'il te faut. Voilà le problème.

— Mais qu'en sais-tu, toi ? Tu le connais à peine. »

La domestique avait clos la discussion en lui tournant le dos : si Nannerl refusait son avis, pourquoi le lui avait-elle demandé ? Mais celle-ci l'avait contournée pour lui faire face :

« Tu ne peux pas en rester là. Tu as commencé à dire quelque chose, alors va jusqu'au bout. Tu m'entends ?

— Qu'est-ce que tu aimes, chez lui ?

— Un tas de choses...

— Non. Tu aimes seulement le fait qu'il soit malheureux.

— Mais que dis-tu là, Tresel ?

— C'est comme ça. Le soldat solitaire, l'épouse morte, l'homme qui part et dont on ne sait jamais s'il reviendra. Toutes ces stupidités. Ce n'est pas la souffrance qui doit t'attirer chez un homme, mais la joie. Maintenant, va-t'en, au nom du ciel, sinon je ne finirai jamais ma lessive ! »

Il y a quelque chose de fort et de dur en elle, ou du moins était-ce le cas à cette époque-là, enfermé dans sa poitrine; on pourrait l'assimiler à une sphère allongée, qui bat, à une énorme boule; cette chose était constamment présente et renfermait tout ce qui faisait qu'elle était vraiment elle, et personne d'autre. Si elle l'acceptait et en laissait jaillir les mélodies merveilleusement originales qui s'y trouvaient encloses, elle sentait monter une émotion dévastatrice, capable de désintégrer toutes les certitudes qui la gardaient en vie; aussi tentait-elle de se réfugier dans des voies déjà parcourues, dans des figures familières, même si, obscurément, elle se rendait compte qu'une tentative aussi factice ne pouvait qu'être vouée à l'échec; et donc, ce qu'elle créait ne pouvant la satisfaire, elle voyait là une confirmation que ce qu'elle créait n'avait aucune valeur et qu'elle-même, comme créatrice, en avait encore moins.

C'est ainsi que, la nuit, Nannerl se levait, faisait le tour de son instrument, s'asseyait et tentait sans fin, inutilement, de mettre de l'ordre dans les sentiments contradictoires qui l'agitaient. Elle relisait les notes prises au concert de la princesse et les confrontait à son travail, en tâchant de voir avec précision ce que celui-ci avait d'imparfait; peut-être tel passage... elle le joua de la main gauche, en le réécrivant rapidement avec la droite, couvrant les feuillets de pâtés, puis elle prit une autre page et recommença, changeant quelque chose, changeant beaucoup, changeant tout, et enfin, dans un mouvement de colère, elle la ratura entièrement et quitta la salle de musique.

La solution devait se trouver dans un des traités de Wolfgang. Ou peut-être, plus que de solution, fallait-il parler de réconfort: car ce que Nannerl désirait avant tout, c'était qu'une autorité lui dise qu'elle procédait comme on doit le faire. Elle entra dans la chambre de son frère, passa ses livres en revue, en trouva un qui semblait convenir à son cas et se mit à le lire avec avidité, à la lumière de la lampe ; mais, peu à peu, le sommeil commença de la gagner, plus comme une chance de fuir ses tourments que comme un réel besoin de son corps ; et, en tournant les pages, elle se demandait si elle ne ferait pas mieux de remettre à plus tard et de céder finalement à cet oubli.

Père, fils et cousine rentrèrent très tard du palais.

« Encore heureux qu'il y ait eu la réception, grognait Thekla en enlevant son manteau, sinon cette soirée aurait été aussi mortelle qu'un enterrement. Mais pourquoi diable Nannerl est-elle partie ? Elle devrait quand même venir s'amuser avec nous jusqu'à son mariage !

— Elle s'amusera après, sois-en sûre », dit Wolfgang, et tous deux pouffèrent. Le rire de Thekla, faut-il le préciser, était un « Hi ! Hi ! Hi ! » si aigu qu'il vous transperçait le crâne.

« Silence, les enfants. Respectez le sommeil des autres, et surtout le mien », gronda Herr Mozart, et il alla se coucher.

À peine eut-il tourné le coin du couloir que le comportement des deux cousins devint nettement plus intime. Il lui entoura la taille, elle lui posa une main bien ouverte sur une fesse et, ainsi enlacés, muets et furtifs, ils gagnèrent la chambre de Wolfgang. De la porte entrouverte filtrait de la lumière ; il l'ouvrit très doucement et resta stupéfait en découvrant Nannerl endormie sur la table de travail, la tête posée sur ses bras repliés, le visage tourné de l'autre côté, le dos se soulevant et s'abaissant au rythme régulier de sa respiration.

« Et maintenant, qu'est-ce qu'on fait ? chuchota Thekla. Quel poison, ta sœur !

— Va dans ta chambre. Je m'occupe d'elle, murmura Wolfgang.

— Mais dis donc... tu m'avais promis de passer la nuit avec moi !

— On ne peut pas faire ça toutes les nuits ; ce n'est pas prudent, jolie cousine... va faire dodo, et vite ! »

Il lui donna un baiser sur les lèvres, qu'elle s'empressa de rendre passionné, et tandis qu'elle lui enfonçait la langue dans la bouche, profondément, elle fit glisser ses mains vers le bas de son corps ; mais il recula brusquement, réprimant un éclat de rire, et la congédia avec une tape sur le derrière.

Quand il se retourna, il eut un vrai coup au cœur : sa sœur, très droite contre le dossier de sa chaise, le fixait d'un air qui n'avait rien de bienveillant.

« Je devrais tenir un catalogue de tes conquêtes, s'exclama-t-elle. Mais cette fois, c'est impardonnable. Ne la touche plus jamais, si tu ne veux pas que j'en parle à papa, et aussi à l'oncle. »

Et elle sortit de la chambre la tête haute. Wolfgang poussa un gros soupir : elle était vraiment imprévisible !

« Vous permettez ? Herr Mozart, je vous ai apporté votre macédoine.

— Qu'as-tu mis dedans, Tresel ? beugla-t-il en réponse.

— Rien que des pommes et des poires, comme vous me l'avez demandé.

— Et combien de sucre ?

— Deux cuillerées, comme d'habitude...

— C'est trop, sacredieu ! Tu ne sais pas que le sucre porte sur le cerveau ? »

Périodiquement, Leopold prenait le lit en invoquant des maux imaginaires et en accablant de recommandations alimentaires maniaques la servante qui ne pensait plus qu'à retourner dans son village natal. Une fois c'étaient les brocolis qui l'avaient empêché de dormir parce qu'ils étaient trop lourds, une autre fois le responsable de son insomnie était le blanc de poulet, et la tisane du soir ne devait pas être trop forte, ou un mystérieux rapport entre les herbes officinales et ses genoux allait l'empêcher de marcher convenablement à son réveil.

Avec un clin d'œil à la domestique, Nannerl prit l'assiette.

« Nous allons la poser sur la table de nuit et, si jamais tu as faim, tu verras bien, n'est-ce pas, père ? Merci, Tresel, tu peux t'en aller. »

Et elle reprit sa lecture à haute voix ; il ferma les yeux pour l'écouter. C'était un livre d'histoire, aussi pesant et monotone qu'une succession de gouttes tombant dans une cuvette, et la voix grave de Nannerl, non sans intention, le rendait soporifique ; employant une technique désormais bien au point, elle ralentit peu à peu sa diction, baissa le ton, feignit même un bâillement pour que son père soit conduit à l'imiter, mais, ce jour-là, il était d'humeur quelque peu contrariante, et des petits mouvements des mains, des contractions nerveuses des lèvres disaient qu'il n'avait nulle intention de s'endormir. Nannerl bouillait intérieurement d'impatience, car elle voulait aller travailler à son opéra ; c'est pourquoi, quand elle eut terminé le long, très long, éternel chapitre, elle posa le volume et, dans un discret froissement de jupe, tenta de sortir de la chambre sur la pointe des pieds.

« Qui écrira le *Requiem* pour mon enterrement ? » bredouilla soudain Herr Mozart.

Nannerl se retourna.

« Que dis-tu, père ? »

Il souleva ses paupières et la regarda :

« À mon enterrement, je veux un *Requiem* en bonne et due forme !

— Mais pourquoi ces tristes pensées ? dit-elle calmement, en revenant près de lui. Tu atteindras au moins les cent ans. Tu verras que tu nous enterreras, moi, Wolfgang et même nos enfants si nous en avons.

— Je veux que ce soit toi qui le composes. »

Elle ne savait pas si elle devait rire ou prendre cette demande au sérieux.

« Mais, excuse-moi… Ne serait-ce pas mieux que ce soit Wolfgang qui l'écrive ?

— Non. C'est à toi de le faire. »

Sur ces mots, il tendit le bras, prit l'assiette de macédoine et l'engloutit aussi goulûment qu'un enfant. Nannerl contempla, stupéfaite, le vieil homme avaler les morceaux de fruits, lamper bruyamment le jus et sucer les derniers grains de sucre sur le bout de ses doigts ; puis elle sortit précipitamment et referma la porte avant d'appuyer son dos contre le battant.

« *Di tua mano io grata*… La mélodie de cette aria est charmante, Nannerl. Fraîche, immédiate, et avec un soupçon d'inquiétude qui apparaît ici, au milieu, pour tempérer l'allégresse d'un finale qui surprend. Félicitations.

— Merci, Wolfgang, dit-elle en continuant de transcrire.

— Mais de qui sont les paroles ?

— De moi.

— Que dis-tu ?

— C'est moi qui les ai écrites. J'ai rédigé en même temps les vers et la musique. »

Wolfgang resta silencieux un long moment, tandis qu'elle gardait obstinément le front penché, et que la course du crayon sur le papier était le seul bruit dans la pièce. Puis, en la regardant fixement, il demanda :

« Aurais-tu l'intention d'écrire tout le livret, par hasard ?

— J'en ai déjà fait une partie.

— Et… tu ne crains pas que ce soit trop ambitieux ? Je crois que tu dois démontrer ton habileté dans l'art de la composition, pas dans celui de la littérature. C'est un métier tout à fait différent…

— Je n'ai pas réussi à trouver un livret qui me satisfasse.

— Mais peut-on savoir, de grâce, quel est l'argument du drame ?

— L'argument, c'est Armand. »

Après un autre très long silence, il reprit :

« Ça me semble un peu mince.

— Eh bien, moi, au contraire, je le trouve plus que suffisant ! Et de toute manière, Wolfgang… si tu veux bien, j'aimerais parler de composition, non de dramaturgie !

— Je suis votre serviteur, ma Reine… » dit-il en ricanant, et il agita toutes les partitions sous son nez. Puis, comme un torrent, il débita : « Partons justement de cette aria : c'est la seule où tu ne te sois pas laissé submerger par le mythe de ta propre perfection. Car ton problème, Nannerl, c'est que tu n'acceptes pas tes erreurs, ni celles des autres. Toi, personnellement, tu n'en fais jamais, ou du moins est-ce là ce que tu veux croire. Et même si tu en faisais une, tu essaierais de l'oublier. »

Elle le foudroya du regard, mais il était trop concentré pour s'en apercevoir.

« Il se peut que l'argument t'ait particulièrement inspirée, poursuivit-il, ou qu'il te touche plus que quiconque, ou encore que tu l'aies écrit en laissant de côté les questions qui t'angoissent ; en tout cas, Dieu soit loué, tu t'es, pour un instant, oubliée toi-même… De fait, cette aria est bonne parce qu'elle est sincère… et techniquement imparfaite.

— Où est le défaut ? s'exclama-t-elle.

— Tu vois ? Il faut que tu comprennes, Nannerl, que la recherche de la perfection ne mène nulle part. Tu dois écrire d'une manière plus naïve ; ou plus rusée, si tu veux, mais toujours imparfaite. Tu dois cesser de perdre tes journées à fixer les murs et la feuille blanche, hantée par la peur lancinante de ne pas y arriver, parce que la vérité, Nannerl, est que moins tu auras peur, plus tu composeras bien, et beaucoup plus vite. »

Soudain, elle se sentit terriblement fatiguée, et elle ne sut plus quoi penser. C'était vrai, *Di tua mano io grata* était particulièrement plaisante, et elle-même le sentait bien, mais elle ne parvenait pas à s'en préciser la raison.

« Et le reste est comment ? questionna-t-elle faiblement.

— D'une rigueur parfaite, irréprochable… et plutôt banal. Te souviens-tu de ce que disait Jean-Christian Bach ? »

Sous les yeux de Nannerl, les notes se brouillèrent.

« Il disait que la technique est le moyen, pas la fin ; qu'elle est ce qui permet d'exprimer la passion. Ici, je vois seulement de la technique, Nannerl. Ta passion n'y est pas. Où l'as-tu mise ? »

Victoria avait osé. Elle portait un vêtement d'amazone, succinct, et la lanière de son carquois qui lui séparait les seins produisait un effet singulièrement provocant ; son père n'appréciait guère, et il avait essayé de la renvoyer à la maison pour qu'elle mette quelque chose de plus chaste, mais il avait échoué. Il y avait des centaines d'invités à la fête : tous n'étaient pas déguisés, mais la plupart portaient au moins un masque ; en dissimulant leur véritable identité, les Salzbourgeois, nobles et bourgeois, jouaient à ne pas se reconnaître, à courtiser un personnage trompeur, pour s'apercevoir ensuite de leur méprise et faire demi-tour d'un air faussement scandalisé. Armand, lui, ne portait ni déguisement ni masque, pour ne pas se rendre ridicule à ses yeux et à ceux de ses camarades, et, dans son plus bel uniforme de colonel, il se tenait à l'écart de l'endroit où l'on dansait, aux bras de ses deux femmes, en se déplaçant presque au rythme de l'orchestre.

Sèche comme un fruit oublié au soleil, Katharina Margarethe von Esser les suivit des yeux avec un regard méprisant.

« Ainsi, cette jeune amazone est la fameuse Mlle d'Ippold ? murmura le comte son mari.

— Oui. Mais elle est trop affriolante pour devenir pianiste, ne crois-tu pas, mon cher ? Les hommes la regardent plutôt qu'ils ne l'écoutent, et aussi les femmes, mais avec moins d'indulgence…

— Sauf Nannerl Mozart : c'est sa protégée ! »

La comtesse dévisagea sans sympathie le marquis von Rinser qui s'était approché d'un pas décidé, tuant ainsi dans l'œuf une passionnante dissertation sur les différences entre les sexes.

« Je vous prierai de ne pas prononcer ce nom en ma présence. Tenez-vous-le pour dit. »

Le comte adressa au marquis des signes vigoureux pour le convaincre de changer de sujet, mais celui-ci, qui avait beaucoup bu, n'en fit aucun cas.

« Mais pourquoi donc, si vous me permettez ? Nannerl est un remarquable professeur…

— Ah oui ? Eh bien, je pense exactement le contraire. Et je parle en connaissance de cause, car il n'entre pas dans mes habitudes de porter des jugements qui ne seraient pas étayés par des faits. Si je n'avais pas été personnellement témoin, sinon victime, d'une grave incorrection de la part de cette créature, qui mériterait de finir ses jours en un lieu où elle ne pourrait plus nuire, je ne me permettrais pas de dire ce que je dis, cher marquis. Qu'il vous suffise de savoir que ma Barbara n'a plus voulu toucher à un clavier par la faute exclusive de cette soi-disant excellente répétitrice, et que tout espoir de donner à ma fille une bonne éducation a été ruiné d'un seul coup, et pour toujours. En outre, je vous dirai que, dans mon infinie générosité, j'avais trouvé à cette personne, dont je continue de ne pas vouloir répéter le nom pour ne pas me salir la bouche, un prétendant de grande qualité, un homme de notre milieu (je ne dirai pas davantage son nom, par discrétion) ; et que celle-ci, sans le moindre respect, ni pour moi ni pour lui, l'a refusé, et de la manière la plus grossière. Aujourd'hui, elle se marie avec ce pauvre homme qu'elle s'est trouvé toute seule ; ce n'est pas que la célébration d'un mariage non arrangé soit pour me choquer, croyez-le bien, mais ce dont je suis sûre, absolument sûre, c'est que ma chère et bonne amie Frau Mozart qui, hélas, nous a quittés, n'aurait pas approuvé de telles noces ; et je suis encore plus certaine que, du haut du Ciel où se trouve Anna Maria, elle contemple sa fille le cœur gonflé de douleur pour la nouvelle sottise qu'elle va commettre. Je conclurai, marquis, en attirant votre attention sur la toge romaine que porte ladite personne : sincèrement, ne trouvez-vous pas que c'est une véritable insulte au bon goût ? »

Pris de vertige, Rinser s'éloigna en marmottant des paroles incompréhensibles et alla s'écrouler dans un fauteuil.

Pendant ce temps, la toge antique était restée seule dans la foule et regardait avec une certaine gêne Wolfgang et Thekla, en berger et en paysanne, transformer la contredanse en un ballet de séduction agreste et disparaître derrière une porte. Armand était accaparé par un capitaine, son père était affalé d'un air bougon sur les coussins d'un canapé... Elle eut l'idée de lui porter quelque chose à boire, passa près d'un trio d'hommes ventripotents et s'approcha du buffet.

« Et on vous donne tout cet argent rien que pour faire la gravure ? disait l'un des trois. Mon cher Flatscher, vous me donnez le sentiment que j'ai tout raté dans mon métier !

— Avec tout le respect que je vous dois, répondit l'autre, sarcastique, continuons à nous occuper, vous de tissus, moi d'éditions. Ce sera mieux pour les deux. »

Nannerl revint rapidement sur ses pas.

« Je vous prie de m'excuser... Vous êtes monsieur Flatscher ? Aloys Flatscher, l'éditeur ?

— Non seulement il est riche, mais encore il semble qu'il soit célèbre ! s'écria le négociant en tissus, en tapant sur le ventre de l'autre. Eh bien, n'ai-je pas raison de dire que j'ai tout raté dans ma vie ?

— Arrêtez un peu, que diable ! lança l'homme, puis, courtoisement, il baisa la main de l'inconnue. Je vous fais tous mes compliments pour votre costume, madame. Je le qualifierai de remarquablement fidèle aux images qui nous ont été transmises.

— C'est moi qui vous fais mes compliments... je veux dire... mes remerciements. Je suis Maria Anna Walburga Ignatia Mozart. J'étais si impatiente de vous connaître !

— Si c'est comme ça, moi aussi je commence à vous envier, Flatscher », dit le troisième en ricanant.

L'éditeur ne semblait rien comprendre à la raison pour laquelle cette jeune femme le gratifiait d'un sourire aussi radieux.

« Vous n'avez pas compris qui je suis ? insista Nannerl. Et si je vous dis *Le Galant Militaire*... cela n'évoque rien pour vous ?

— Je vous demande pardon de tout mon cœur, madame, mais je crains de ne pas savoir de quoi vous parlez.

— Mais voyons ! Le colonel d'Ippold dit que vous avez hâte de voir le manuscrit... »

Elle regarda autour d'elle :

« Il était ici il y a un instant...

— Ah, le colonel ! Bien sûr ! Franchement, ce que j'ai hâte de voir, c'est le dernier versement de l'argent qu'il me doit. »

Nannerl resta interdite.

« Un brave homme, cet officier, dit Flatscher à ses deux compères. Il dépense une fortune pour publier la première œuvre de sa fiancée. Croyez-moi, il se saigne littéralement aux quatre veines !

— Maintenant, je ne vous envie plus du tout, fit le négociant. Vous en êtes réduit à publier les amateurs au prix fort ? »

Soudain, le vacarme de la salle blessa les oreilles et l'amour-propre de Nannerl. Elle s'éloigna des trois commerçants et chercha un appui sur le dossier d'un divan, puis fouilla les alentours du regard, à la recherche de son futur mari : il n'était pas là, elle n'apercevait aucun des siens ; rien qu'une masse confuse d'inconnus bariolés, une cohue multiforme et indifférenciée qui lui donnait la sensation d'être plus seule que dans une cellule de prison. Enfin, elle le trouva ! Elle se fraya un chemin à coups d'épaules, devint brutale, elle voulait lui parler tout de suite, elle le distingua mieux, mais non, il était petit avec les cheveux blancs, c'était un autre colonel, pas lui, pas son homme. D'une poussée, un groupe de joyeux invités la projeta dans un nouveau salon, puis un autre ; une jeune femme vêtue à l'orientale la prit par la main et l'entraîna, en riant et en gazouillant, et elle se sentait trop faible ou trop lâche pour résister, puis, brusquement, elle se retrouva dans une pièce vide, sans savoir ce qu'étaient devenus tous ces gens, elle n'entendait même plus la musique de l'orchestre qui aurait pu lui indiquer le chemin du retour. Elle erra dans des salles désertes, pleines de meubles, de tableaux et de tapis plus divers les uns que les autres, ouvrit porte après porte ; comment avait-elle fait pour se perdre ainsi ? Encore une porte dans le fond, et cette porte la conduirait dans la salle de bal, directement ou pas ! Oui, sûrement... Elle l'ouvrit...

Un homme et une femme étaient en train de faire l'amour. Ou quelque chose de ce genre, quelque chose dont elle imaginait que c'était faire l'amour. L'homme était presque complètement habillé. En berger. C'était Wolfgang.

Ni lui, ni la fille (Thekla, naturellement) ne la remarquèrent, et elle resta sur le seuil, troublée et fascinée, curieuse et horrifiée, sans avoir le courage ni de partir ni de se manifester. C'était cela, le sexe ? Cet acte avait quelque chose de clandestin, de rapide, de dérobé. Le couple était étendu sur une chaise longue. Le visage de Thekla restait invisible. On n'apercevait rien d'elle, car il était au-dessus et la couvrait de son corps et de son manteau ; on entendait seulement sa voix. Ce n'étaient pas des paroles, c'étaient des sanglots qui suivaient exactement le tempo des coups de boutoir qu'il donnait avec son bassin ; mais c'étaient des sanglots étranges : qu'exprimaient-ils ? La douleur ou le plaisir ? Ils semblaient venir de son ventre, monter du bas jusqu'à la bouche, ils semblaient étranglés ; peut-être qu'il lui bâillonnait les lèvres avec la main ? Si oui, quelle cruauté ! Lui ne sanglotait pas, non, il n'émettait pas de sons ; mais il poursuivait le va-et-vient fascinant de ses fesses et de ses cuisses ; un mouvement impétueux, pour s'enfoncer ; un mouvement désirable. Assez ! Tout cela est dégoûtant. Il faut partir, tout de suite ! Et tandis qu'elle se disait qu'elle devait partir, Nannerl s'approcha en murmurant : « Wolfgang... Thekla... »

Le visage qu'elle découvrit sous celui de Wolfgang n'était pas celui de Thekla, et ce n'était pas un costume de paysanne qui lui couvrait à demi le corps. Le costume était celui d'une amazone, et le visage celui de Victoria.

« Non ! hurla Nannerl. Non, Wolfgang ! »

D'un bond, Wolfgang se déprit de son amante, et tous deux remirent maladroitement de l'ordre dans leurs vêtements. Le silence, le tragique silence qui suivit fut plus assourdissant que le fracas d'un orchestre entier. Nannerl s'était muée en statue de cire ; Victoria et Wolfgang attendaient sa réaction, une réaction terrible, qui, inexplicablement, ne vint pas ; elle tremblait un peu, les lèvres entrouvertes, et son regard posé sur eux ne les voyait pas, parce qu'elle ne voyait plus rien autour d'elle.

Puis, légère comme une brindille, elle fit demi-tour et sortit de la pièce. Elle referma soigneusement la porte et, de la paume, en caressa doucement le battant ; par petits coups délicats, elle épousseta sa robe à la romaine et se mit en marche. Parvenue à la moitié du corridor, elle vit passer un valet : « Excusez-moi... » Sa voix était celle d'une toute petite fille. « Pourriez-vous m'indiquer la sortie, s'il vous plaît ? Je suivais un couple, et je l'ai perdu... » Le valet l'accompagna, et elle rentra directement à la maison Mozart sans saluer personne. Elle se jeta sur son lit, épuisée, et un long et pesant sommeil l'envahit, pour la laisser au matin égarée et en proie à une étrange angoisse.

Victoria, elle aussi, cette nuit-là, s'éclipsa pour rentrer chez elle, enleva son costume et le fourra au fond d'un tiroir, puis elle attrapa une serviette, la plongea dans une cuvette et se lava énergiquement le buste, les bras et les jambes, en se frottant la peau jusqu'au sang ; puis elle se glissa dans le lit et, à peine une minute plus tard, elle entendit son père qui revenait de la fête. Ses pas et ses mouvements étaient mal assurés. Sa silhouette apparut à la porte.

« Que s'est-il passé, Victoria ?

— Je ne me sens pas très bien… excuse-moi… murmura-t-elle.

— Vous avez tous disparu d'un coup…

— Nannerl m'a raccompagnée, et elle est repartie.

— Elle t'a raccompagnée jusqu'ici… seule ?

— Oui… J'ai la tête qui éclate… Je n'arrive même pas à parler… Le moindre bruit se transforme en tintamarre… »

Il s'approcha sur la pointe des pieds et chuchota avec gentillesse :

« Puis-je faire quelque chose ?

— Non, merci… je suis sûre que j'irai mieux demain…

— Dans ce cas, repose-toi. »

Et il referma la porte.

Mais elle ne se reposa pas. Dire qu'elle avait des remords serait un euphémisme ; Victoria était morte de honte, et elle imaginait un avenir chargé de sombres nuages : Nannerl ne lui adresserait plus la parole, sans compter qu'elle allait tout raconter à Armand qui, fou de rage, exigerait un mariage pour réparer… Épouser Wolfgang ? Serait-ce une bonne chose, pour elle, que de se marier avec un tel homme ? Il ne serait jamais fidèle, ni stable, et elle doutait fortement qu'il soit en mesure de lui assurer un avenir solide. La sottise qu'elle avait faite la dévorait intérieurement, elle n'était plus elle-même qu'une énorme sottise, et elle se répétait avec angoisse que rien désormais dans sa vie n'aurait plus de sens : ni ses affections, ni son métier de pianiste.

Le lendemain matin, elle attendit que Wolfgang parte au palais pour son travail, puis elle alla frapper à la porte de la maison Mozart, le cœur battant et l'esprit en déroute après cette nuit d'insomnie. Nannerl, qui était dans sa chambre en train d'essayer sa robe de mariée, l'accueillit avec un pâle sourire.

« Ah, Victoria, qu'as-tu fait hier soir ? Je t'ai perdue de vue… Tu es rentrée tout de suite chez toi ? »

D'abord elle ne répondit pas, interloquée, et elle regarda autour d'elle : il n'y avait personne d'autre. Alors seulement elle répondit :

« Que veux-tu dire ? Tu sais parfaitement où je m'étais cachée, et avec qui. »

Nannerl garda la même expression, calme et vague.

« La robe te plaît ? Elle est jolie, non ? J'imagine que ces motifs floraux sont à ton goût… et aussi la couleur de fond : cette belle nuance de vert, c'est exactement ce que tu aimes. »

Elle pivota sur elle-même, et la traîne s'enroula autour de ses pieds. L'air amusé, elle se pencha pour la démêler, tandis que Victoria ne comprenait pas si elle avait décidé de se taire ou si elle se moquait d'elle.

« Nannerl, il faut que je te parle… » murmura-t-elle.

Nannerl la regarda en silence, très sérieuse, puis s'assit sur le lit en prenant bien garde de ne pas froisser la robe.

« Moi aussi, il faut que je te parle. J'ai déjà discuté de la question avec Wolfgang, comme de juste ; mais sauf lui, je n'en ai parlé à personne. Pour le moment, j'aimerais que seuls mon frère, toi et moi soyons au courant, parce que c'est une affaire qui nous regarde plus que tout autre, et que personne, à part nous, ne peut la comprendre pleinement ;

ton père aussi est concerné, par la force des choses, mais seulement de façon indirecte.

— Oh, tant mieux ! Donc tu n'as pas l'intention de le lui dire ?

— Bah, il doit forcément le savoir : c'est lui qui a eu l'idée... »

Déconcertée, Victoria balbutia :

« Mais de quoi parles-tu ? De quelle idée, Nannerl ?

— Celle de publier mon opéra ! s'exclama-t-elle, rayonnante. Je l'ai fini... oui, fini, et j'en suis vraiment satisfaite ! Je dois encore revoir pas mal de choses, naturellement, je crois que la dernière partie, en particulier, a besoin d'être corrigée, car je me suis moins appliquée...

— Nannerl, je t'en prie ! Pourquoi fais-tu semblant de ne pas comprendre ? »

Nannerl parut blessée. Elle poussa un soupir, court et sonore, et demanda :

« N'es-tu pas contente pour moi ? Depuis dix ans, je n'écrivais plus une note... Et vous avez tous tellement insisté que, finalement, vous m'avez convaincue, et maintenant que je suis parvenue à un premier résultat... tu ne te réjouis pas avec moi, avec Wolfgang et avec ton père ?

— Bien sûr que si... Mais ce n'est pas de ça que nous avons à parler, toi et moi... C'est d'hier soir. De ce qui s'est passé !

— Pourquoi ? Que s'est-il passé hier soir ? demanda-t-elle, sincèrement surprise.

— Tu le sais très bien !

— Non, je n'en ai pas la moindre idée... Et pour quelle raison devrais-je le savoir ?

— Arrête ! Tu l'as vu toi-même ! » cria Victoria, exaspérée, en la prenant par les épaules et en la secouant.

Nannerl la repoussa d'un air contrarié.

« N'abîme pas ma robe ! dit-elle, et elle défroissa les poignets. Je ne te comprends vraiment pas. Pourquoi es-tu aussi désagréable ? Pourquoi veux-tu à tout prix me faire de la peine ? »

Là-dessus, elle appela Tresel pour qu'elle l'aide à se déshabiller, et la jeune fille quitta ces murs plus désemparée qu'en arrivant.

Il ne se passa pas beaucoup de temps avant qu'elle ne découvre qu'elle était enceinte, ou plutôt qu'elle en acquière la certitude car, tout de suite, elle l'avait senti, ou craint, pensant mériter une punition. Pourtant, à ce moment, elle fut prise d'un sentiment d'espoir, et, dans son esprit, la perspective du châtiment se transforma en celle d'une douce récompense. Cette famille qui était pour elle la Musique, qui l'avait changée, qui avait fait d'elle une artiste, l'accueillerait en son sein par la voie d'un lien du sang ; maintenant, elle appartenait à cette famille, et pas seulement à travers le remariage de son père ; elle allait donner un enfant à Wolfgang et un neveu à Nannerl, preuve vivante qu'elle était capable de créer et merveilleux remerciement pour tout ce qu'ils lui avaient donné sans compter.

C'est dans cet état d'esprit que Victoria attendit Wolfgang devant le porche de la maison Mozart. La matinée était lumineuse, et quand il apparut au centre exact de la voûte, élégant dans sa redingote soigneusement boutonnée, avec des partitions bien ficelées sous le bras, le soleil blessa ses yeux bleus un peu saillants, et il s'arrêta un instant pour baisser le bord de son chapeau. L'épouser, à cet instant, sembla à Fräulein d'Ippold la chose la plus désirable au monde. Elle était sûre qu'elle serait capable de transformer le tempérament sauvage de ce jeune homme et de lui faire prendre la voie du bien ; elle tolérerait ses débordements avec la certitude que, le temps aidant, il s'amenderait ; elle comprendrait son âme élevée et lui permettrait, pour la joie de tous, de donner le meilleur de lui-même…

Il marcha le long du trottoir, probablement concentré sur

une mélodie qu'il avait en tête, et, dès qu'il la vit, il s'arrêta. Il n'eut pas l'air ravi.

« Que veux-tu ? » murmura-t-il d'un air méfiant.

Victoria lui fit signe de se taire et de revenir sur ses pas : les deux jeunes gens rentrèrent dans la maison et s'immobilisèrent dans l'entrée, au pied du grand escalier. La voûte au-dessus d'eux amplifiait tous les sons, et elle dut réduire sa voix à un souffle en chuchotant dans son oreille, pour que la nouvelle ne soit pas entendue du premier étage.

En revanche, la réponse vint comme un coup de tonnerre. Wolfgang éclata de rire, et elle se sentit atrocement blessée par ce ricanement que multipliait l'écho ; il ne parvenait pas à se calmer, au contraire, il semblait se divertir de son propre rire répercuté à l'infini. Puis il se reprit peu à peu, émit encore quelques glapissements et, finalement, ayant recouvré son sérieux, il la regarda :

« Je comprends, et je compatis, dit-il. Mais pourquoi, de grâce, est-ce à moi que tu viens raconter ça ? »

Et il éclata de nouveau de rire, mais avec, cette fois, plus de retenue. Il ne la quittait pas des yeux, dans l'attente d'une réponse, et son hilarité était pour lui comme un bouclier. Comme Victoria restait interdite, il poursuivit :

« Je veux dire, mon amie... que nous savons fort bien tous les deux que ni l'un ni l'autre n'en étions à notre première expérience, et que ce ne sera certes pas la dernière... Ce qui signifie, en substance, que *mater semper certa, pater incertus*... Oh, excuse-moi, peut-être ne sais-tu pas le latin.

— Non, je ne le sais pas, mais ça, je le comprends très bien, répliqua-t-elle, ulcérée.

— Et donc tu comprends très bien aussi que personne au monde ne peut affirmer que c'est moi, et nul autre, qui suis la cause de ton état. Et en te regardant, chère Victoria, même en ce moment où, je ne sais pour quelle raison, ton aversion pour moi se lit clairement dans tes beaux yeux bruns, oui, même en ce moment, dis-je, tu restes toujours si désirable et si merveilleusement féminine qu'il est difficile de croire que tu ne sois pas accessible à de galantes propositions... »

Une gifle partit de la main droite de Victoria, une gifle mémorable et puissante, mais il se contenta de se masser la joue, et son attitude imperturbable était encore plus irritante que ses insultes.

« Que voudrais-tu que je te dise ? poursuivit-il, méprisant. Que je t'aime et que je désire t'épouser ? Malheureusement, ce n'est pas le cas. Et même si ça l'était, je t'assure que je n'ai nulle intention pour le moment de m'encombrer d'une femme et d'un enfant ; à supposer, bien entendu, que cet enfant soit le mien, ce que, je le répète, je n'ai nulle raison de croire.

— Il l'est, et tu le sais très bien !

— Vraiment ? Et qui pourra prouver qu'il y a eu quelque relation entre nous ? Toi, tu l'affirmes, mais, comme je te l'ai déjà dit clairement, ta parole n'a pas grande valeur ; moi, j'affirme le contraire, et je suis certainement plus crédible ; d'ailleurs on ne nous a jamais vus publiquement ensemble, alors... »

Victoria ne voulait pas qu'il la voie pleurer, aussi se lança-t-elle dans l'escalier en une course éperdue, se prenant à plusieurs reprises les pieds dans les pans de sa robe. Elle l'entendit crier derrière elle :

« Tu perds ton temps, c'est complètement inutile ! »

Les partitions sous le bras, Wolfgang reprit le chemin du palais princier ; mais il n'avait plus envie de rire, et il ne pensait plus à la musique. Sa marche s'était faite hésitante et, en s'éloignant de Victoria, la pensée coupable qu'il l'avait abandonnée prenait corps en lui. D'autre part (se força-t-il à réfléchir), l'idée d'officialiser ce lien qui les avait agréablement unis, mais seulement comme un jeu sans règles, était tout à fait absurde ; et il trouvait encore plus inacceptable que ce soit lui, et lui seul, qui doive payer les conséquences d'une incartade qu'ils avaient été deux à commettre, et consciemment ! Il ne pouvait d'ailleurs pas exclure que, dès le début, l'intention de Victoria n'ait été justement celle-là : l'attirer et se l'approprier. Ce n'était pas ainsi que Wolfgang imaginait sa vie ; pas question de tomber dans les filets de la première amourette passagère. En outre, au seuil de l'âge adulte, il avait bien d'autres priorités : dans un monde qui s'ouvrait à la liberté, il lui fallait affirmer son art inégalable, auquel il devait sacrifier tout autre intérêt, toute affection hypocrite, ou tout sens exagéré et maladif de la justice. Voilà, c'était bien ça la question. D'ailleurs son père approuverait sans réserve un tel raisonnement. Et c'est ainsi que le sentiment pénible d'avoir commis une injustice fut renvoyé aux oubliettes d'où il était indûment sorti et que le pas de Wolfgang redevint assuré pour parcourir, le cœur léger, ce qui lui restait de trajet jusqu'à la Résidence.

Dès qu'elle ouvrit la porte à Victoria, Tresel pressentit obscurément ce qui s'était passé. Muette comme toujours et pour une fois moins hostile, elle l'accompagna donc chez Nannerl qui était en train de rassembler toutes ses partitions dans un épais carton sur lequel était écrit, avec beaucoup de fioritures, le titre *Le Galant Militaire*.

Fräulein Mozart jeta un regard distrait sur ses papiers.

« Bonjour, Victoria. Aurais-tu, dès que tu le pourras, la gentillesse de remettre ce carton à ton père ? J'allais appeler un commissionnaire, mais puisque tu es là... Et moi, excuse-moi, je suis trop fatiguée pour sortir. J'ai continué à travailler toutes les nuits, jusqu'à ce matin, et maintenant ça suffit, je suis vraiment pressée de me libérer de cet opéra et de passer à autre chose ! Je pense déjà à mon prochain travail, sais-tu ? Peut-être ce monsieur Aloys Flatscher sera-t-il intéressé par un second opéra ? Je suis curieuse de le rencontrer, je n'ai pas encore eu l'occasion de faire sa connaissance... Parfois j'essaye d'imaginer quel genre d'homme est mon mécène, mais je ne parviens pas à me représenter son aspect ni ses manières. L'as-tu déjà vu ? »

La jeune fille se taisait, sur le pas de la porte, tremblante et en larmes ; Nannerl finit par la regarder et, en un instant, ses traits prirent une expression stupéfaite et douloureuse. Elle se précipita vers elle :

« Qui t'a fait du mal ?

— Wolfgang...

— Qu'est-ce qu'il t'a fait ? Dis-le-moi ! » cria-t-elle avec rage.

Trop bouleversée, Victoria ne parvint pas à parler. Nannerl la fit asseoir, appela Tresel et lui ordonna d'apporter tout de suite une tisane, puis tendit un mouchoir à la jeune fille et attendit patiemment qu'elle se calme ; elle avait posé une main sur son genou et le lui caressait par petites tapes affectueuses, comme on apaise les pleurs d'un petit enfant.

Victoria réussit enfin à se confier et, tandis qu'elle lui expliquait les raisons de son malheur et l'injustice qu'elle venait de subir, Nannerl l'observait d'un air compréhensif et attristé. Elle dit tout : comment Wolfgang et elle avaient été séduits l'un par l'autre, ce qui, chez lui, l'avait à la fois repoussée et attirée, leurs rencontres en secret, amusés par la clandestinité, qui les avaient menés à des effusions qu'elle n'avait pas été capable d'arrêter à temps. Et puis l'épilogue, son indifférence et le rejet méprisant...

Quand elle eut fini, Nannerl ne dit rien, mais versa la tisane bouillante dans le verre, la lui tendit et voulut qu'elle l'avale jusqu'à la dernière goutte. Puis elle remplit de nouveau le verre, le garda dans sa main pour en savourer la chaleur, et, sans détacher son regard du liquide, déclara :

« Victoria, pour une fois je suis d'accord avec Wolfgang. Je ne crois pas, pour ton bien, que tu doives te marier et fonder une famille. »

Victoria eut l'impression que le monde s'écroulait. Non, ce n'était pas vrai.

« Si tu le faisais, poursuivit Nannerl, très sérieuse, ta carrière de pianiste irait droit au cimetière. Dans quel but avons-nous travaillé, toutes ces années ? Pour faire de toi une bonne épouse ? Si j'avais su que c'était cela que tu avais en tête, je n'aurais sûrement pas dépensé tant d'énergie à te donner des leçons. Si ton objectif final a toujours été celui-là, tu aurais mieux fait de me le dire dès le premier jour.

— Mais Nannerl, je suis enceinte ! Enceinte ! De Wolfgang ! Tu comprends ?

— C'est peut-être toi qui ne comprends pas. Il ne s'agit peut-être que d'un petit problème féminin... C'est très courant, tu sais...

— Ton frère et moi, nous avons eu une relation !

— C'est possible... mais il est possible aussi que tu te sois fait des idées sur lui !

— Mais tu nous as vus ensemble ! Tu nous as vus, le soir du bal masqué ! Tu as ouvert la porte, et nous étions là, en train de...

— Pourquoi mens-tu, Victoria ? Dans quel but ? Je ne sais de quoi tu parles, et franchement je suis fatiguée d'écouter tes sottises ! »

Elle posa le verre et se leva.

« Fais-moi plaisir, maintenant : rentre chez toi et révise le programme pour la réception de mon mariage. Reprends soigneusement chaque morceau, et si tu veux me poser des questions, note-les. Et puis, demain, reviens ici, et quand nous aurons dissipé tes doutes, nous pourrons faire une répétition : exactement comme si nous étions le jour du concert, sans que je t'interrompe. Va, courage, et essaye de rester sereine. »

L'église était fraîche et sentait l'encens, et les fidèles se taisaient, priant silencieusement, agenouillés, recueillis, devant les représentations sacrées auxquelles ils lançaient des regards d'amour et de crainte, tout en restant courbés sur les bancs de bois. Seule Victoria parlait. Elle s'était jetée dans le confessionnal, et un torrent de larmes et de paroles inondait cette guérite ; elle se sentait au bord du naufrage, mais elle se cramponnait au prêtre comme à un radeau. Ses paupières étaient rouges et gonflées, et ses cils ne pouvaient contenir ses larmes. Ses glandes lacrymales, épuisées, laissaient couler un liquide brûlant, et ses épaules étaient secouées à chaque sanglot refoulé.

Elle raconta tout, sans réticences, du soir de la fête jusqu'à la fin : la trahison de Wolfgang, et celle pire encore de Nannerl qui savait tout mais s'obstinait dans son absurde, incroyable mensonge. Il lui imposa cinquante *Pater Noster*, cinquante *Ave Maria* et une semaine de jeûne, puis la congédia ; elle se laissa tomber sur un banc, nullement réconfortée, et se joignit aux femmes voilées pour réciter ses prières... sans s'apercevoir qu'elle était observée.

Katharina von Esser s'était rendue à l'église pour remettre une somptueuse aumône (en échange, faut-il le préciser, d'une plaque de marbre spectaculaire destinée à ce que nul n'ignore sa générosité). Elle ne manqua pas de scruter Victoria avec un intérêt qui, lui, ne devait rien à la générosité, et, quand le prêtre sortit du confessionnal, elle alla à sa rencontre, un large sourire aux lèvres. Ce n'était pas le révérend père Bullinger, trop vieux désormais pour exercer, mais le fielleux petit curé qui devait célébrer le mariage. Le père Jakob.

« Bonjour, mon amour ! » modula Nannerl avec une légèreté affectée qui rappelait celle de Frau Mozart ; dans la petite pièce aux rameaux peints, elle était en train de ranger les partitions sur les étagères et passait méticuleusement un chiffon sur les touches blanches de son vieux clavecin. L'appartement sur la Salzach n'était plus vide de meubles, il sentait le bois ciré et la lessive récente ; il était prêt et n'attendait plus que le jour des noces pour que les époux viennent s'y installer.

Sur le seuil, Armand la dévisageait d'un air étrange, comme s'il cherchait à déduire quelque chose de son comportement ou de l'intonation de sa voix. Puis, en silence, il alla s'asseoir devant le clavecin.

« Tu veux que je te donne une leçon ? » demanda-t-elle, avec un rire mutin.

Pendant quelques instants, il resta le regard posé sur ses mains, sans cesser de jouer distraitement avec ses ongles qu'il ne rongeait plus depuis longtemps, par amour pour elle. Puis, tandis qu'elle continuait à s'affairer, il releva les yeux pour la dévisager et dit :

« Hier soir, Katharina von Esser est venue me voir au palais.

— Ah, oui ? Et pourquoi donc ? Que voulait-elle ?

— Eh bien... Elle m'a raconté quelque chose qu'elle a appris, sans me dire clairement de qui ni comment. En tout cas, ce qu'elle m'a rapporté nous concerne personnellement... toi et moi. »

Il se leva et retourna à la porte, comme s'il avait besoin de lumière ; la pièce n'avait qu'une petite fenêtre, placée très haut, et était exposée à l'ouest.

« De quoi se mêle-t-elle, cette intrigante ?

— Tu as raison, elle est fort déplaisante, et je t'assure que je préfère la tenir à distance, mais le fait est qu'en la circonstance la comtesse m'a rendu un grand service. »

Elle voulut dire quelque chose, mais lui, d'un geste sec, mit un doigt sur sa bouche :

« Tais-toi, et écoute ! »

Interdite, elle demeura debout près du clavecin.

« Voilà que je me retrouve, ma chère Nannerl, avec une fille enceinte de quelqu'un qui ne veut pas l'épouser ; et, ce qui est peut-être encore pire, avec une fiancée qui savait que ma fille avait été séduite et qui s'est tue.

— Que dis-tu ? murmura-t-elle, abasourdie.

— Tu veux que je répète ? Je ne crois pas que ce soit nécessaire. Tu as parfaitement compris. Tout ce que je veux savoir, maintenant, c'est si ce que dit la comtesse est vrai...

— C'est totalement faux !

— Tu n'imagines pas à quel point je souhaite que tu sois sincère, Nannerl... D'un côté, c'est assez plausible que cette von Esser ait tout inventé, par pure méchanceté ; mais alors, explique-moi pourquoi Victoria confirme cette histoire ?

— Que dit Victoria ?

— Que tu l'as vue avec lui. Que, pour être plus clair, le soir d'un bal masqué dont je ne me rappelle pas non plus tous les détails, tu as surpris ma fille livrée aux désirs luxurieux de certain individu...

— Ce n'est pas vrai !

— Et que tu t'es comportée comme si de rien n'était ; et ce qui est encore plus grave, ce que je ne puis accepter, Nannerl, c'est que tu ne me l'as pas dit, à moi qui suis son père ! Tu aurais dû me prévenir sur l'heure !

— Mais rien de tout cela n'est vrai, je te le jure ! cria-t-elle, désespérée.

— Pourquoi persistes-tu ?

— Je ne mens pas, Armand !

— Alors c'est Victoria qui ment ? Et pour quel motif, à ton avis, le ferait-elle ?

— Je ne sais pas... Il y a sûrement une raison, même si je ne la vois pas... »

Nannerl s'agitait comme un pantin mécanique dont le ressort est en fin de course. Plaquée au mur, juste devant son vieux clavecin, elle se débattait ; brusquement, Armand vint sur elle, prit son visage dans ses mains et, avec une immense douceur, murmura :

« Nannerl, je t'en supplie, ça suffit, maintenant. N'as-tu

pas encore compris que nous devons tout réécrire, toi et moi ? Ma fille, ma propre fille, risque de finir dans un couvent, ou pire ; et moi je ne peux pas l'admettre ; je dois désormais lui consacrer ma vie, Nannerl chérie, et à elle seule. J'ai été distrait par mon amour pour toi, par mon égoïsme, je ne l'ai pas protégée comme j'aurais dû ; et, au point où nous en sommes arrivés, il n'est plus question de fonder une nouvelle famille avec toi, parce que mon devoir est de m'occuper de celle que j'ai déjà et que j'ai toujours eue. »

Il écarta les mains de son visage, lentement, comme dans une ultime caresse et dit encore :

« Je ne suis pas venu t'annoncer que nous ne nous marions plus, parce que c'est évident ; je suis ici seulement parce que je veux conserver de toi, ma douce Nannerl, un bon souvenir. Donc, plus que toute autre chose, je veux comprendre... pour quelle raison tu ne m'as rien dit. »

Le choc l'atteignit en plein cœur, en une convulsion qui ébranla tout son corps. Elle devint rouge et se mit à transpirer ; une fatigue infinie s'empara d'elle, ses jambes cédèrent et elle glissa au sol en rayant le mur.

Il la prit dans ses bras, et tandis qu'elle continuait de trembler et de pleurer comme elle ne l'avait jamais fait de toute sa vie, il la porta dans la chambre à coucher et l'étendit amoureusement sur le lit conjugal ; puis il ferma les volets, et la pièce fut plongée dans une pénombre reposante. Longtemps, Nannerl resta repliée sur elle-même, ne laissant sortir de ses lèvres qu'un gémissement sans fin ; petit à petit, derrière ses yeux clos, elle voyait resurgir un souvenir inacceptable. Armand l'entourait de ses bras, pendant que, lentement, comme la glace qui fond, la mémoire lui revenait...

« Oui, c'est vrai, murmura-t-elle enfin, recouvrant la parole. C'est bien comme cela... que ça s'est passé. Il y avait un long corridor... poursuivit-elle douloureusement, avec, me semble-t-il, des scènes de chasse sur les murs et une porte au fond. Je l'ai ouverte, et j'ai vu Wolfgang et Victoria... comme je ne me serais jamais attendue à les voir...

— Continue, l'encouragea-t-il gentiment.

— À ce moment, Armand, à ce moment précis, j'ai compris que notre mariage était en danger... qu'en un instant tout ce que j'avais si ardemment désiré, toute ma vie à venir, était anéanti. Et je me suis sentie comme quand j'étais enfant... Comme quand mon frère est parti en Italie... ou encore avant, quand mon père m'a défendu de jouer du violon... Oui, je me suis sentie exactement comme alors: encore une fois, je me voyais nier toute possibilité de connaître le bonheur, que d'autres m'interdisaient. Mais cette fois c'était pire, parce que j'avais espéré de toutes mes forces me délivrer de cette douleur en vivant avec toi... et alors... je ne sais pas comment cela a pu se produire, Armand, mais je te jure que c'est ce qui s'est passé... et alors, j'ai tout oublié. Et maintenant... un autre souvenir me revient... »

Elle se redressa pour s'asseoir. Elle ne tremblait plus. Elle regarda son fiancé droit dans les yeux et murmura:

« Tu as payé pour faire publier mon opéra. Tu as payé une fortune... c'est bien ça, Armand? »

Il acquiesça, en baissant la tête.

« J'ai rencontré un marchand... c'est lui-même qui me l'a dit. Ça aussi, je l'avais oublié...

— Je n'aurais pas dû le faire. C'est une erreur stupide.

— Oh, oui... Je me suis sentie si humiliée...

— Pas seulement pour cette raison, Nannerl. Auprès de toi, peu à peu, je suis entré dans un jeu complètement erroné, où ne comptait plus que l'idée de te voir réaliser tes rêves...

— Mais j'ai écrit cet opéra sur toi, pour toi...

— C'est vrai. Tu l'as écrit pour moi, et je voulais le faire publier pour toi. Mais ensemble, à nous deux, nous n'avons rien construit, et nous ne pourrons jamais le faire...

— Tu persistes à ne plus vouloir que nous nous mariions?

Mais je ne suis pas coupable ! cria-t-elle. J'avais tout oublié, c'est la vérité...

— Tu crois que je ne veux plus t'épouser pour te punir ? Non, ce n'est pas cela, Nannerl. C'est plutôt que j'ai maintenant la confirmation que nous n'avons rien, absolument rien, en commun.

— Comment peux-tu dire ça ? Cela fait des années que nous nous aimons...

— J'ai voulu vivre avec toi parce que je voulais te sauver... et peut-être aussi réparer les erreurs que j'avais commises avec ma première femme... mais je n'en ai pas été capable ; c'est tellement évident ! Et toi, de ton côté, tu as voulu vivre avec moi dans l'espoir que je te sauve. Nous avons échoué, Nannerl. Nous devons l'accepter. Aujourd'hui, nous sommes deux étrangers, rien d'autre... et je ne peux pas mettre une étrangère près de ma fille. Tu comprends cela, n'est-ce pas ? »

Il sembla soudain à Nannerl qu'il était devenu un autre ; dans son angoisse, elle essayait de retrouver le visage de l'Armand qu'elle connaissait et de se retrouver elle-même, celle qu'elle avait été si longtemps pour lui ; mais il n'avait pas l'intention de revenir sur sa décision.

« Peut-être pourtant ne le comprends-tu pas, poursuivit-il sur le même ton affectueux. Non, hélas, ce n'est pas possible. Parce que toi, ma chère Nannerl, tu n'as jamais rien créé : tu n'as pas d'enfants, et tu as cruellement tué ton âme musicale. Tu n'as pas de principe moral, et il est tout à fait logique que tu n'en aies pas, parce que tu n'as pas pu profiter d'exemples édifiants. Je n'aurais jamais pu te sauver, non, jamais... toi seule pourrais le faire... mais cet effort, personne, pas même le prochain homme que je te souhaite d'aimer, ne pourra le faire pour toi. »

Nannerl sentit son corps se volatiliser et disparaître, et à sa place elle ne vit plus que le néant, un néant noir qui l'engloutissait et avalait tout ce qui se trouvait autour d'elle et la pulvérisait.

« Je vais demander mon affectation à Munich, loin des mesquineries provinciales, et j'emmènerai Victoria. Dès que ce sera possible, elle recommencera à donner des concerts et peut-être aussi des leçons, comme celles que tu lui as données. De cet enseignement, elle doit t'être reconnaissante ; et moi aussi, Nannerl, de tout mon cœur. Maintenant, disons-nous adieu. »

Jamais Salzbourg ne lui avait paru aussi étrangère. Rien ne lui appartenait plus de ces rues, de ces maisons que cette journée nuageuse et froide rendait opaques et comme engluées dans un liquide épais et visqueux. L'idée de retourner dans le petit bois et d'y chercher le réconfort de son arbre ne l'effleura même pas. Elle se dirigeait vers la maison Mozart, mais, en marchant, son trajet s'embrouillait en formant spontanément des boucles, des cercles ; plus d'une fois, elle se retrouva au même carrefour, tentant inutilement de reprendre la bonne direction ; enfin, sans savoir comment, elle arriva sous le porche, puis au pied de l'escalier ; mais, à mi-montée, elle dut s'asseoir sur les marches pour reprendre son souffle. Elle avait mal aux jambes comme si elle avait gravi en courant une pente interminable, et au moment où elle ouvrit la porte, elle n'eut plus qu'un désir : se précipiter dans son lit et y rester sa vie entière.

Dans la salle de musique, elle trouva son père et son frère. Très sérieux tous les deux : Herr Mozart dictait, et Wolfgang s'appliquait à prendre des notes. À ce moment, un éclair de volonté fit resurgir la dernière lueur d'énergie qui lui restait.

« Tout est prêt dit-elle sur le pas de la porte, d'une voix blanche. Tout est fixé : l'église, la demeure conjugale… mais le mariage qu'il faudra célébrer ne sera pas le mien. C'est Wolfgang qui se mariera, avec Victoria. »

Les deux hommes se turent. Elle s'approcha de son père,

enfoncé dans son fauteuil, la vieille couverture sur les jambes ; elle arrangea celle-ci, s'agenouilla, prit les mains déformées dans les siennes et poursuivit :

« Wolfgang l'a séduite, père. Tu ne voudras peut-être pas le croire, mais je le sais parce que je l'ai vu de mes propres yeux. Et maintenant, il doit réparer le mal qu'il a fait, au plus vite, avant que la nouvelle ne se répande...

— C'est déjà chose faite, proféra-t-il d'un ton grave. Les échos en sont arrivés jusque dans cette maison.

— Qu'est-ce qu'on t'a dit, alors ?

— Beaucoup de choses, à propos de ta chère Mlle d'Ippold... et de ses mœurs dissolues. »

Nannerl cacha son visage en le posant sur les jambes décharnées de son père et se laissa aller à sa douleur. Cramponnée à cet homme qui aurait dû être enfin avec elle, de son côté, elle en était maintenant certaine, elle ne fut plus qu'un amas de souffrance ; et elle le conjurait de montrer l'amour qu'il nourrissait pour elle, au moins une fois, la plus importante :

« Je t'en supplie... sanglotait-elle, ne te laisse pas, toi aussi, prendre à ce piège... »

Il était terriblement gêné.

« Ma fille, n'insiste pas. Tu sais ce que je pense des larmes.

— Tu dois m'aider... C'est la justice qui doit l'emporter... Wolfgang s'est comporté d'une manière affreuse avec Victoria, avec Armand et avec moi... Il ne peut pas s'en tirer indemne.

— Wolfgang partira dès demain pour Vienne. J'ai tout réglé dans les détails. Il doit s'éloigner de ces rumeurs scandaleuses et misérables, et trouver sa voie dans une capitale de la grande Europe où il pourra enfin faire reconnaître sa musique...

— Assez ! Assez, père ! Ce n'est pas en poussant Wolfgang à chercher le succès que tu pourras te sauver de ta médiocrité ! »

Tous trois se turent, immobiles ; soudain, Nannerl entendit le tic-tac de la pendule et se rendit compte que ses genoux au sol lui faisaient mal, mais elle ne put se relever. Herr Mozart tourna lentement la tête, la bouche un peu tordue par une moue de dégoût ; puis il écarta la couverture, se leva en s'appuyant sur les bras du fauteuil et marcha vers la porte en s'aidant de sa canne ; là, il s'arrêta.

« As-tu noté toutes mes instructions, Wolfgang ? demanda-t-il, impassible.

— Oui, père.

— Très bien », répondit-il.

Et il sortit.

Atterrée, Nannerl parvint à se relever et se laissa tomber dans le petit fauteuil paternel. Son frère hocha la tête en la regardant :

« Félicitations ! Si tu voulais qu'il te haïsse jusqu'à la fin de ses jours, tu as atteint ton but. »

Il alla s'asseoir près d'elle, qui sentait son cœur battre très lentement, un battement étouffé au même rythme que le tic-tac de la pendule. Au bout d'un instant, elle s'exclama d'une voix rauque :

« Comment as-tu pu me faire ça, Wolfgang ?

— Si c'est à ta Victoria que tu penses, je t'assure que je n'avais nulle intention de lui nuire, ni à toi.

— Mais c'est ce que tu as fait... et maintenant tu nous abandonnes... comment est-ce possible ?

— Ma musique a besoin d'autres horizons, Nannerl... Ne l'as-tu pas encore compris ? Je dois me libérer, mener à son terme quelque chose de grandiose, je dois exprimer tout ce que je n'ai pas encore réussi à exprimer, par manque d'occasions... Autrement, chère sœur, je risque d'avoir la même fin que toi.

— Et quelle fin ? Dis-le-moi, je t'en prie...

— Pauvre d'esprit... esclave de ta manie de te présenter en victime... et ayant oublié ton talent. La Reine que j'aimais s'est perdue. »

Il se leva, prit un carton de partitions et le lui tendit.

« Ton *Galant Militaire* est le miroir de ce que tu es devenue. La musique en est tout juste convenable, voilà la vérité : ni bonne, ni mauvaise. J'aurais préféré qu'elle soit carrément exécrable, plutôt qu'une telle médiocrité... Mais les paroles ! Oh, les paroles, Nannerl !... Les paroles sont atroces, sans appel ! Prise d'une confiance irraisonnée en tes facultés qui n'a d'égale que ton absence d'estime pour toi-même, tu as voulu aussi raconter l'histoire ; et il en est sorti une chose informe, sans la moindre construction... et sans le moindre soupçon d'humanité. Je suppose que tu as voulu raconter ta vie ; mais tu ne sais absolument rien de la vie, parce que tu n'as jamais vécu, et tu ne t'en es même pas aperçue. Tu aurais pu faire de grandes choses, mais tu n'en as pas été capable...

— Eh bien, va à Vienne ! hurla-t-elle en lui arrachant le carton des mains. Essaye de te libérer de nous. Mais une chose est sûre : tu n'arriveras jamais à percer. Tu n'auras jamais de succès durable. Tu seras surpassé par des médiocres. Tu ne parviendras même jamais à gagner de quoi vivre... Et tu mourras pauvre et seul ! »

Elle marchait avec des éclairs de démence dans le regard, d'un pas vacillant, s'empêtrant dans sa jupe, ses souliers butant sur les cailloux, et les passants qu'elle rencontrait faisaient un détour comme s'ils la prenaient pour une folle. Et peut-être était-elle vraiment folle ; ou tout au moins prête à commettre une folie.

Elle arriva au pont sur la Salzach et s'arrêta juste au milieu. Il n'y avait plus personne dans les parages ; elle s'accouda au parapet et regarda l'eau couler, comme la vie coulait autour d'elle qui restait toujours immobile. Elle souleva sa jupe et, prise d'une immense fatigue, serrant le carton du *Galant Militaire*, elle monta sur le parapet.

Elle demeura là longtemps, les yeux clos, cramponnée à un pilier, laissant le vent courir sur sa peau et souffler aussi dans ses pensées, faisant le vide dans son esprit. Puis, d'un geste résolu, elle défit le ruban du carton et versa son contenu dans la rivière.

Les partitions s'envolèrent comme des oiseaux paresseux et confiants dans leurs ailes ; elles se dispersèrent à la manière de confettis ; et comme des confettis elles finirent par tomber ; elles se posèrent sur l'eau, y flottèrent un moment, s'alourdirent et disparurent pour toujours dans les remous.

Une seule partition fut épargnée par Nannerl qui ne réussit pas à la jeter et la garda en la serrant contre sa poitrine. C'était l'unique aria que Wolfgang n'avait pas méprisée : *Di tua mano io grata...*

Di tua mano io grata...

« Mais enfin, que fait-elle, là-dedans ?

— Rien, Herr Mozart.

— Comment, rien ? Essaye d'être un peu plus claire, Tresel !

— Il me semble que je le suis. Elle ne fait rien. Elle reste couchée sur son lit toute la journée, elle ne parle pas, et elle ne bouge jamais. »

L'angoisse de Nannerl se répandait dans la maison Mozart comme une ombre muette que Herr Mozart ne parvenait plus à ignorer. Il avait imaginé que, tôt ou tard, sa fille reprendrait des activités normales, mais ce moment tardait à venir ; aussi rôdait-il parfois dans les parages de la chambre en tentant de percevoir un bruit quelconque venant de l'intérieur, et il lui arrivait même de coller son oreille à la porte ; mais il n'entendait absolument rien, ni une toux, ni le froissement d'un membre sur les couvertures.

Fâché, il se leva de table et, oubliant même de s'appuyer sur sa canne, il se dirigea vers le couloir qui menait à la chambre de Nannerl. Un plateau chargé de nourriture était posé par terre, presque intact, et il l'écarta rageusement du pied. L'idée d'ouvrir cette porte lui répugnait un peu, mais la curiosité et peut-être un vieux reste de sentiment de responsabilité l'emportèrent ; il posa la main sur la poignée, la fit tourner, poussa... et rien.

« Tresel ! tonna-t-il. Elle s'est enfermée à clef !

— Et qu'est-ce que j'y peux ? dit la servante en le rejoignant.

— Apporte-moi le grand trousseau !

— Mais si, de l'autre côté, la clef est dans la serrure, vous n'arriverez sûrement pas à...

— Apporte-moi le grand trousseau avant que je te flanque un coup de pied ! »

En soupirant, la domestique revint avec une série de clefs enfilées sur un large anneau.

« Le voilà... Voyez s'il y en a une qui convient. »

Il prit le trousseau, en choisit une, l'enfonça dans le trou de la serrure et rencontra de la résistance.

« Herr Mozart, je vous l'avais bien dit...

— Tais-toi ! Si tu veux ouvrir la bouche, fais-le au moins à propos ! »

Leopold s'acharna rageusement sur la serrure, essayant une clef après l'autre, torturant la poignée et cognant régulièrement du poing sur le battant en braillant :

« Nannerl, tu m'entends, oui ou non ? Qu'est-ce que tu fais ? Nannerl ! Ouvre-moi tout de suite, ou j'appelle un serrurier... » Et finalement il entendit, de l'autre côté de la porte, le tintement d'un objet métallique sur le sol. « Tu vois ? » dit-il triomphalement à la servante. « J'ai fait sauter la clef !

— J'en suis ravie, constata-t-elle, impassible.

— Maintenant, voyons si j'arrive à faire tourner la serrure... voilà, c'est fait... nous y sommes. »

Il ouvrit la porte et ne vit rien, car la pièce était aussi obscure qu'une nuit sans lune ; mais ses narines sensibles furent violemment agressées par une odeur de renfermé, de sueur et d'excréments contenus dans un vase de nuit abandonné dans un coin.

« Au nom du Ciel, Tresel ! Tu ne fais donc jamais le ménage dans cette chambre ? Tu ne changes jamais les draps ?

— Elle refuse », répondit-elle d'une voix neutre.

Prudemment, Leopold alla à la fenêtre et l'ouvrit, ce qui

lui permit de voir ce qui restait de sa fille : couchée sur le côté, immobile, les couvertures tirées sur la tête, elle ressemblait à un cocon mort.

« Elle est vivante, Herr Mozart, ne vous inquiétez pas. Évidemment, elle ne va pas très bien…

— Va vider cette cochonnerie, lui ordonna-t-il en lui indiquant le pot. Et que je ne te revoie pas avant un bon moment. »

Il s'approcha du lit avec précaution. Il en avait maintenant la certitude : sa fille était gravement malade. Qui sait ce qui avait pu se passer dans cette tête de mule, au point de la faire dormir sans arrêt, nuit et jour, de lui faire refuser presque toute nourriture et la moindre toilette ? Wolfgang était parti à Vienne depuis… voyons… trois semaines ; cela faisait donc un peu moins d'un mois qu'elle s'était enterrée dans cette pièce ! Et pendant ce temps, juste Ciel, le colonel d'Ippold s'était mis à renvoyer le linge de maison, le vieux clavecin, des meubles, et tout cela était entassé dans le salon, bouchant le passage et la vue, dans la vaine attente que Nannerl décide de le ranger… On ne pouvait pas continuer ainsi !

« Ma fille, il est temps que tu bouges de ce lit, que tu retrousses tes manches et que tu te rendes utile dans la maison. »

Pas de réponse, rien qui trahisse qu'elle l'ait entendu.

« Nannerl ! C'est le moment de montrer un peu de bonne volonté et de vaincre cette paresse ridicule. Courage, il faut te lever !

— J'ai froid, murmura-t-elle.

— Quoi ? Tu as froid ? Bah, c'est tout à fait normal que tu sois transie, tu restes tout le temps immobile !

— J'ai mal partout.

— Et pourquoi ne te lèves-tu jamais, sapristi ! Si tu continues comme ça, ton sang s'arrêtera de circuler…

— Ce serait un grand soulagement.

— Que dis-tu ?

— L'idée de la mort me fait du bien, père. J'aimerais qu'elle vienne vite ; j'aimerais m'ôter la vie moi-même, mais je suis tellement incapable que, même ça, je le raterais. Pourquoi ne le fais-tu pas, toi ?

— Maintenant ça suffit ! Assez de bêtises ! Lève-toi tout de suite !

— Tu crois que tu réussiras à m'y forcer ? Tu ferais mieux de sortir, sans oublier de fermer la fenêtre », lança-t-elle, et elle remit la tête sous son oreiller.

En grinçant du peu qui lui restait de dents, Leopold se résigna à retourner dans le salon (sans avoir fermé la fenêtre, pour marquer son dépit) et se mit à boitiller d'un mur à l'autre en martelant le dallage de sa canne et en suivant systématiquement le contour des carreaux disjoints. Rageur, il ne pouvait supporter l'idée d'avoir une grande malade chez lui. Comme si ça ne suffisait pas que sa femme soit morte, que son fils soit parti chercher la gloire ailleurs, et que sa domestique soit sur le point de quitter son service en le laissant aux mains de n'importe qui ; il fallait encore que vienne s'ajouter à ses tourments une fille folle, livrée aux fantômes de la mélancolie, qui tirait volupté de sa douleur et ne voulait pas sortir de son état ! Peut-être fallait-il appeler un médecin, ou trouver pour Nannerl une place à l'hôpital ; peut-être fallait-il que quelque praticien s'occupe d'elle jour et nuit, à temps plein ? Oui, c'était la meilleure solution ; parce que lui n'avait ni les moyens, ni la disponibilité, ni la volonté de soigner son mal ; mais ce serait une lourde dépense…

« Herr Mozart ?

— Quoi encore ?

— Herr Mozart, sauf votre respect, j'ai une idée. »

Exaspéré, il se retourna. Tresel avait fini de desservir et quitté son tablier et sa coiffe.

« Depuis quand les illettrés se permettent-ils d'avoir des idées ? »

Avec la même insolence, elle s'assit devant son maître debout.

« J'aimerais emmener Nannerl à Sankt Gilgen. J'aimerais la prendre chez moi.

— Et pourquoi cela ?

— L'air de la montagne lui fera du bien.

— C'est tout ?

— Et qu'est-ce que je devrais ajouter ? »

Leopold se tut longuement. Un instant, au moins, il ressentit un léger intérêt pour la servante.

« Et, si tu me permets, combien de temps comptes-tu la garder ?

— Qu'est-ce que j'en sais, moi ? Le temps qu'il faudra pour qu'elle se remette.

— J'ai besoin d'avoir une date précise, parce que tu as déjà sûrement pensé à l'argent que je devrai te donner pour son entretien ; et il faut que je calcule la dépense...

— Ne vous inquiétez pas. Ça ne vous coûtera pas cher.

— Tu crois ? Bah, après tout c'est secondaire. Ce qui compte, c'est que ma chère fille soit éloignée des lieux qui lui rappellent tant de tristes souvenirs. Et donc... et donc, oui, je crois qu'au fond, malgré tout, ton idée n'est pas si mauvaise. Tu me donneras l'adresse, de manière à ce que je puisse lui écrire de temps en temps, et tu t'assureras qu'elle me répond. Courage, prépare les bagages ! »

« Veux-tu manger ? » La question était toujours la même, et la réponse de Nannerl aussi : « Non merci, Tresel. » Après quoi, la vieille disparaissait de l'encadrement de la fenêtre du rez-de-chaussée et préparait le repas pour la nombreuse population de sa maisonnée sans tenir compte de la pensionnaire. Celle-ci restait dehors, sous le soleil de midi, la tête bien abritée par son ombrelle blanche, et ses pensées plus inertes encore que son corps. Elle ne s'écartait jamais de plus de quelques pieds de la grande bâtisse et restait assise sur le banc au milieu des touffes d'herbe et des fleurs; le village natal de sa mère et de l'ancienne domestique ne l'intéressait pas; elle n'avait pas non plus envie de se lier d'amitié avec la descendance de celle-ci, son fils Martin et sa bru boiteuse, leurs enfants et les enfants de leurs enfants. Elle n'avait jamais imaginé se trouver un jour dans une demeure aussi peuplée, et, parfois, quand les marmots se bousculaient autour d'elle en faisant un tapage insupportable, elle se demandait si elle avait bien fait de venir s'installer dans ce chaos; mais tout le monde la laissait en paix, personne ne lui posait de questions ni n'exigeait rien d'elle, et les rayons du soleil, filtrés par l'ombrelle, lui réchauffaient peu à peu le cœur. Aucune partie de sa peau n'était exposée directement, mais un jour, juste pour essayer, elle enleva timidement un gant pour tendre la main hors du cône protecteur.

La lumière rendait son teint encore plus blanc, et la peau de la paume et des doigts amaigris lui parut composée d'innombrables et minuscules trous capables de s'imprégner de clarté et de chaleur. Elle s'imaginait que dans ces petits réceptacles se déposait la substance vitale, et que celle-ci passait de l'un à l'autre (car ils communiquaient entre eux) comme un onguent qui gagnait son bras et même son épaule; là, elle s'arrêtait, car l'onguent n'était pas inépuisable. Alors l'envie lui vint de remonter sa manche sur son avant-bras, d'exposer ce dernier au soleil pour le faire profiter de cette douce sensation; mais pour cela, il lui fallait mettre l'ombrelle de côté, et donc découvrir son visage; c'était trop d'audace. Ne sachant que faire, une main remontant la manche et l'autre posée dans la région où se rejoignaient ombre et lumière, elle réussit à coincer l'ombrelle derrière sa tête et son cou; en hâte, elle retroussa l'étoffe de sa robe jusqu'au coude, et, courageusement, elle étendit son bras au soleil.

D'abord, elle eut froid. La peau peu habituée à être exposée à l'air se couvrit de petites excroissances, une par poil, et les rayons la blessaient plus qu'ils ne la réchauffaient. La chaleur arriva par surprise, comme une gifle, et elle ne se répandait pas dans tout le corps mais restait là, à la mordre. Alors, brusquement, elle reprit l'ombrelle et la posa près d'elle sur le banc, elle dénoua le ruban qui retenait son chapeau, enleva celui-ci, qui resta accroché par quelques boucles de cheveux dont elle se libéra d'un geste impatient; puis elle découvrit l'autre avant-bras, ôta le gant, posa ses mains ouvertes sur le dossier et renversa la tête en arrière, les yeux fermés, face au soleil.

Il lui semblait en sentir le poids. Il lui semblait que ses orbites se mettaient à tourner et que ce mouvement diffusait des ondes concentriques, comme quand on jette un galet dans un étang. Ébranlée par cette agitation intérieure, Nannerl entendait le bruissement du vent, un miaulement lointain, les sabots des chevaux frappant la paille, et elle comprenait qu'elle faisait partie d'un organisme composé de montagnes, de prés, de chaude lumière capable de rendre la vie possible; et son propre organisme n'était pas différent de ce macrocosme: maintenant, elle le sentait se remplir d'air, se vider, puis se remplir encore et jouir des fascinantes contractions de son cœur. L'apparente immobilité de son corps n'était plus une renonciation mais une attente; une veille tranquille pour d'autres lendemains.

« Qu'est-ce que je te disais? Ça finira par lui passer... » dit Tresel à son fils, à la fenêtre.

La peau de sa figure était rouge et pelée, et la pénombre de la maison commençait à lui peser. Elle tournait en rond à l'intérieur, incapable d'accepter sa condition d'invitée inactive; tous se démenaient dès le lever du soleil, mais, pour elle, on aurait dit qu'il n'existait aucune tâche à accomplir; Tresel refusait catégoriquement qu'elle s'occupe du ménage ou de la cuisine. Elle acceptait seulement qu'elle fasse son lit, dans la chambre à l'étage qu'elle partageait avec des marmots au sommeil de pierre (grâce au Ciel !), mais pour le reste la vieille trouvait absurde que celle qu'elle avait servie pendant des années la serve à son tour. « Je fais toujours ça seule », était son excuse habituelle. Ou bien : « Tu ne sauras pas ! » Et Nannerl, qui, dans cette espèce de caserne, se sentait chez elle comme elle n'en avait jamais eu le sentiment dans la maison Mozart, ne le supportait pas.

Elle sortit sur le terre-plein, coiffée d'un grand chapeau pour éviter que le soleil ne termine son œuvre dévastatrice sur son nez et, pendant un instant, elle eut l'idée de fendre du bois, mais la perspective de s'amputer d'un pied l'en dissuada. Elle pensa alors à ranger les bûches qui s'entassaient dans un coin : elle les prit une à une, puis inventa une disposition savante et très efficace (se dit-elle, fort contente d'elle) : la première rangée perpendiculaire au mur, la rangée supérieure parallèle à celui-ci, en laissant entre chaque bûche un intervalle d'exactement deux pouces. Au moment où elle arriva au cinquième étage, la tête lui tournait un peu, mais elle pensa que c'était dû au manque d'exercice physique et à la privation de nourriture, et elle poursuivit sans en tenir compte. À la moitié de la huitième rangée, elle vit que le tas était épuisé. Ne s'estimant pas satisfaite, elle se redressa pour voir s'il n'y avait pas d'autres morceaux de bois dans la cour ou dans les champs, afin de parachever sa superbe œuvre d'art ; mais, à ce moment, le vertige devint violent et, le souffle coupé, elle s'assit prudemment sur ladite œuvre d'art, qui s'écroula aussitôt.

« Viens avec moi », dit, en lui tendant la main, Martin qui la regardait comme on regarde l'idiot du village.

Le fils de Tresel était un homme de petite taille mais aux bras puissants et à peine plus loquace que sa mère. Il ne la conduisit pas dans la maison pour qu'elle se repose, il ne lui donna même pas le temps de reprendre haleine, mais, sans lâcher sa main, il l'entraîna sur le chemin caillouteux qui menait à l'écurie.

« Tu veux vraiment te rendre utile ? Eh bien, occupe-toi de Noiraude.

— Mais qui est-ce ?

— Une jument, bien sûr, répondit-il, et, lui ayant fait franchir le seuil de l'écurie, il la poussa jusque devant la stalle étroite d'une pouliche qui les accueillit par un hennissement de colère en couchant les oreilles, en piaffant et en montrant une denture bien constituée. De noir, elle n'avait que la crinière, le front et le tour des yeux ; un pelage grisâtre recouvrait un corps trapu et sans élégance, surmonté d'une tête démesurée.

— Mais pourquoi s'appelle-t-elle Noiraude ?

— À sa naissance, elle était noire comme un corbeau, et très jolie aussi ; c'est en grandissant qu'elle nous a joué ce mauvais tour. Ce n'est pas une bête de race, pour sûr... Dieu seul sait de qui vient le foutre qui a engrossé sa mère... » Nannerl rougit violemment tandis qu'il poursuivait : « Et faut bien reconnaître que, question caractère, elle a de qui tenir. Le maître me l'a refilée parce qu'elle était intenable. Personne ne veut plus l'avoir dans les pattes. Bon travail ! conclut-il avant de partir.

— Mais qu'est-ce que je dois faire ?

— L'étriller ! »

Et il disparut, avalé par la lumière du terre-plein.

Décontenancée, Nannerl regarda autour d'elle : tous les chevaux somnolaient ou mangeaient tranquillement, seule Noiraude martelait le sol de ses sabots, une lueur hargneuse dans les yeux dont les cernes tranchaient sur la robe couleur cendre. Et c'était de cet animal antipathique qu'elle devait s'occuper ! Ce Martin n'était qu'un drôle, et d'une rare grossièreté, s'il croyait qu'elle était à son service. Aider à la maison, pourquoi pas, mais être aux ordres d'un despote ignare, non. Après tout, Herr Mozart envoyait un argent fou à la famille pour la pension de sa fille ! Elle ne leur devait rien, à part ce que pouvait lui dicter son bon plaisir.

Elle rebroussa chemin, la tête basse, en fronçant le nez du fait de la puanteur ; elle atteignit la grille de l'écurie que Martin avait laissée ouverte et imagina son expression ironique quand il constaterait qu'elle n'avait pas été capable d'exécuter ce qu'il lui avait demandé. Elle s'arrêta. Après tout, qu'avait-elle d'autre à faire, dans ce village perdu ? Elle ne se sentait pas le courage de lire ; d'ailleurs elle n'avait pas emporté beaucoup de livres et n'en avait pas vu un seul dans la maison ; elle avait déjà parcouru la dernière lettre de son père et n'avait pas la tête à lui répondre ; et puis, à bien y penser, elle avait connu dans le passé des choses plus difficiles que d'étriller une jument contrefaite et vicieuse. Elle se retourna, assujettit son chapeau sur sa tête et appela :

« Noiraude ! »

Pour toute réponse, quelques chevaux s'ébrouèrent. L'intéressée, bien cachée dans sa stalle, ne se manifesta pas.

« Noiraude, à partir de maintenant c'est moi qui m'occuperai de toi, qui te sortirai et qui t'étrillerai. Que ça te plaise ou pas. »

Elle repassa devant les chevaux, toujours placides, pour s'approcher prudemment de la pouliche. L'avertissement semblait l'avoir bien disposée, ou peut-être la voix grave de Nannerl avait-elle fait remonter dans sa mémoire quelque obscur souvenir.

Toutes deux s'étudièrent longuement, immobiles et sur leurs gardes. Nannerl était restée à une vingtaine de pieds, et la pouliche la regardait, puis détournait un peu la tête en feignant l'indifférence, puis, les oreilles bien droites, la regardait de nouveau, de ses yeux noirs que le contraste avec le pelage gris faisait ressembler aux orbites d'une tête de mort. Dès que Nannerl avança de deux pas, cependant, Noiraude émit un mugissement étrange et aplatit ses oreilles comme une chatte.

« J'ai compris, je ne te plais pas. Ça me désole, je te jure, mais, confidence pour confidence, tu ne me plais pas non plus. Du reste, si tu ne plais à personne, pourquoi serais-je la seule à te trouver sympathique ? »

L'animal émit encore une sorte de râle étouffé, secoua sa crinière et remua la paille avec ses sabots.

« Je vais encore faire un pas. Regarde bien mes mains : elles sont vides. Je n'ai nulle intention de te faire du mal. D'ailleurs, je ne vois pas pourquoi je t'en ferais. Crois-moi, tu ne m'intéresses pas assez pour ça. »

Elle avança, très lentement, et Noiraude resta immobile, mais l'on percevait chez elle une humeur belliqueuse qui ne demandait qu'à exploser et se répandre. Nannerl fit un nouveau pas, et encore un autre, puis, avec d'infinies précautions, elle posa la main sur la petite grille qui fermait la stalle.

« Maintenant, je vais l'ouvrir... » annonça-t-elle, tandis qu'elle surveillait du coin de l'œil la grande grille de l'écurie, toujours ouverte : et si Noiraude s'échappait ? « Je vais l'ouvrir, répéta-t-elle, un peu hésitante, comme ça tu ne te sentiras pas prisonnière. »

Elle leva doucement la targette, baissant un peu la tête mais sans quitter la pouliche des yeux, et tira vers elle la petite porte jusqu'à libérer complètement le passage. Noiraude souffla et se mit à encenser, agitant la tête de bas en haut, comme si elle acquiesçait, mais, à la vérité, nul ne saura jamais si elle approuvait l'opération.

Alors Nannerl recula et dit :

« Viens. »

Noiraude ne bougea pas.

« Avance », répéta-t-elle, en essayant de prendre un ton aimable, mais terrorisée en même temps à l'idée que la pouliche pourrait se précipiter dehors.

Noiraude parut réfléchir un peu, puis, à l'improviste, elle franchit d'un bond la distance entre elle et Nannerl. La peur fit sursauter celle-ci, mais elle ne bougea pas d'où elle se trouvait, et la pouliche s'immobilisa sans manifester la moindre intention de s'enfuir ; elle avait l'air, au contraire, de vouloir mettre cet humain effronté à l'épreuve – et elle aussi, par la même occasion.

En apparence, pendant quelques minutes, il ne se passa rien. Nannerl sentait sur sa figure le souffle projeté par les énormes naseaux ouverts, elle regardait de temps en temps ces yeux démesurément grands sur lesquels les paupières noires s'abaissaient très rapidement pour se relever aussitôt, et elle pensa qu'elle aussi avait l'habitude d'accomplir ce mouvement sans s'en rendre compte, y compris en ce moment ; elle aussi, en ce moment, respirait en dilatant ses narines, tandis que la peur lui faisait serrer les dents et les lèvres. Elle parvint à détendre sa bouche et ses mâchoires, et, en un clin d'œil, elle comprit, au plus intime de son être, que cette créature dont personne ne voulait s'était progressivement détruite et que, dans sa colère, elle écartait tous ceux qui tentaient de l'approcher. Avec une authentique gentillesse, elle murmura :

« Est-ce que je peux te toucher ? »

Elle entendit le bruit de la queue qui battait sur les flancs de l'animal, mais pour le reste la pouliche ne bougea pas un muscle. Alors, timidement, elle tendit une main ouverte et la posa sur le chanfrein, et, de là, dans une caresse énergique, elle alla jusqu'à la joue qu'elle gratta vigoureusement.

Le geste plut à Noiraude ! Toujours immobile, elle accepta les attentions de Nannerl qui, de la joue, se déplaça vers l'encolure qu'elle se mit à gratter des deux mains ; et, tandis qu'elle sentait la jument se détendre, ses muscles se relâcher, il lui semblait aussi que les craintes et l'hostilité de l'animal s'évanouissaient. La joie donna à Fräulein Mozart l'envie de rire, et elle s'abandonna à cette émotion, en se maîtrisant quand même un peu pour ne pas troubler la pouliche ; surprise par cette gaieté irraisonnée, elle se demanda combien de fois, dans sa vie, elle avait éprouvé pareil sentiment, et elle conclut qu'au fond son caractère était naturellement joyeux, mais que quelque chose, un poids qu'elle portait en elle, devait l'avoir toujours étouffée...

« Sortons, Noiraude ! » lança-t-elle, et, la prenant par son licou, elle courut dehors, l'attacha au mur par une longue corde et fit en sorte qu'elle reste tranquille pendant qu'elle lui brossait la croupe, soulevait les sabots pour les nettoyer de leur terre, y passait de la graisse pour les attendrir et s'amusait ensuite à peigner la queue et la crinière frisée ; ce faisant, elle ne cessait de lui parler comme elle n'aurait jamais parlé à une personne.

Ce soir-là, la *Frittatensuppe* de Tresel lui parut digne de la Cour de Versailles, et elle en remplit deux fois son écuelle ; elle aurait bien encore récidivé, si elle n'avait craint de paraître mal élevée ; en revanche, elle ne prit qu'une fois du bœuf bouilli, mais, quand tout le monde fut servi, elle demanda poliment si elle pouvait racler la marmite ; et lorsque la femme de Martin, la boiteuse, arriva avec l'*Apfelstrudel*, elle ne put participer à l'assaut, car, la tête sur la table, elle s'était doucement endormie, enfant parmi les enfants.

« Tu sais monter à cheval ?

— Pas très bien », répondit Nannerl en regardant à contre-jour le jeune garçon qui montait un animal superbe, d'un vrai noir luisant, celui-là, avec quelques reflets roux.

Le garçon n'appartenait pas à la famille de Tresel ; son habillement et sa manière de parler indiquaient qu'il était de classe aisée.

« Si tu veux, je peux t'apprendre.

— Et pourquoi ferais-tu ça ?

— Parce que je m'y connais ! Mon père m'amène ici tous les étés pour que je m'exerce, et aujourd'hui je suis capable de monter n'importe quel cheval sur n'importe quel terrain.

— Ah, vraiment ? Dans ce cas, sache que savoir faire quelque chose ne veut pas dire être capable de l'enseigner, et vice versa. »

Il ne se vexa pas, ou peut-être ne comprit-il pas.

« Elle est à toi, cette jument ? demanda-t-il en observant Noiraude que Nannerl était en train de conduire au manège pour qu'elles se dégourdissent toutes les deux les jambes.

— Pas exactement... disons que je m'occupe d'elle. Avance, Noiraude !... Ne reste pas plantée là.

— Elle s'appelle Noiraude ? Oh, alors je comprends... Je connais le propriétaire ! Il s'en est débarrassé comme on jette un objet inutile. D'après moi, des deux, la vraie bête c'est lui », affirma-t-il en descendant prestement de son cheval et en l'attachant à la clôture avec une longe.

Il rejoignit Nannerl, observa la docilité avec laquelle la pouliche la suivait et déclara :

« Tu lui plais.

— Mais qu'est-ce que tu en sais ?

— Je connais les chevaux. Tu lui plais, et ça lui plairait encore plus de te porter un peu. Si tu veux, je peux t'apprendre à la monter.

— La monter, elle ? On m'a dit qu'elle était vicieuse ! »

Le garçon haussa les épaules.

« Et alors ? Avec un maître pareil, moi aussi je le serais. Allez ! Selle-la.

— Quoi ? Maintenant ?

— Et quand, sinon, je te prie ? Où puis-je trouver une selle de dame ?

— Je ne sais même pas s'il y en a !

— Il y en a sûrement. Martin ! cria-t-il en direction de l'écurie. Nannerl veut apprendre à monter ! Apporte-moi une selle !

— Tu connais Martin ? » demanda-t-elle, étonnée. Et, plus étonnée encore, elle s'exclama : « Et comment sais-tu mon nom ? »

Du coup, le garçon se tut et devint tout rouge, en faisant la tête classique du gosse pris en faute.

« Mais voyons... balbutia-t-il, qui ne connaît pas ton nom ? Tu es la sœur de Mozart...

— Ah, je comprends... Mais toi, dis-moi, comment t'appelles-tu ?

— Vincent.

— Et quel est ton nom de famille ?

— Maaaartin ! hurla-t-il en forçant la voix. S'il te plaît, la selle ! »

Martin arrivait déjà, serrant dans ses bras puissants un amas de cuirs et de toiles, ainsi qu'un escabeau.

« Bravo ! s'écria-t-il. Il faut vraiment que quelqu'un me la fasse courir, cette pouliche, sinon elle va engraisser et ne sera plus bonne que pour la table. »

Il déposa tout devant la palissade et repartit.

Vincent prit la couverture.

« D'abord ça. Je t'expliquerai le reste au fur et à mesure. Je le ferais bien à ta place, mais je n'ai pas encore la bonne taille...

— Quel âge as-tu ?

— Dix ans.

— Tu parais plus âgé.

— Tout le monde me le dit ! Bon, maintenant, la peau de mouton, et ensuite la selle. Mets-la comme ça, en tenant les étrivières en haut ; puis laisse-les retomber de chaque côté, attrape-les par-dessous et attache-les sous le ventre en serrant bien. Tire fort, n'aie pas peur : tu ne lui fais pas mal. Je ne sais pas si Noiraude à l'habitude d'être montée en amazone, mais de toute manière nous irons seulement au pas. Maintenant, la têtière...

— Donc tu n'es pas de Sankt Gilgen. D'où es-tu ?

— Pourquoi me demandes-tu ça ? dit-il, l'air contrarié.

— Tu as dit que tu viens ici tous les étés, répondit Nannerl en arrangeant la sous-gorge. Et le reste de l'année, où habites-tu ?

— Noiraude est prête ! Bravo ! Mettons l'escabeau ici ; maintenant, monte dessus, et assieds-toi sur la selle », lui ordonna-t-il, et il la poussa sans ménagement contre le cheval.

Indécise, Nannerl posa un pied sur l'escabeau qui vacilla. Elle l'installa mieux, y posa de nouveau le pied, resta sans bouger un bon moment en observant la tête de la jument, puis, brusquement, battit en retraite et alla s'appuyer contre la palissade.

« Tu as peur ? demanda le jeune garçon, sans une ombre d'ironie.

— Ce n'est pas une question de peur, rétorqua-t-elle sèchement. Mais je crois qu'à mon âge il est trop tard pour apprendre de nouvelles choses.

— Tu veux que je la monte et que je te fasse voir comment on fait ? »

Elle ne dit rien, et Vincent s'approcha de la pouliche qui, aussitôt, piaffa et s'écarta (en réalité, il s'était habilement arrangé pour qu'elle le fasse).

« Tu vois ? commenta-t-il, d'un air indifférent. C'est toi que veut Noiraude, et personne d'autre. Essaye, et si ça ne te plaît pas, tu descendras tout de suite ; qu'en penses-tu ? »

Nannerl promena son regard à l'extrémité du terre-plein. Martin se tenait sur le seuil de l'écurie, les poings sur les hanches, avec une expression de défi sur son visage tanné par le soleil. Vincent suçotait un brin d'herbe et affectait un air détaché, et même son cheval semblait parier sur l'incompétence de l'amazone. Du coup, le temps d'un éclair, elle se retrouva sur le dos de la pouliche.

« Bravo ! explosa le jeune garçon. Maintenant, passe la jambe droite par-dessus la “corne” supérieure… et enfile bien le pied dans l'étrier… prends les rênes et donne-lui un petit coup de talon… »

Noiraude ne bougea pas.

« Encore un coup, plus fort… elle doit comprendre que tu veux qu'elle marche… »

Rien à faire. Noiraude était changée en pierre. Alors Vincent fit un petit saut, lui asséna une grande claque sur l'arrière-train, et elle partit au galop.

« Tire sur les rênes ! Tire sur les rênes, Nannerl ! » cria-t-il, épouvanté, tandis que Martin arrivait en courant, mais elle était trop occupée à garder son équilibre pour suivre le conseil.

Par chance, le galop n'était pas trop fort, et elle était bien installée sur la selle, de sorte qu'elle réussit rapidement à trouver son assiette en serrant ses jambes contre le flanc du cheval et en se penchant en avant ; elle tira sur les rênes, et Noiraude ralentit.

La pouliche prit un pas un peu hésitant, comme si elle était déconcertée par ces manœuvres incompréhensibles, semblant attendre qu'on lui donne un nouvel ordre, plus clair. Nannerl essaya de comprendre ses mouvements et de s'y adapter, et, tout doucement, elle libéra une main et la posa sur l'encolure en la caressant et en murmurant quelques paroles affectueuses. Martin et Vincent se tenaient de l'autre côté de l'enclos, retenant leur souffle, et lui donnaient des ordres qu'elle n'écoutait pas. Tandis qu'elle tournait en rond, elle sentait Noiraude accepter son poids, et elle avait la certitude que la bête ne s'en offusquait pas ; qu'elle considérait même la présence de l'amazone comme un complément de ses propres forces, pas toujours nécessaire, mais momentanément bienvenu. Nannerl oscillait à chaque foulée, attentive mais sans se raidir, souple mais sans s'abandonner ; et elle comprit que cette pouliche disgracieuse pouvait l'aider à percevoir la réalité sous un angle différent. Physiquement, elle le faisait déjà, car Nannerl ne s'était jamais trouvée à une telle hauteur, constamment en mouvement ; monter à cheval n'avait rien à voir avec voyager dans une voiture, qu'elle aurait été incapable de diriger ; adhérer au corps de l'animal devenait un accord mutuel et tacite, Noiraude se transformait en son prolongement, et elle était le prolongement de Noiraude.

Quand elle descendit de sa monture, elle était en sueur, ses yeux brillaient, et elle voulut la desseller elle-même, puis elle la brossa et la pansa avec une affection multipliée ; elle la ramena dans sa stalle, prit congé d'elle par une longue, très longue caresse ; et, cette nuit-là, elle ne put fermer l'œil, excitée par la pensée de tout ce qu'elle avait encore à découvrir en compagnie de Noiraude.

Sans coup férir, les petits cailloux atteignaient le trou au centre du nœud rugueux. L'un après l'autre, ils pénétraient dans la cavité et y disparaissaient, jusqu'à ce qu'ils débordent de la protubérance : alors Nannerl coupa une branche sur le gros tronc auquel elle avait grimpé, et, à l'aide de celle-ci, vida le trou : une volée de cailloux vint atterrir sur le manteau de feuilles mortes couvrant le sol. À l'ombre des arbres, Noiraude, à quelques pas de là, sembla s'alarmer, mais Nannerl ne s'en soucia guère. Elle reprit la fronde, y plaça une pierre, tira sur la cordelette puis la relâcha, et, de nouveau, le projectile fila docilement dans la cavité. D'un air concentré, elle glissa la main dans le petit sac pour en prendre un autre, mais la jument se mit à piaffer et à tirer sur sa longe ; alors Nannerl laissa la fronde pour tâcher de comprendre ce qui l'excitait et découvrit la silhouette d'un cavalier qui approchait.

Vue d'en bas, avec sa jupe, elle risquait de paraître fort peu respectable ; elle glissa donc la fronde dans sa ceinture et se laissa glisser jusqu'à terre, juste à temps pour accueillir Vincent chevauchant sa superbe monture.

« Je suis venu m'assurer de ton style ! déclara-t-il avec une expression joyeuse qui rendait ses traits enfantins encore plus gracieux. Martin est un excellent dresseur de chevaux, mais pas de cavaliers… à mon avis, tu as besoin de quelques compléments. »

Nannerl, elle, ne sourit pas. Elle lui tourna le dos avec un long soupir d'ennui, puis alla prendre Noiraude et s'éloigna avec elle, à pied, en suivant le sentier.

« Je t'ai dérangée ? » lui cria Vincent, et, comme elle ne répondait pas, il donna des éperons et la rejoignit. « Pardonne-moi, ce n'était pas mon intention. Si tu ne veux pas monter à cheval, on peut faire autre chose...

— Tu es très gentil, mais je ne crois pas avoir réclamé ta compagnie. Je préfère rester seule.

— Mais tu n'es pas triste de te promener toujours seule ? »

Elle tourna à droite.

« Mon père et mes frères sont sur la berge du lac pour faire un repas champêtre. Ça te plairait de manger avec nous ?

— Je ne peux pas, répondit-elle. Si Tresel ne me voit pas revenir, elle va s'inquiéter.

— Je sais ! C'est pourquoi je l'ai déjà prévenue que tu resterais avec nous. »

Nannerl tira sur la longe et s'arrêta.

« Mais qu'est-ce que tu attends de moi ? s'insurgea-t-elle. Tu devrais chercher la compagnie d'enfants de ton âge, au lieu d'être toujours sur mes talons ! Je te suis reconnaissante, je t'assure, de m'avoir appris à monter à cheval, mais cela ne t'autorise pas à me traiter familièrement. D'ailleurs, c'est toi qui m'en as donné l'idée, mais, pour le reste, j'ai appris toute seule et je ne dois rien à personne, même pas à Martin qui m'a juste donné quelques conseils parce que je les lui ai demandés ! Je n'ai nul besoin d'avoir dans les jambes un garnement envahissant, qui se permet même de décider de mes journées ! Maintenant, disparais, et que je ne te revoie plus jamais ! Tu as compris ? »

Vincent parut se recroqueviller sur sa selle, tandis que les bords de sa petite bouche s'incurvaient vers le bas, que son front se plissait et que ses yeux verts disparaissaient derrière deux rangées de cils longs et fournis. Puis, d'un coup, il partit au galop.

« Attends ! » hurla Nannerl, prise subitement de remords, mais il accéléra sa course, et elle resta là, prise d'une intense envie de se donner des claques. Faire pleurer un enfant ! Bravo ! Il ne manquait que ça sur sa liste. Était-il possible que, chaque fois, elle s'aperçoive trop tard qu'elle se trompait ? Et d'où pouvait provenir cette rage qui la mettait toujours hors d'elle-même, et toujours contre la cible la plus innocente ?

« Noiraude, nous devons le suivre », murmura-t-elle, nerveuse, mais elle ne savait comment se mettre en selle, car elle n'avait évidemment pas l'escabeau avec elle et ne voyait aucune clôture aux alentours, rien qui puisse l'aider à monter. Elle reprit sa marche, le plus vite qu'elle pouvait, mais son pas ne s'accordait pas à celui de la jument, et il en résulta une grande confusion. Soudain, elle trouva sur le bord du sentier un muret en ruine ; il n'était peut-être pas assez haut, mais c'était mieux que rien. « Maintenant, il faut que tu m'aides, Noiraude », dit-elle d'un ton décidé, et elle la fit se ranger le long du muret, puis monta sur celui-ci, releva sa jupe, enfila le pied gauche dans l'étrier et, à grand-peine, réussit à se hisser ; elle se retourna au moment voulu et laissa lourdement retomber ses fesses sur la selle. Noiraude souffla et caracola, mais ne parut pas désapprouver l'expédient. Vincent n'était plus visible, et l'on n'entendait pas de bruit de galop ; il devait avoir pris le chemin du lac...

« Cours, maintenant ! » cria Nannerl, et elle donna des éperons et de la cravache pour se lancer sur le sentier, en se courbant sous les branches, dans la position inconfortable exigée par les selles de dames, les deux jambes à gauche ; à cet instant, elle souhaita être un garçon, pour diriger les mouvements du cheval comme il le fallait et aller plus vite ! Arrivée en haut de la côte, juste avant la descente menant à la berge, elle s'arrêta brusquement, et là-bas, au fond, elle distingua Vincent au milieu d'un groupe de personnes, rien que des hommes, et d'un nombre égal de chevaux. Elle mit de l'ordre dans sa jupe et avança précautionneusement, en se rapprochant peu à peu, et elle comprit que le jeune garçon était en train de raconter quelque chose à son petit auditoire ; selon toute probabilité il parlait d'elle et de son comportement scandaleux ; pourtant il ne pleurait pas et rien dans ses gestes ne trahissait l'indignation. Trois de ses interlocuteurs étaient des garçons, et le quatrième, probablement leur père, portait une longue natte blonde rassemblée sur la nuque. Vincent montra Nannerl du doigt, et l'homme se retourna pour poser sur elle deux yeux magnétiques, l'un gris et l'autre bleu : c'était le baron Johann Baptist von Berchtold zu Sonnenburg.

« Bienvenue, Fräulein Mozart, proféra calmement Baptist en affichant le même sourire irrésistible que neuf ans plus tôt. Hermann, aide-la à descendre, dit-il au plus grand de ses fils, un jeune homme qui était sa fidèle copie. Nous avons du pain, du beurre et des *Würstchen* ; rien de plus qu'une mince collation, je le crains, mais le vin est bon, et d'ailleurs je me suis laissé dire que vous vous nourrissiez avec une certaine parcimonie.

— Qui vous l'a dit ? siffla Nannerl, rivée sur sa selle, méprisant les bras que lui tendait Hermann.

— Tresel, bien entendu.

— Et puis-je vous demander comment vous la connaissez ?

— Sankt Gilgen n'est qu'un petit village... L'écho d'un pet parvient à ses limites avant même qu'on ait terminé de péter. »

Les garçons éclatèrent de rire, tandis que Nannerl s'exclamait, d'un ton cinglant :

« Je ne me souvenais pas, baron, que votre éloquence puisse atteindre de tels sommets d'admirable poésie.

— Vous, en revanche, vous êtes exactement comme dans

mon souvenir, Fräulein Mozart : débordante d'ironie. C'est ce qui fait votre charme.

— Je me moque bien, aujourd'hui, de nos disputes passées ! Je n'ai aucune envie de recommencer ; d'ailleurs, j'ai compris que manifester sa colère ne sert à rien, et peut même être néfaste.

— Ah, oui ? Je n'en suis pas aussi convaincu. Quoi qu'il en soit, votre colère ne m'a jamais dérangé ; ce n'était qu'une pose, en tout point identique à mes vers de mirliton... si vous me permettez cette comparaison hardie. Et maintenant, acceptez-vous de descendre de cette misérable haridelle ? »

Nannerl souhaita de tout son cœur que Noiraude se mette à ruer et fracasse ce nez parfait ; mais cette cabocharde de pouliche semblait au contraire sensible aux attentions du baron qui lui caressait nonchalamment les flancs. Donner des éperons et prendre la fuite ? Et pour où ? Elle avait l'impression d'être au centre d'une conjuration par laquelle tous, de Tresel au blondinet, qui pour l'heure l'observait avec un petit sourire narquois, tentaient de la pousser vers un terrain peu clair. Seule contre ces gens ligués pour se jouer d'elle, elle décida d'entrer dans leur jeu et, sans se départir de sa méfiance, se laissa glisser à terre.

« Mes compliments pour votre adresse ! Maintenant, les garçons, mettez le couvert », ordonna Baptist, et il lui versa un verre de vin rouge, en la conduisant à l'ombre d'un hêtre. « Buvez calmement, pas d'un seul trait comme vous aimez le faire ; il est assez fort.

— Que savez-vous, s'il vous plaît, de ce que j'aime faire ?

— Pas grand-chose, en vérité. Ces dernières années, j'ai mené une vie quelque peu retirée, plus souvent ici qu'à Salzbourg, et très rarement à Vienne. Ah, juste pour votre gouverne : je ne me suis pas marié.

— Bah... moi non plus, murmura-t-elle.

— Cela, je le savais. Katharina von Esser me l'a dit ; et même, pour être précis, elle me l'a écrit. »

Nannerl commença de regretter de ne pas s'être enfuie.

« Sa lettre, poursuivit Baptist, avait un accent triomphal. Même l'écriture débordait de majuscules, comme si c'était une ode gravée dans le marbre ; avec quelques fautes d'orthographe çà et là, mais il ne faut pas en demander trop. En substance, la comtesse m'annonçait que vous, Fräulein Mozart, étiez de nouveau libre ; elle laissait entendre qu'une bonne partie du mérite lui en revenait, et me proposait de recommencer à vous courtiser... chose que je n'avais jamais faite sérieusement, comme vous avez pu le remarquer, et que je n'ai nulle envie de reprendre aujourd'hui, n'ayez crainte.

— Mais alors pourquoi êtes-vous venu me chercher ? Parce que je vous faisais pitié ?

— Et pour quelle raison devriez-vous faire pitié ? demanda-t-il en écarquillant ses yeux uniques au monde. Pour votre air sombre et mélancolique, peut-être ? Vous avez au contraire ma plus totale approbation : au moins, vous ne vous dissimulez pas derrière des minauderies de salon, mais vous affichez vos sentiments de façon authentique. Et, à ce que je peux déduire de votre teint, vous ne vous dissimulez pas non plus sous votre ombrelle... là aussi, vous avez ma plus totale approbation.

— Baron, je veux savoir pourquoi vous êtes venu me chercher !

— Ce n'est pas moi qui l'ai fait. Mon fils Vincent est le seul auteur de cette tardive rencontre. J'espère qu'un tel aveu ne blesse pas votre amour-propre.

— Il ne m'en reste guère. »

Elle ne prononça pas beaucoup d'autres paroles. Le beurre lui parut rance, le pain rassis et les *Würstchen* trop grasses. Elle but trois verres de vin, qui ne l'aidèrent pas pour autant à recouvrer un peu de désinvolture. Elle rentra à la maison au pas, lentement, tristement, en faisant preuve d'une singulière absence d'intérêt pour Noiraude, qui fit un caprice en refusant de réintégrer l'écurie. Elle l'attacha à l'extérieur du manège, puis monta dans sa chambre, se jeta sur son lit et y resta pratiquement immobile pendant une semaine.

« Pour quelle raison, de grâce, devrait-on montrer de la reconnaissance envers celui qui vous tend la main ? » s'exclama Baptist, en ouvrant la porte.

Sous le drap, Nannerl ferma les paupières, puis se couvrit lentement le visage, un peu gênée : le baron, dans une sémillante tenue de chasse, serrait dans ses doigts un morceau de papier avec l'air de quelqu'un qui vient de lire une sottise monumentale.

« Êtes-vous devenu fou ? Allez-vous-en !

— Pas avant que vous m'ayez expliqué le sens de ces vers, ô douce Fräulein Mozart. L'image poétique est charmante, vraiment, je ne me risquerais pas à dire le contraire, et l'inspiration me semble tout à fait authentique ; pourtant je ne comprends pas pourquoi diable, dans cette vie, on devrait avoir besoin de se confier aux mains de quelqu'un sur qui l'on n'a même pas le courage de lever le regard.

— Sortez tout de suite d'ici ! Et rendez-moi ma partition !

— Je serais curieux de vous l'entendre chanter... Il se peut que la musique donne aux paroles un sens qu'une simple lecture ne peut leur trouver. J'ai étudié un peu le solfège, mais en amateur, et je ne serais certes pas capable de déchiffrer au pied levé ce petit chef-d'œuvre... Je me bornerai donc humblement à le réciter :

Di tua mano io grata...

De ta main, je te remercie,
Comme une enfant tu me vois réjouie.

Être près de toi me suffit.
Je n'ai, tant mon âme est comblée,
Nul besoin de te regarder...

— Treeesel ! » hurla Nannerl, prise au piège sous son drap.

Elle portait une chemise de nuit débraillée et démodée, et le vase de nuit trônait à côté du lit. Vite, elle sortit un bras et fit glisser celui-ci sous la table de chevet.

Le baron afficha un sourire insouciant.

« Épargnez vos précieuses cordes vocales, Fräulein Mozart... Sachez qu'il n'y a personne dans la maison. Tresel est partie faire des courses, Martin est occupé à dresser cette horrible jument... À propos, ces derniers jours, Noiraude a recouvré son animosité légendaire. Nul ne peut l'approcher...

— Pourtant il y a toujours quelqu'un, ici ! Au secours !

— Ceux qui sont restés, je vous le garantis, ne se soucient guère de ma présence scandaleuse à votre chevet. D'ailleurs, je pense qu'ils ne la trouvent pas si scandaleuse que ça. »

Il ferma la porte et n'ouvrit pas les volets mais, en quelques gestes rapides et sûrs, il alluma la lampe sur la commode. La longue veste, les pantalons d'une blancheur éclatante et les bottes de cavalier moulaient son corps qui, sans être imposant, avait des proportions parfaites ; ses épaules étaient larges et rondes, et l'on devinait la présence de pectoraux sans défauts.

« Eh bien ? dit-il, le regard délibérément posé sur le corps de Nannerl emmailloté dans les couvertures. M'expliquerez-vous le sens de cette composition, ou préférez-vous vous abstenir ? Je ne comprends absolument pas comment on peut attendre que ce soit un autre qui nous accorde le droit de vivre, ou nous aide à vivre en nous tendant la main.

— Vous-même, baron, n'êtes-vous pas ici pour m'offrir votre aide ? s'insurgea-t-elle sur un ton agressif.

— Certainement pas ! Je n'ai nullement l'intention de chasser votre hypocondrie ni de dissiper vos idées noires. Celles-ci, au contraire, me fascinent.

— Vous aviez dit n'éprouver aucun intérêt pour moi.

— Il se peut que j'aie menti, rétorqua Baptist, et il approcha la partition de la lampe. Je supprimerais toute notion de sauvetage et de gratitude ; donc le premier vers doit être complètement repensé. Sans parler de cette image surannée qui évoque un besoin enfantin de protection... et donc le deuxième aussi, pardonnez-moi, est à bannir. En revanche, la suite... “ Être près de toi me suffit. Je n'ai, tant mon âme est comblée, nul besoin de te regarder ”... voilà, me semble-t-il, une intuition véritablement admirable. Car il peut en effet arriver que la vision de l'être aimé ne soit pas nécessaire, sans que cela implique pour autant de la crainte mais évoque au contraire un accord partagé. Même le langage, en de telles circonstances, peut s'avérer superflu... Tenez, je crois que j'ai trouvé :

De ton accord muet je me sens réjouie...

— Cela ne va pas avec la musique, affirma sèchement Nannerl.

— Il y a plus de pieds qu'il n'en faut, vous avez tout à fait raison, Fräulein Mozart... mais l'ajustement à la musique est un travail que nous pourrions laisser pour plus tard ; en ce moment, nous cherchons seulement à voir si l'on peut redresser l'ensemble sans trahir l'original. Qu'en pensez-vous ?

— Comme vous voudrez.

— Merci. Donc : “Comme une...” Non, que diantre ! Certainement pas comme une enfant ! Nous devons trouver une image qui évoque exactement l'opposé : celui qui choisit de nous aimer n'essaye pas de nous aider ou de nous rendre, pour ainsi dire, meilleurs en nous tendant une main, mais, au contraire, il nous accueille et nous aime pour ce que nous sommes, et c'est une telle attitude de sa part qui nous rend libres. Trouvons donc un animal...

— Un animal ?

— Oui, quelque chose qui représente la liberté, pour le mettre à la place du mot "enfant". Et ne me sortez pas votre haridelle, par pitié ! »

Nannerl se mit nerveusement sur son séant en s'abritant derrière les oreillers et les draps.

« Je ne sais pas. Rien ne me vient à l'esprit.

— En y repensant, l'idée d'un animal est trop vulgaire. Que diriez-vous plutôt d'un mot qui se référerait à l'histoire romaine ?

— Et qui serait... ?

— Savez-vous comment les Romains appelaient les esclaves qui se libéraient de leur condition ? Des "affranchis". Nous pourrions donc employer ce mot...

De ton accord muet je me sens réjouie.
De mon joug affranchie, je renais à la vie.
Être près de toi me suffit.
Je n'ai, tant mon âme est comblée,
Nul besoin de te regarder...

— Comment trouvez-vous cela ?

— Sans queue ni tête. De plus, les vers sont faux.

— La vie est souvent sans queue ni tête, Fräulein Mozart. Écartez ce drap, maintenant.

— Pardon... ?

— Découvrez-vous et laissez-moi vous voir. Juste un instant. Je vous jure que je ne vous ferai aucun mal. »

Elle cria :

« Partez immédiatement !

— Permettez-moi de vous admirer. Telle que vous êtes, avec cette chemise de nuit peut-être un peu trop petite.

— Jamais !

— Réfléchissez : inutile de vous obstiner. Tôt ou tard, vous devrez sortir du lit, et je ne partirai pas avant. Vous pourriez avoir besoin, par exemple, d'utiliser certain accessoire que vous avez si vite caché sous la table de nuit. Que préférez-vous : que je vous regarde en train de vous en servir, ou que j'admire tout de suite votre beau corps recouvert de fin coton ?

— Je ne me découvrirai pas, baron. Ayez l'amabilité de sortir de cette chambre... Je vous en prie.

— Cette politesse ne vous convient pas, Fräulein Mozart. Ce n'est qu'une tentative hypocrite et maladroite de m'obliger à céder ; donc, je n'obéirai pas. »

Et, très calme, il s'assit par terre près de la porte.

« Alors, c'est moi qui m'en vais !

— À votre aise.

— Ayez la bonté de me tendre ma robe de chambre.

— Encore cette fausse politesse. Ce n'est pas ainsi que vous atteindrez votre but, Nannerl.

— Donnez-moi ma robe de chambre immédiatement, et que le diable vous emporte !

— Voilà qui est mieux : maintenant je vous reconnais ; et, en d'autres circonstances, croyez-moi, je serais prêt à accéder à n'importe lequel de vos désirs, même le plus bizarre... Mais, pour l'heure, je me trouve dans une position peu adéquate pour atteindre cet objet, qui est évidemment plus proche de vous que de moi... »

La robe de chambre était en effet posée sur un tabouret à côté du lit. En se mordant les lèvres, Nannerl défit les draps qui étaient bien repliés sous le matelas, s'en enveloppa aussi parfaitement qu'une momie, attrapa le vêtement et l'enfila par-dessus les draps.

À cette vision, Baptist éclata de rire comme un petit garçon en renversant son charmant visage en arrière et en fermant à demi ses yeux splendides. Mais, quand les pieds nus de Nannerl passèrent devant lui, il s'interrompit et ne put se retenir d'en effleurer un. Ils étaient longs et très blancs, avec de petites veines bleues et, étrangement, le gros orteil un peu plus court que les autres. Il laissa glisser sa main sur la peau fraîche, jusqu'aux ongles dont il éprouva la consistance, et il crut percevoir que Fräulein Mozart, parcourue d'un bref frisson, ralentissait légèrement sa marche avant de disparaître dans le couloir.

Avec une certaine appréhension, Nannerl regardait Vincent s'approcher de Noiraude qui, enfermée dans sa stalle, roulait des yeux et frappait le sol de ses sabots.

« Qu'est-ce qu'elle a, selon toi ?

— Je ne sais pas... peut-être est-elle vraiment folle, ou seulement un peu capricieuse. Elle aurait besoin qu'on la monte, et elle se calmerait en marchant...

— Je n'en ai plus le courage.

— Tu devrais pourtant essayer. Avec toi, elle a toujours été docile ; tu es la seule personne à pouvoir la ramener à la raison.

— Martin la dresse tous les matins, et lui, il est né au milieu des chevaux ! Que puis-je faire de mieux que lui ? »

Le jeune garçon fit la moue.

« Tu ne le diras à personne, mais je n'aime pas du tout la manière dont Martin traite cet animal. Il a le fouet trop facile.

— Sans fouet, comment dresser des chevaux ?

— Pas besoin de leur apprendre à avoir peur ; ils sont déjà assez froussards de nature. Ils doivent avoir confiance en leur cavalier, et ne pas leur obéir juste pour échapper à une punition. »

Nannerl ouvrit la petite grille et entra à son tour dans la stalle. La pouliche arrêta de tirer sur la corde, mais les oreilles aplaties en arrière lui donnaient un aspect peu amical.

« Noiraude avait confiance en toi, et je pense que c'est toujours le cas, affirma Vincent. Tu verras qu'après un ou deux tours elle redeviendra aussi docile qu'avant.

— Eh bien, fais-les, toi. »

Il rit.

« Ça nous obligerait à la seller deux fois... À moins que tu n'acceptes de la monter comme un homme. Mais je ne te conseille pas d'essayer aujourd'hui : chaque chose en son temps. Et puis, comment ferais-tu, avec cette jupe longue ?

— Très bien. Menons-la dehors », déclara-t-elle en détachant la corde et en traversant l'écurie.

Noiraude était si impatiente de revoir la lumière du jour qu'elle eut du mal à la retenir.

Le vent agitait la cime des arbres, et les yeux de la pouliche reflétaient une vague peur. Tirant vigoureusement sur la longe, Nannerl se dirigea vers le manège et alla se poster tout à fait au fond, près de la palissade, le plus loin possible des arbres.

« Sellons-la, si c'est ce qu'elle veut », proposa Vincent.

Et tandis que Nannerl la harnachait, il caressa Noiraude sur le front en lui parlant pour la tranquilliser ; il y réussit. Lorsque la pouliche fut prête, son regard était apaisé, ses oreilles s'étaient détendues, et sa queue battait ses flancs, mais paresseusement ; peut-être, aussi, parce que les rafales de vent avaient un instant cessé.

Le jeune garçon alla prendre l'escabeau et le posa du côté gauche.

« Monte, maintenant. Essaye seulement d'éviter les mouvements brusques et de ne pas avoir peur. Si tu es crispée, elle le sentira, et elle se crispera en conséquence. »

Elle monta en selle avec beaucoup de précautions, passa la jambe droite par-dessus la « corne » et prit des mains de Vincent la longue cravache qu'il lui tendit adroitement, sans alarmer la jument.

Elle partit au pas et, très doucement, elle accomplit la moitié d'un tour. Tout était parfaitement normal. De son corps entier Nannerl accompagnait la marche de l'animal, et elle essayait d'en percevoir les mouvements placides où perçait même de l'ennui.

« Tu vois ? s'exclama Vincent. Continue comme ça, puis on essaiera une allure un peu plus rapide. »

Un bruit dans le feuillage ? Une poule qui passait ? Une soudaine rafale de vent ? Personne ne saura jamais ce qui provoqua la nervosité de Noiraude qui, sans crier gare, tenta de se débarrasser de l'amazone en faisant de violents écarts.

Miraculeusement, Nannerl parvint à rester en selle. Elle reprit tout de suite son équilibre, tira sur les rênes en se mordant la lèvre avec une telle frénésie qu'elle faillit la faire saigner. Pendant ce temps, la jument s'était figée sur place, baissant brusquement la tête et l'encolure, signe avant-coureur de graves ennuis.

Près de la clôture, Vincent avait arrêté de respirer. De la voix la plus calme qu'il put, il dit :

« Nannerl, il faut descendre, maintenant. »

Affolée, elle n'était pas en état de faire quoi que ce soit.

« Il faut descendre immédiatement, répéta Vincent, en criant plus fort.

— Est-ce que je peux faire quelque chose pour la calmer ? questionna-t-elle d'une voix entrecoupée, tout en tirant désespérément sur les rênes.

— Non. Laisse filer les rênes et descend, calmement. »

Pour contrecarrer la manœuvre furieuse de la jument, Nannerl se cramponnait aux rênes, et plus elle tirait dessus, plus Noiraude baissait la tête et l'encolure vers la terre en effaçant ses épaules.

« Lâche les rênes et descend !

— Je n'ose pas ! » cria-t-elle, prise de panique.

Le jeune garçon se précipita au pas de course et parvint à distinguer parfaitement l'œil de la pouliche qui le fixait avec haine, juste avant la terrible ruade.

Noiraude partit au galop en se démenant sauvagement,

frappant le sol de ses sabots, soulevant sa croupe à la hauteur d'un homme adulte, s'arquant horriblement une, deux, trois fois, jusqu'à ce que Nannerl soit désarçonnée, projetée en l'air comme une poupée cassée et roule sur elle-même jusqu'au centre du manège où Vincent la rejoignit, en hurlant de terreur.

« Nous pourrions la porter chez moi... Elle y serait soignée jour et nuit... disait une voix masculine, clairement audible, qui avait quelque chose de familier.

— Il vaut mieux ne pas la transporter... disait une autre voix, plus éloignée.

— Nous devrions peut-être prévenir son père...

— Ne nous pressons pas. Ça peut très bien attendre quelques jours. »

Cette voix-là était féminine, rauque et décidée : sûrement Tresel.

Derrière ces chuchotements, on entendait les pleurs angoissés d'un enfant. Nannerl battit des paupières, sentit qu'elle avait très mal à la tête et s'aperçut qu'elle bougeait difficilement le cou.

« Elle s'est réveillée ! » cria Vincent en sautant sur ses pieds, tout près d'elle ; et, les yeux gonflés de larmes, il chercha son regard.

« C'est bon signe. Écarte-toi, mon petit », dit, en lui envoyant une bourrade, un gros homme qui portait des lunettes sur le nez, et il se pencha sur elle. « Fräulein Mozart, m'entendez-vous ? »

Elle essaya de hocher la tête, mais un élancement fulgurant lui traversa le crâne.

« Ne vous forcez pas pour me répondre. Vous avez repris conscience et, petit à petit, vous reprendrez aussi des forces, je vous le garantis. Cependant, à en juger par les traces sur votre front, votre tête a dû cogner contre le sol. Je vais vérifier si vous n'avez pas d'autres blessures, et vous tâcherez de m'indiquer si je vous fais mal en vous auscultant.

— Devons-nous sortir, docteur ? demanda la voix masculine, qui venait maintenant de la porte.

— Nul besoin, monsieur le baron. Vous pouvez rester », lui répondit-il, et il la palpa lentement et fortement, d'abord une jambe, puis l'autre, de la cheville à l'aine. « Tout va bien, Fräulein Mozart ? »

Elle acquiesça, d'un signe presque imperceptible. Le médecin examina aussi soigneusement les bras, les côtes et le ventre, et sembla satisfait.

« C'est tout à fait comme je le pensais, déclara-t-il. En ce moment, le fluide régulateur ne peut s'échapper du cerveau à la manière habituelle, et, en conséquence, les fibres de son organisme ne se contractent pas ni ne se relâchent comme de besoin.

— Ce qui veut dire ? s'enquit Tresel.

— Qu'il n'y a rien de sérieux, à part le coup à la tête. Elle devra observer un repos absolu. Pour les jours qui viennent, ne lui donnez rien à manger et, à partir de demain, faites-la boire, mais sans la forcer si elle refuse.

Aussitôt, Vincent courut près d'elle.

« Nannerl, pardonne-moi... », murmura-t-il, tandis que ses yeux verts se remplissaient de nouveau de larmes.

Elle tenta de lui sourire, leva une main pour lui effleurer la joue et ouvrit ses lèvres enflées pour lui dire quelque chose que personne ne put entendre.

« Ne cherchez pas à parler, intervint le docteur. Mes amis, vous devez la laisser aussi tranquille que possible. Mieux vaut nous retirer. Et toi surtout, garnement : dehors !

— Mon fils et moi, nous resterons pour la veiller », affirma Baptist avec une égale fermeté, et, tout de suite, il s'installa sur un fauteuil près du lit en faisant signe au garçon de s'asseoir sur ses genoux. « Tresel, tu peux partir. Merci, docteur. N'oubliez pas de m'envoyer vos honoraires. »

Les autres sortirent de la chambre, sans rien ajouter.

Dans le silence, Nannerl referma les yeux et se concentra sur sa respiration, en essayant de la maintenir à un rythme régulier, et, en même temps, elle imaginait la douleur dans son crâne en train de disparaître graduellement comme un petit tas de sable sous les vagues de la mer. Il lui semblait que l'homme et l'enfant à ses côtés étaient caressés par ce mouvement de va-et-vient et respiraient au même rythme qu'elle, sauf quand Vincent reniflait pour étouffer encore un sanglot. Elle crut même voir Baptist entourer affectueusement son fils de ses bras, tandis qu'elle l'entendait chuchoter avec une immense tendresse : « Ce n'est pas ta faute... ce n'est pas ta faute... »

« Ma pauvre femme ne s'est jamais plu à Sankt Gilgen. Elle disait qu'elle ne m'avait pas épousé pour finir en exil. Elle ne se sentait bien qu'à Salzbourg, où elle pouvait aller au théâtre et aux fêtes, fréquenter ses semblables... Et elle adorait littéralement Vienne. Elle aurait voulu que nous nous y installions, mais je déteste la grande ville, et je m'y suis fermement opposé. C'est étrange... après tant d'années, je me prends à penser que nous ne formions pas un couple bien assorti. Nous nous sommes mariés trop jeunes pour nous rendre compte de ce que nous faisions ; et nous l'avons fait surtout pour plaire à nos familles. J'étais l'héritier d'un titre nobiliaire, et elle d'une montagne d'or... Énoncé de la sorte, cela semble plutôt sordide, mais je vous assure, Fräulein Mozart, que, Johanna et moi, nous nous portions un amour sincère. Nous avions le même âge, et nous nous connaissions depuis l'enfance... Convoler nous a semblé tout à fait naturel. Vous comprenez ce que je veux dire, n'est-ce pas ? »

Couchée parmi les oreillers, Nannerl acquiesça faiblement. Baptist marchait de long en large dans la chambre, les mains dans les poches, saisissait de temps à autre sur la commode la brosse à cheveux ou le petit pot de pommade émolliente et les observait avec attention, avant de les remettre à leur place.

« Voilà, bravo ! Bornez-vous à dire oui, ou non, quand c'est nécessaire. Vous n'avez pas le droit de parler. Trop fatigant. Donc, je disais... J'aimais Johanna de tout mon cœur, et quand, hélas, elle nous a quittés, la douleur m'a déchiré. C'est arrivé il y a un peu plus de dix ans, au début du printemps... vous me direz qu'aucune saison n'est propice à la mort, mais le printemps l'est encore moins que les autres. Pourtant, avec le passage des ans, ma femme est devenue un tendre souvenir qui revient parfois spontanément dans ma mémoire et que je peux aussi convoquer ; surtout, je me suis mis à apprécier à sa juste valeur tout ce que ce mariage m'avait apporté d'heureux, et je vous assure que cela fait beaucoup. À commencer par mes fils...

— Puis-je vous demander de quoi elle est morte ? »

Il se tut un instant pour réfléchir.

« Neuf mots, trente-six lettres dont dix-sept voyelles... pour le moment, c'est tout ce que je vous accorde, ô ma tendre convalescente. »

Puis il s'approcha avec une expression sérieuse et triste, et ajouta :

« Elle a expiré en donnant le jour à Vincent.

— Oh, mon Dieu... j'espère qu'il ne le saura jamais !

— En vérité, il le sait déjà ; il l'a toujours su. Je le lui ai dit moi-même, quand il était tout petit.

— Pardonnez-moi, baron, mais je trouve cela cruel !

— C'eût été pire s'il l'avait appris à l'âge adulte, de quelqu'un d'autre, et de façon erronée... ne croyez-vous pas ? Le milieu de la noblesse pullule de langues venimeuses, vous avez eu l'occasion de le remarquer ; imaginez qu'à vingt ans mon garçon voie arriver un jour Katharina von Esser, et que celle-ci, sous quelque ridicule prétexte, lui fasse cette précieuse révélation, destinée à laisser dans sa conscience une trace indélébile ! C'est cela qui, selon moi, serait cruel ! »

La lumière de la fenêtre entrouverte éclairait pleinement le visage de Baptist et, sous le rayon de soleil, son iris droit, celui qui était taché de bleu, semblait presque transparent.

« C'est monstrueux, murmura Nannerl, cette manière dont certaines personnes peuvent détruire la vie des autres.

— Réservez votre ressentiment pour de plus dignes objets, Fräulein Mozart... La comtesse est une des personnes les plus fragiles que je connaisse.

— Fragile ? Je ne la définirais certes pas ainsi.

— Katharina a absolument besoin d'exercer son empire sur la vie des autres, car elle n'en a aucun sur la sienne.

— Que voulez-vous dire ?

— Cela peut paraître une médisance, mais... c'est la vérité : le comte son mari la trompe depuis toujours avec tous les jupons qui passent à sa portée. Les couvents de la principauté regorgent de ses conquêtes.

— Oh... je comprends. Mais je n'arrive quand même pas à éprouver de la compassion pour cette femme.

— Vous n'êtes pas tenue d'en éprouver », affirma-t-il en souriant, et il s'approcha encore du lit. Puis il demanda poliment : « Accepteriez-vous que je m'asseye près de vous ?

— Mais oui... faites donc. »

Baptist, après avoir fermé à demi les volets, s'installa sur le bord du lit. Un rai de lumière se posait sur les jambes de Nannerl cachées par les couvertures ; il parcourut son corps du regard, de la tête aux pieds, en s'attardant sur les cheveux dorés épars sur l'oreiller et sur la camisole fermée par un camée.

Au bout d'un instant, elle murmura :

« Avez-vous continué d'écrire des vers, baron ?

— Non, pour le moment je me borne à démolir ceux des autres. »

Elle eut un léger rire.

« Je ne vous crois pas. Je suis convaincue que vous en faites toujours.

— Voulez-vous que je vous déclame “Douce Nannerl, fleur du printemps” ?

— Non, non, s'il vous plaît... dit-elle en riant plus fort, quoique j'aie sincèrement apprécié cet hommage original. D'ailleurs, je crois que je ne vous en ai jamais remercié...

— Vous pouvez le faire maintenant », Nannerl, dit-il, et, dans un élan irréfléchi, il lui prit une main et la porta à ses lèvres.

Elle retint son souffle et sentit les battements de son cœur s'accélérer follement.

« Je vous en prie, baron... je vous en prie, non... murmura-t-elle en retirant sa main.

— Pardonnez-moi. Donc, la veine poétique... la réponse est oui : j'ai continué à m'amuser. Un simple amusement, croyez bien : mes vers ne sont plus sortis du cercle familial, même par jeu, et je me suis bien gardé de les présenter à un éditeur pour les faire publier. Je n'aspire pas à la couronne de poète... Et, franchement, je suis convaincu que la renommée n'apporte que des tracas. La noblesse est déjà suffisante.

— Connaissez-vous de mémoire un de vos poèmes ?

— Tous, Fräulein Mozart.

— Récitez-en un.

— Que diriez-vous plutôt d'une fable ? »

Elle eut un regard ironique.

« Essayeriez-vous de me traiter comme une enfant, monsieur le baron ?

— Conserver certains traits de l'enfance est une qualité, je crois », déclara-t-il, puis ses yeux allèrent se perdre sur le mur blanc et, avec un sourire nostalgique, il ajouta : « Donc... je vais vous raconter les aventures d'un petit animal couvert d'épines, qui, depuis longtemps, avait perdu toute joie... »

Nannerl haussa les sourcils.

« Ainsi, vous allez vraiment le faire ?

— Ne parlez pas. Cela vous fatigue. Le petit animal avait été longtemps malade, et il n'arrivait pas encore à bien remuer les jambes ; il n'avait jamais aimé profondément, et ne s'était jamais ouvert complètement. Il était charmant à voir, et diverses mains masculines rêvaient de le toucher, mais lui ne s'en trouvait pas digne...

— Baron, je vous en prie...

— Laissez-moi poursuivre. Un jour, à travers ses piquants, il vit une main qui lui sembla plus intéressante que les autres et, avec force précautions, il s'en approcha. Il commença de s'ouvrir pour mieux la distinguer et, petit à petit, il finit par s'ouvrir complètement... Et ainsi, il offrit à la main de l'homme la partie de son corps la plus cachée et la plus vulnérable, son ventre doux et laineux, et son âme, lui permettant de toucher du doigt toutes ses imperfections, et montrant combien elle lui était devenue indispensable. Dans cette main, le hérisson oubliait toutes les autres ; d'autres mains masculines qui étaient sûrement plus chaudes et plus enveloppantes ; mais lui ne s'en rendait pas compte. La main se promenait, le hérisson la suivait partout... »

Vaguement gênée, Nannerl remonta les couvertures, et le camée sur sa poitrine disparut sous la blancheur du drap.

« Avec le changement de saison, le hérisson devint brun comme l'écorce d'un platane en novembre. La main de l'homme aussi se transforma et, de charnue et chaude qu'elle était, elle devint squelettique : la chair disparut sous la peau aride, puis la peau, à son tour, tomba en lambeaux, révélant une âme desséchée. Et, terrifié, le hérisson vit mourir le désir que la main avait eu de fouiller entre ses piquants ; la main était convaincue de connaître désormais chaque recoin du duvet couvrant son ventre. Alors, tenant sa propre délicatesse pour exemplaire, elle se mit à souhaiter que le hérisson disparaisse, d'une manière ou d'une autre. Celui-ci était imparfait, pour ne pas dire indigne : il ne savait pas courir comme un lévrier, il ne savait pas voler comme un papillon, il ne savait pas chanter comme une cigale, il n'était pas superbe comme un coq ni mystérieux comme un chat... mais comment peut-on comparer, je vous prie, un chat à un hérisson ? »

Il détacha son regard du mur et le fixa sur Nannerl. Elle aurait voulu éviter ses yeux, mais ils attiraient les siens comme un aimant.

« Et la main de l'homme fut impitoyable pour le ventre du hérisson. Elle le griffa et en fit couler du sang, puis elle humilia la bestiole et la laissa seule. Alors une grande colère envahit le cœur de l'animal, et il se referma en privant le monde de sa beauté sauvage. Dans son isolement, il tentait de toutes ses forces de ne plus penser à cette main, mais, hélas, il n'y parvenait pas... »

Nannerl dut battre des cils. Un poids s'amassait sur son front, et sa respiration était devenue courte.

« Qui sait s'il avait eu raison de s'offrir ainsi avec tant de générosité, en mettant à nu ses faiblesses et en suscitant le désir de les combler. Peut-être cette main avait-elle agi avec une absolue honnêteté, dans son étrange manière d'aimer... peut-être, au contraire, n'était-elle pas capable d'aimer... ou peut-être, simplement, n'aimait-elle pas le hérisson. Lui ne trouvait pas la réponse. Il ne comprenait pas, mais il en était conscient... et peut-être ne savait-il pas que sa vie ne dépendait pas d'une main, mais de lui seul. »

Les larmes coulaient librement des yeux de Fräulein Mozart sur ses joues pour tomber sur le drap avec un petit bruit de pluie. Dans une lente caresse, Baptist les essuya sur son visage, puis il en goûta le sel sur le bout de ses doigts.

Il avait suffi d'un instant pour que Noiraude s'échappe ! Même la science de Martin n'avait pas réussi à l'en empêcher. Il l'avait sortie de sa stalle pour la panser et, à peine à l'air libre, elle avait tiré sur la corde d'une façon si subite et brutale que l'homme s'était retrouvé par terre, tout meurtri, pendant qu'elle filait au galop vers le haut du coteau.

Assise à se chauffer sur le banc, Nannerl observait le cadran solaire au mur, et il lui semblait que l'ombre ne progresserait jamais. Martin était parti à la recherche de la pouliche et ne revenait pas. Le baron lui tendait un verre d'eau fraîche qu'elle s'obstinait à refuser. Elle se levait, faisait deux pas, puis retournait s'asseoir ; elle écrasait des touffes d'herbe avec ses souliers, les arrachait et les jetait au loin. On entendit enfin le bruit d'un galop, mais d'un seul cheval ; et au bout du chemin de pierre apparut Martin, qui descendit, attacha sa monture à la grille du manège et se dirigea vers la maison.

Nannerl courut à sa rencontre :

« Vous l'avez retrouvée ? »

Il la dépassa, le visage sombre, et alla directement à la porte de la maison.

« Où allez-vous ? Avez-vous retrouvé Noiraude, oui ou non ? »

Il entra, prit une clef dans un tiroir et la glissa dans la serrure d'une grosse armoire.

« Vous ne voulez donc pas me répondre ? insista Nannerl qui l'avait suivi. Que diable est-il arrivé ?

— Calme-toi, ordonna Tresel, en s'essuyant les mains sur son tablier.

— Martin, voulez-vous que j'appelle mes gens ? demanda Baptist, avec une expression étrange.

— Vous seriez bien aimable, monsieur le baron. Il faudra ensuite creuser la fosse et la mettre dedans. On peut faire ça sur les lieux mêmes, répondit-il, tout en prenant un pistolet dans le meuble et en l'armant rapidement.

— Vous voulez y aller tout de suite ?

— Le plus vite possible.

— Est-ce loin ?

— Pas très. À mi-chemin de votre villa.

— Alors je vais avec vous. Les munitions ?

— Au fond, à gauche. »

Tresel avait déjà pris la boîte dans l'armoire et la tendait à son fils.

« Vous allez la tuer ? » demanda Nannerl, le souffle coupé.

Martin ne la regarda même pas.

« J'aurais dû le prévoir et emporter tout de suite le pistolet, au lieu d'avoir à revenir. »

Il glissa l'arme dans son vêtement et sortit.

« Mais pourquoi ? cria Nannerl.

— Voulez-vous venir avec nous, Fräulein Mozart ? »

Elle avait l'impression d'étouffer. Baptist et Tresel la regardaient d'un air triste et résolu.

« Oui », murmura-t-elle.

Le baron la prit par les épaules et l'entraîna vers sa monture.

« Je vais vous prendre en croupe. Ne vous inquiétez pas, le cheval a l'habitude. » Il monta agilement, libéra l'étrier et lui tendit la main. « Courage, Fräulein Mozart, montez. Ensuite, serrez bien fort le dos du cheval entre vos jambes, et agrippez-vous à moi. »

Nannerl se retrouva au contact du corps du cheval, derrière la selle, jambes écartées et à demi découvertes, mais ce n'était pas le moment de faire des manières. Elle passa les bras autour du large torse du baron et posa sa tête contre ses épaules. Elle se sentait parfaitement en sûreté.

« Vous êtes prête ? »

Un faible « oui », et ils partirent à la poursuite de Martin qui était déjà loin.

Le cheval galopait follement, mais ses mouvements restaient doux, Baptist s'accordant à lui, et lui à Baptist. Elle essaya de ne pas s'y opposer mais de les suivre, faisant un avec le cavalier, comme entraînée par le courant irrésistible d'un torrent, et elle tenta de ne pas penser aux conséquences, de chasser sa peur de tomber, sa peur de ce torse musclé et solide auquel elle se cramponnait, et sa terreur de ce qui allait arriver à Noiraude. Soudain, le sentier entre les arbres se fit plus étroit. « Baissez-vous avec moi ! » cria Baptist, et elle se pencha sur lui, plaquant ses seins contre son dos, giflée par le feuillage ; puis le passage s'élargit et ils se retrouvèrent dans une vaste clairière.

Le galop se transforma en un petit trot, puis en un pas circonspect. Nannerl sentit que Baptist se raidissait légèrement, puis le cheval s'arrêta.

« Nous sommes arrivés ? » questionna-t-elle.

Il murmurait :

« La pauvre bête... »

Nannerl passa la tête au-dessus des épaules de l'homme, et elle vit sa jument.

Elle était tombée dans un ravin, prise au piège, couverte de bave et de sueur, les yeux exorbités, et émettait d'étranges râles.

« Vous devez descendre la première, Fräulein Mozart. »

Elle glissa à terre. Martin était déjà en train de charger le pistolet. Noiraude avait les deux jambes antérieures brisées, et un os, d'une blancheur de squelette, sortait de l'une. Elle souffrait horriblement et agitait sa grosse tête, elle tentait de se relever, et plus elle essayait, plus elle sentait la douleur et plus elle hennissait.

« Je regrette, Nannerl, fit Martin, mais tu sais comment c'est. Même si les jambes finissaient par se recoller, elle vivrait trop mal. La meilleure chose que l'on puisse faire pour elle est de mettre fin à ses souffrances, tout de suite. »

Comme hors d'elle, Nannerl s'interposa entre Martin et la jument.

« Attends... c'est moi qui vais le faire. »

Il continua de charger le pistolet.

« Mais tu ne sais pas tirer.

— Je veux que ce soit moi.

— Tu risques de viser de travers, sans réussir à l'abattre.

— Je crois que nous devrions la laisser faire, intervint tranquillement le baron. Martin, donnez-lui le pistolet. »

Nannerl l'empoigna à deux mains. Il était très gros et très lourd, et elle pensa que, pour appuyer sur la détente, il lui faudrait se servir de quatre doigts, deux de chaque côté. Martin et Baptist se tenaient près d'elle, l'un hochant la tête et l'autre l'observant en silence.

Elle leva le bras, cherchant à avoir Noiraude exactement dans la ligne de mire. Ses mains ne tremblaient pas. En un instant, elle allait détruire la vie de cette bête qui était déjà détruite. En un instant, elle se revit dans la cour intérieure de la vieille maison de la Getreidegasse, en train de jeter ses partitions dans le feu. En un instant, juste comme alors, tout serait fini...

« Je ne peux pas... balbutia-t-elle. Baptist, faites-le. »

Elle lui donna le pistolet, il visa, et l'instant d'après Noiraude était morte.

Elle fit demi-tour.

« Maintenant, ramenez-moi à la maison... Je vous en prie. »

Elle leva la targette et entra dans la stalle. Les mains jointes dans le dos et la tête basse, elle enfonçait les pieds dans la paille et ne pensait à rien.

« Êtes-vous sûre de vous sentir bien ?

— Oui, merci, baron, répondit-elle sans le regarder.

— Vous aviez commencé à m'appeler par mon nom.

— Ah, oui ? Quand cela ?

— Avant. De toute manière, appelez-moi comme vous voulez. Même par mon nom de famille entier, si vous avez assez de souffle. »

Cela ne la fit pas sourire. Elle se mit à marcher en suivant les murs, toujours tête basse et très lentement.

« Préférez-vous rester seule ?

— Je ne le sais pas moi-même.

— Mais cela ne vous ennuie pas que je reste avec vous ?

— Je ne le sais pas non plus. »

Baptist entra et referma le verrou. Il se mit, lui aussi, à

tourner en rond dans l'espace étroit, sans jamais la perdre des yeux et en se maintenant toujours à quelques pas d'elle. Ils semblaient tous deux séparés, et en même temps liés par une barrière invisible dont le pivot se trouvait au milieu de la stalle.

Soudain, il rompit cet accord tacite et la plaqua contre le mur. Il lui maintint les épaules, plongea son visage dans le creux de son cou bronzé et en respira l'odeur. Puis il se jeta à genoux, souleva sa jupe et posa le haut de sa tête contre son pubis.

« Quelqu'un peut venir... murmura-t-elle.

— J'ai fermé la grande grille. Si on l'ouvre, nous l'entendrons. Nous sommes seuls avec les chevaux. »

Et pendant ce temps, il n'arrêtait pas de frotter son front contre ses cuisses, et mille odeurs le pénétraient, celle du linge fraîchement blanchi, celle de la poussière de la jupe, celle de sa peau moite.

« Assieds-toi par terre », dit-il.

Il lui enleva ses souliers et ses bas, sa culotte longue de coton, palpant sa chair pâle et frémissante, et plus elle s'abandonnait plus il remontait, s'arrêtant longuement au creux des genoux et sur la peau douce de l'intérieur des cuisses. Il la goûta avec la langue, la mordant même légèrement, laissant son souffle brûlant enflammer Nannerl, puis il l'obligea à soulever ses flancs et, dans un geste rapide, lui retira sa culotte.

Peu à peu, il s'approcha de son visage et effleura la peau fine des paupières qu'elle ferma tout de suite, la persuada de renverser la tête en arrière, puis redescendit et, d'une main experte, la caressa du genou à l'aine. Il s'étendit lui aussi sur le sol, face à elle, entoura ses cuisses de ses bras et appuya sa tête contre son ventre ; un long moment, il resta absolument immobile sur elle en respirant profondément. Après quoi, il ouvrit la bouche et goûta la saveur de ce ventre, et, tandis qu'elle retenait son souffle en tremblant, il enfonçait son visage avec une force délicieuse en laissant sortir de sa gorge des sons graves et vibrants. Elle se dressa sur ses coudes, regarda le bas de son corps, vit Baptist qui pressait sa figure contre son sexe, ses cheveux blonds épars sur son ventre, et cette vision amplifia son euphorie. Ne pouvant soutenir son effort, elle se laissa retomber et, au même instant, ses membres se tendirent, elle cessa de respirer et serra les poings, tandis qu'une vague de désir ineffable et ardent emportait son esprit et sa conscience.

Baptist attendit que cette onde s'éteigne en l'étreignant de ses bras et en tendant les mains pour lui caresser les seins. Puis il s'étendit sur elle, baisa doucement le visage qui s'abandonnait, les yeux mi-clos et les lèvres entrouvertes dont sortait une haleine courte et odorante, et, très lentement, la pénétra.

C'était le même mouvement des flancs et des cuisses que celui de Wolfgang sur Victoria, mais l'accueillir... ah, l'accueillir, c'était tout autre chose. Baptist se soulevait un peu, puis s'enfonçait de plus en plus profondément et, petit à petit, il grossissait en elle, et elle s'ouvrait et l'acceptait avec joie, jusqu'au fond. Elle l'entoura de ses jambes et accéléra ses mouvements : elle s'aperçut que cela accroissait son plaisir, et donc elle remua plus fort elle aussi et s'aperçut que cela accroissait également le plaisir de Baptist. Alors elle voulut qu'il s'arrête et s'étende sur la paille à sa place, elle monta sur lui et le glissa de nouveau en elle, puis se mit à remuer de bas en haut et à faire aller son ventre d'avant en arrière, tandis qu'elle mêlait ses doigts aux siens et ne cessait de plonger son regard dans ses yeux merveilleux. De temps en temps, elle ralentissait le rythme pour mieux savourer ce moment si précieux, puis elle accélérait de nouveau, et il la suivait et la guidait, les mains serrant étroitement ses hanches. Et cela jusqu'à ce qu'aucun des deux ne puisse plus s'opposer à la force qui les entraînait doucement : l'explosion partit du point qui les unissait pour se propager dans leurs corps et répandre l'être des deux amants hors de ce lieu, suspendu dans un temps sans limites.

Allongés l'un contre l'autre sur la paille, Nannerl et Baptist restèrent longtemps immobiles, tremblants, leurs cœurs battant à des rythmes désaccordés, comme s'ils faisaient partie d'un même système, différents et pourtant réciproquement nécessaires.

La petite bonne négligée essuya son nez morveux avec sa manche, arrangea le nœud de son tablier sur son postérieur et frappa trois petits coups à la porte de la chambre.

« Monsieur… excusez-moi… est-ce que je peux entrer ? »

Comme elle le prévoyait, elle n'obtint pas de réponse. Interrompre le repos de son maître était un geste suicidaire, mais que pouvait-elle faire d'autre ?

Elle frappa plus fort.

« Monsieur… Herr Mozart ? »

Elle entrouvrit la porte, juste au moment où retentissait un rugissement.

« Que diable veux-tu, idiote ? »

D'un pas rapide, elle alla ouvrir les volets.

« Monsieur… je suis désolée, mais il faut vous lever. Vous avez une visite.

— Et qui est-ce ?

— Un gentilhomme très distingué. Il vous attend dans le salon.

— Comment ? Tu ne lui as pas dit qu'à cette heure-ci je ne reçois personne ?

— Si, mais il a répondu qu'il s'agissait d'une affaire importante et qu'il ne s'en irait pas sans vous avoir parlé. Voyez, il m'a donné sa carte… »

Leopold prit la carte des mains sales de la souillon, la tint à bonne distance de ses yeux pour pouvoir la déchiffrer, et son air hargneux se transforma en une expression de contentement.

— Un baron ? Et qu'est-ce qu'il peut bien me vouloir ? Allons, donne-moi mon habit pourpre et va à la cuisine préparer une collation.

— Mais qu'est-ce que je lui prépare ? Le reste des *Knödel* de midi ?

— Du café et des tartines, pauvre sotte !

— Et avec quoi je les fais, les tartines ? Vous ne m'avez rien fait acheter.

— Du pain, ça suffira, non ? Tranche-le et mets-y du beurre !

— Il n'y a pas de beurre non plus !

— Invente quelque chose, imbécile ! Sers-toi de ta cervelle ! Et dépêche-toi ! »

Pendant ce temps, marchant de long en large entre les meubles poussiéreux du salon, Baptist cherchait des traces de Nannerl. Au-dessus d'un vieux clavecin était accrochée une toile qui représentait toute la famille : le père tenait un violon et s'adossait à un piano-forte, tandis que la mère, dont Baptist conservait un souvenir fort vif, était représentée dans un tableau à l'intérieur du tableau, car, à l'époque où celui-ci avait été peint, elle devait déjà être partie pour un monde meilleur. Le frère et la sœur étaient assis devant le clavier. Elle portait une coiffure imposante et compliquée, serrée au sommet par un ruban brodé rougeâtre dont les glands tombaient dans son dos. Son visage charmant disparaissait entièrement sous cet échafaudage, son expression avait quelque chose d'apeuré et de mélancolique. Le célèbre Wolfgang ne semblait pas plus joyeux, mais ses traits exprimaient davantage de résolution ; et si Nannerl effleurait les touches avec une certaine timidité, les doigts de son frère se tendaient pour les dominer et, de la main droite, il repoussait les mains de sa sœur comme pour l'inviter à les reposer sur ses genoux.

« Bonsoir, monsieur le baron... lança Leopold en jetant un coup d'œil sur la carte... Monsieur le baron von Berchtold zu Sonnenburg ! »

Il marcha vers lui en s'appuyant sur sa canne. Sous l'habit pourpre le gilet était mal boutonné, et de la perruque dépassait une mèche de cheveux gris.

« Votre maison m'est connue, bien entendu, mais je ne me souviens pas de vous avoir rencontré personnellement.

— Non, en effet, Herr Mozart, répondit Baptist avec une extrême politesse, en serrant sa main noueuse. Mais j'ai eu le bonheur de fréquenter, il y a quelques années, la regrettée Frau Anna Maria ainsi que votre fille Nannerl.

— Aucune des deux n'est présente dans cette demeure, pour des raisons très différentes. À ce que je vois, vous êtes au courant de la disparition de mon épouse : quant à ma fille Nannerl, elle se trouve en ce moment hors de cette ville...

— À Sankt Gilgen. Je le sais.

— Et puis-je vous demander comment ?

— Parce que, depuis quelque temps, j'ai fixé ma résidence dans ce village ; et, à la vérité, j'ai eu l'occasion de rencontrer Nannerl plus d'une fois dans le cours de l'été.

— Ah, vraiment ? Alors peut-être pourrez-vous me donner quelques nouvelles. Ces derniers temps, ajouta-t-il avec une moue de dépit, ses lettres se sont faites plutôt rares.

— C'est justement pour cette raison que je suis ici, Herr Mozart. Nannerl m'a chargé de vous annoncer qu'elle ne reviendrait pas à Salzbourg.

— Vous permettez ? claironna la servante sur le seuil, tenant triomphalement un plateau avec deux tasses de café et du pain noir enduit d'une substance douteuse. Voilà, tout y est : les petites cuillères, le sucrier... Voulez-vous aussi un peu de lait, monsieur ? Il en reste un demi-pot...

— Va-t'en ! cria Herr Mozart, et elle disparut en un clin d'œil. Baron, je crains de ne pas avoir bien saisi ce que vous venez de dire, protesta-t-il d'une voix sifflante, avec une nervosité grandissante. Depuis quand ma propre fille charget-elle un parfait étranger de me transmettre un message ? Et quel message ! Je lui ai demandé d'aller à la campagne pour qu'elle se remette d'un mal pénible dont elle était affligée et dont je n'ai pas à vous donner la raison ; mais aujourd'hui, je me vois bien obligé de constater que l'air de la montagne n'a fait qu'accroître le mal ! Nannerl doit avoir définitivement perdu l'esprit !

— C'est fort possible, répondit Baptist, placide, puisqu'elle a accepté de m'épouser. »

La canne échappa des mains de Herr Mozart et roula aux pieds du baron qui la ramassa.

« Asseyez-vous, Herr Mozart, vous semblez en avoir besoin. »

Il l'accompagna jusqu'au divan, tandis que le père de Nannerl balbutiait :

« Comment... ? Vous épouser... ? Et moi... je ne savais rien ?

— Je comprends qu'une telle décision puisse vous paraître quelque peu soudaine, mais je vous assure qu'elle est au contraire dûment réfléchie et parfaitement motivée. Dois-je ajouter autre chose ? »

Leopold jeta un regard sournois sur l'élégant personnage aux yeux de serpent. Il s'adressait à lui avec une suffisance intolérable et même un soupçon de pitié ! Lèvres serrées, il protesta :

« À ce qu'il semble, l'idée que je puisse vous refuser mon consentement ne vous a même pas effleuré. Et si je le faisais ? »

Baptist ne s'émut nullement.

« N'êtes-vous pas heureux que votre fille devienne baronne, Herr Mozart ? J'avoue que la chose me surprend : j'aurais parié le contraire.

— Non... c'est-à-dire si... mais le fait est que... vous devez comprendre... j'aurais dû être informé plus tôt ! Il n'est pas convenable qu'un père soit tenu à l'écart d'une décision de cette importance... Et puis, pour tout dire, il y a des choses que vous ignorez probablement et dont moi seul peux vous faire part !

— Oh, vraiment ? Mais, dans ce cas, faites-le tout de suite, je vous en prie.

— Oui, mais ne restez pas debout, baron... Vous prendrez bien une tasse de café et quelques tartines... dit Leopold d'une voix suave, en observant que les souliers de cet homme devaient coûter très cher.

— Je vous remercie, mais je me vois dans l'obligation de refuser : je ne bois pas de café et, de toute manière, j'ai dîné il y a une heure. Donc, dites-moi. »

Herr Mozart respira à fond, puis, d'un air lugubre, comme pour annoncer une catastrophe, il se lança :

« Nannerl n'a pas de dot. Tous mes revenus, toute mon épargne et même les produits de ses leçons ont été dépensés pour payer les études de mon fils. À part un peu de linge de maison et quelques meubles... je n'ai plus rien, absolument rien à lui donner, comprenez-vous ?

— Mais encore ?

— Eh bien, je veux juste dire que... que l'épouser comporte l'acceptation d'une responsabilité, non seulement à son égard, mais à l'égard de toute la famille. Je suis un pauvre vieillard, et je risque de rester ici, complètement seul... Bref, je crois qu'il est de mon devoir de vous faire connaître la situation dans son ensemble...

— Je vous suis reconnaissant de cette préoccupation, mais n'ayez crainte : je subviendrai comme il se devra aux besoins de Nannerl et des enfants que, je l'espère, nous aurons, car mes moyens me permettent de garantir une vie aisée à ceux qui me sont chers... » Son regard se porta sur la tapisserie lisse du divan. « ... et seulement à ceux qui me sont chers, conclut-il avec son sourire le plus affable.

— Ah... bien entendu... je comprends.

— Vous m'en voyez ravi. Donc, sachez que la cérémonie aura lieu dans quinze jours exactement en l'église de Sankt Gilgen. Le nombre des invités sera réduit au strict nécessaire... et, déjà ainsi, il y aura du monde, entre la famille de Tresel et les enfants de mon précédent mariage...

— Comment ? La servante y sera aussi ?

— Oui, naturellement. D'autre part, je prendrai soin de mettre une voiture à votre disposition, Herr Mozart, afin que vous puissiez assister à la cérémonie et être de retour chez vous le soir même.

— Fort bien, baron, bredouilla-t-il.

— Vous pouvez m'appeler Baptist, si vous voulez. En ce qui regarde votre fils, en revanche, je regrette infiniment, mais je crains de ne pouvoir lui offrir les mêmes facilités, pour d'évidentes raisons de distance. »

Le vieil homme hocha la tête.

« De toute façon, je ne crois pas que Wolfgang bougerait de Vienne. Son dernier opéra, poursuivit-il en s'animant, a remporté un succès triomphal, vous savez ? Et vous comprendrez qu'abandonner le champ de bataille au faîte de la gloire, ne serait-ce que pour quelques jours, peut être une erreur impardonnable...

— Cela m'est tout à fait clair. Dans tous les cas, j'imagine que Nannerl voudra lui annoncer la nouvelle. Pouvez-vous, je vous prie, me donner son adresse ?

— De grâce, ne vous occupez pas de cela... Je lui écrirai. » Il baissa la voix et, sur le ton de quelqu'un qui révèle un douloureux secret, il ajouta : « Les rapports entre mes enfants sont désormais quasi inexistants. Jadis, ils s'aimaient beaucoup, mais aujourd'hui ils se détestent...

— Je me demande pour quelle raison, prononça Baptist d'une voix ferme.

— Et qui le sait ?

— Précisément : qui le sait ? répéta le baron en prenant calmement son chapeau. Je pense que nous pouvons tenir cet entretien pour terminé. Je vous ferai tenir plus de détails sur votre voyage à Sankt Gilgen.

— Je vous remercie...

— Je vous en prie. Avec mes hommages, Herr Mozart.

— Attendez, baron… je veux dire Baptist ! »

Il se leva et le rejoignit sur le pas de la porte en boitant, essaya de lui sourire et déclara :

« Accepteriez-vous au moins ce vieux clavecin ? Il a quelque valeur, et ma fille y était très attachée…

— Pour être franc, Herr Mozart, je ne crois pas qu'il intéresse encore Nannerl. Laissons-le ici. Il est très bien sous ce tableau. »

La déchirure

Il avait neigé sur les montagnes, sur les arbres, il avait neigé sur les lacs gelés, et la neige couvrait aussi l'allée menant à la villa.

La voiture s'arrêta à la grille, et une dame au visage mélancolique et vierge de fard en descendit. Elle mit de l'ordre dans les plis de sa pelisse qui brillait fièrement au soleil ; elle tira de son sac un manchon, également en fourrure, dans lequel elle glissa ses mains. Respirant à pleins poumons l'air glacé, elle s'approcha du portail et laissa errer son regard jusqu'au toit de la villa, au faîte duquel une cheminée crachait de la fumée avec une allégresse tout à fait hors de propos.

Elle avança prudemment en laissant de légères empreintes sur le tapis blanc et se dirigea vers un individu qui était en train de donner des coups de marteau sur une roue. Elle lui adressa un bref salut.

« Voulez-vous que je vous annonce ? madame, demanda-t-il.

— Je préfère que non. »

Et, après s'être dirigée vers la grande porte, elle s'approcha tout doucement d'une fenêtre. Elle essuya le givre avec son manchon pour se ménager un carré transparent, souffla sur la vitre, la frotta de nouveau avec la fourrure et tenta de distinguer l'intérieur.

« Mais excusez-moi, madame, que voulez-vous ? fit l'homme à la roue, qui l'avait suivie. Veuillez me donner votre nom ! »

Ses yeux sombres et tristes examinèrent les vêtements modestes de l'homme.

« C'est bon, je vais frapper », dit-elle, avant de donner deux coups à la porte.

On entendait au travers un brouhaha joyeux et des bruits divers, mais personne ne répondit.

« Ils n'entendent pas, grogna-t-il. Frappez plus fort. »

Alors elle souleva le heurtoir qui retomba en résonnant sourdement, et, comme personne ne venait, elle recommença plusieurs fois, dans une répétition qui se faisait de plus en plus exaspérée, tandis que l'homme, gêné, observait son manège. Enfin, l'huis s'ouvrit pour laisser apparaître un jeune homme qui portait une fillette à cheval sur son dos ; la dame tenta de se ressaisir, mais il émanait de ces deux êtres une telle joie de vivre qu'elle se sentit mal à l'aise.

« Oh, c'est merveilleux ! Nous avons des visiteurs ! s'exclama le garçon. Vous désirez, madame ?

— Je voudrais parler à la baronne. Est-elle là ?

— Qui êtes-vous ?

— Victoria d'Ippold, présentement Paumgartner. Votre mère et moi, nous nous connaissons bien.

— Vraiment ? Mais sachez que Nannerl n'est pas ma mère, elle est la femme que j'ai choisie pour mon père », précisa-t-il gaiement, puis il réussit à lui baiser la main sans faire tomber la fillette. « *Enchanté*. Je suis Vincent von Berchtold zu Sonnenburg. Et voici Jeanette, ma petite sœur… Jeanette, salue la dame. Venez donc, et permettez-nous de vous précéder. C'est grand dommage que vous soyez mariée, *madame*, je vous aurais volontiers fait la cour… »

Dans la vaste salle avec une colonne au milieu, régnait un joyeux désordre enfantin. Les tables, les divans et le sol étaient jonchés de jouets de toutes sortes : un cheval à roulettes, une maison de poupée toute meublée, plusieurs poupées de cire et de porcelaine vêtues de brocart, de mousseline et de dentelles ; un automate en habit de peintre et même un énorme échiquier en pierre dont les pièces mesuraient au moins deux pieds de haut ; mais il n'y avait aucun instrument de musique, pas même un tambour, des grelots ou un fifre.

« Qui est là ? appela une voix grave à l'étage.

— Es-tu présentable ? répondit Vincent. De toute manière, ne crains rien, c'est une dame. »

La gorge serrée, Victoria écouta le bruit des pas volontaires qui descendaient les marches, et elle se rangea sur le côté de l'escalier, sans oser regarder ; puis le bruit cessa, et un silence stupéfait la contraignit à se retourner.

Nannerl se retenait à la rampe, montrant deux bras nus et pleins ; sa poitrine, plus épanouie que dans le souvenir de Victoria se soulevait, haletante. Elle avait quarante ans mais semblait beaucoup plus jeune que Victoria, et ses joues étaient enflammées comme celles d'une petite fille que l'on a interrompue dans ses jeux. De sa chevelure, rassemblée avec une certaine hâte par deux petits peignes au sommet de la tête, les boucles toujours blondes tombaient sur les courbes douces du cou et des épaules et ondoyaient au rythme de sa respiration.

Elle ne dit rien. Elle descendit les dernières marches en la regardant de ses yeux bleus dans lesquels Victoria ne lut plus aucune rancœur et, tandis que ses lèvres s'entrouvraient pour sourire, elle se précipita pour l'embrasser avec émotion. Victoria ne réussit pas à s'abandonner à son étreinte et pensa qu'elle aurait donné beaucoup pour ne pas être là, pas maintenant, pas pour la raison qui motivait sa venue, pendant que Nannerl s'écartait pour lui caresser le visage et le couvrir de baisers en y cherchant le souvenir de trop d'années de séparation et en murmurant :

« Victoria… Victoria chérie… »

Celle-ci se força à l'éloigner d'un geste brusque. Elle s'éclaircit la voix et dit :

« S'il te plaît, fais partir ta fille. »

L'appréhension put alors se lire clairement sur sa figure.

Elle regarda le garçon prendre sa sœur par la main sans dire mot et monter à l'étage.

« Asseyons-nous, Nannerl », dit-elle.

Celle-ci enleva les habits de la poupée qui encombraient le canapé et les entassa par terre. Elle s'installa sur un coussin, les mains sur les genoux, des mains fortes et minces, qui n'étaient plus la partie la plus précieuse de son corps.

« S'il te plaît, dis-moi.

— Il s'agit de Wolfgang. »

La grande porte s'ouvrit et Nannerl en sortit en courant. De sa bouche émanait une étrange plainte qui venait autant de la gorge que de la poitrine et du cerveau, un cri de douleur animale, viscérale. L'homme à la roue l'entendit, tressaillit et resta le marteau en l'air. Elle parcourut l'allée jusqu'à la grille, empoigna celle-ci, la serra comme pour la briser, puis la poussa et pénétra dans le bois ; elle trébucha et s'enfonça dans la neige, les yeux tournés vers le ciel dont elle eût voulu qu'il s'écroule sur sa tête.

« Cours tout de suite la rejoindre ! hurla Vincent en s'élançant dehors, suivi à grand-peine par Victoria. Je vais appeler mon père ! »

Il bondit sur un cheval et partit dans un galop désespéré, tandis que Victoria s'essoufflait dans l'allée, soulevant ses jupes et sa pelisse, et regardait partout en cherchant Nannerl ; elle finit par la voir tout au fond, recroquevillée au pied d'un arbre, elle alla vers elle, voulut la prendre dans ses bras, mais Nannerl se releva d'un coup et repartit sur le sentier d'un pas mal assuré. Elle tenta de rester derrière elle, tout en l'appelant :

« Nannerl… s'il te plaît, arrête-toi…

— Dis-en moi plus ! Quand est-ce arrivé ?

— Le 5 décembre… On l'a enterré le lendemain..

— Comment l'as-tu appris ?

— Mon père était en mission à Vienne. Il a vu de ses propres yeux le cercueil sortir par le porche de sa maison…

— Mais comment est-ce arrivé ?

— Il a été longtemps malade, mais on ne sait pas de quoi… Les médecins n'ont pas compris… »

Soudain, Nannerl s'arrêta, la prit par les épaules et la secoua en criant :

« Je ne savais rien… rien, tu comprends ? Comment est-ce possible ? »

Sa voix se répercuta dans les collines et s'y éteignit graduellement. Un instant, Victoria pensa qu'elle allait perdre connaissance, mais, au contraire, elle s'enfuit parmi les arbres en répétant :

« Va-t'en, va-t'en ! Laisse-moi seule ! »

« Pardonnez-moi, monsieur le baron… mais ne faudrait-il pas aller chercher Nannerl dans le bois ?

— Certainement pas, madame Paumgartner. Si ma femme ne veut pas de compagnie, personne ne doit lui en imposer une.

— Mais il fait un froid terrible… »

Plongé dans une partie d'échecs avec lui-même, Baptist ne répondit pas. Depuis une demi-heure, il avait décidé de se distraire avec les énormes pièces ; il en déplaçait une après avoir longuement réfléchi, puis se levait sans hâte, allait s'asseoir du côté adverse, réfléchissait encore et en déplaçait une autre, avant de revenir à la place précédente. Victoria ne savait que penser.

« Je me demande comment vous faites pour être aussi calme !

— Je ne le suis peut-être pas tant que ça », répondit-il.

Et, à ce moment précis, on entendit le grincement de la porte d'entrée et Nannerl fit irruption en criant :

« Baptist, j'ai décidé. Je pars demain pour Vienne ! »

En la voyant, Victoria sentit son cœur se serrer de pitié. Elle tremblait, claquait des dents, et l'on eût dit que son corps était happé par un tourbillon auquel elle tentait désespérément de résister ; hagarde, décomposée, elle n'était plus ni la femme amoureuse que Victoria avait juste eu le temps d'apercevoir, ni la jeune fille inflexible que, des années plus tôt, elle avait aimée. La jupe trempée et souillée par la neige ruisselait en formant des flaques sur le sol, et elle croisait les bras sur sa poitrine en y pressant des doigts livides et violacés ; elle avait une ecchymose sur la jambe, comme si elle avait buté sur un tronc d'arbre ou comme si, ne parvenant pas à supporter la douleur qui transperçait son âme, elle s'était frappée elle-même.

« Je vais à Vienne, répéta-t-elle. J'ai besoin de comprendre, Baptist. Tu me diras qu'il est inutile de se poser des questions angoissantes et de chercher des réponses, mais je dois le faire. Tu me diras que je dois me résigner devant le destin, mais je ne peux pas ! Tu me diras que personne n'est responsable, mais moi, je dois savoir si c'est vrai... »

De l'étage, pendant qu'elle parlait, arriva ce garçon, Vincent, suivi de trois autres jeunes gens, et, avec eux, une jeune femme portant un bébé, puis cette petite fille, Jeanette, et un autre enfant un peu plus âgé ; Vincent apportait une couverture qu'il déplia et posa sur les épaules de Nannerl, après quoi il l'entraîna doucement vers la cheminée.

« Je dois y aller seule, Baptist... poursuivait-elle. Tu me diras aussi que quelqu'un devrait venir avec moi, mais il s'agit de quelque chose qui me regarde plus que vous tous, et je dois l'affronter dans la solitude. Tu me diras que je devrais maintenant aller me coucher, pour épuiser tout ce que mon corps contient de larmes, puis recommencer à vivre, mais tu sais très bien que je n'en suis pas capable! Tu me diras que j'ai toujours du mal à m'éloigner d'ici, que je n'aime guère aller à Salzbourg, et ne parlons pas de Vienne, mais en ce moment je sens, oui je sens, que je dois me forcer... Je dois connaître ce qui s'est passé dans tous les détails... et je ne le fais pas pour me punir! J'en ai besoin, Baptist! »

Il était resté assis devant l'échiquier, et Victoria crut voir briller une larme dans ses yeux si étranges. Il se leva et annonça d'une voix claire:

« Je vais donner des ordres au cocher. »

Il passa devant Nannerl en effleurant d'une caresse sa joue gonflée, et sortit sur le perron.

Tard le soir, Nannerl se calma un peu. Enveloppée dans la couverture, absorbant du bouillon dans une tasse, elle laissait Victoria lui frictionner les jambes avec une huile aromatique.

« Quand j'ai appris que Wolfgang se mariait, cela m'a laissée tout à fait indifférente... disait-elle: comme lui, j'imagine, à l'annonce de mon mariage. Durant quelque temps mon père a servi d'intermédiaire en racontant dans de longues lettres, à Wolfgang, je suppose, ma vie familiale, et à moi ses succès. Il m'a aussi envoyé des copies de ses partitions, que je n'ai même pas conservées...

— Tu ne joues plus jamais? »

Elle eut un sourire fatigué.

« As-tu aperçu un piano-forte dans les parages?

— Non, justement... Et je me demande comment tu fais pour ne pas avoir envie de toucher un clavier, au moins de temps en temps.

— C'est pourtant ainsi, Victoria... et je t'assure qu'il n'y a aucune amertume dans mon renoncement. J'aurais besoin, désormais, de trop d'exercices pour réparer une si longue inactivité... Je doute d'ailleurs que je puisse retrouver l'agilité des doigts qui me caractérisait et la précision du toucher. Il m'est parfois arrivé de penser à m'y remettre et, au fond, il suffisait de faire venir ici un piano-forte qui se trouve dans un de nos appartements de Salzbourg... mais cela aurait causé beaucoup de tracas, et puis ça m'est sorti de l'esprit et, ainsi, j'ai tout laissé aller à vau-l'eau. »

Victoria compara ses mains très soignées à celles de Nannerl.

« Mais alors, que fais-tu de tes journées ? »

Le sourire de Nannerl s'accentua.

« Je m'occupe de cette maison, de mon mari, de ses enfants et des nôtres. Tu crois que ça ne suffit pas ? Jeanette est une petite fille très douée... je lui fais étudier le latin, et ensuite, rends-toi compte, c'est elle qui me l'enseigne. Quant au garçon, il est adorable, et si brillant...

— Donc, tu n'inities même pas tes enfants à la musique ? »

Elle soupira :

« N'insiste pas, Victoria, je t'en prie. Cela fait longtemps que j'ai cessé de me sentir harcelée par des gens qui me poussaient à faire des choses qu'ils considéraient importantes pour moi, mais qu'en réalité je n'avais aucune envie de faire ! Toi, ton père, Wolfgang... oui, plus qu'aucun autre, Wolfgang... »

Elle s'interrompit et murmura encore le nom de son frère, puis, soudain, cacha son visage et éclata en sanglots.

Victoria se sentit complètement impuissante. Elle posa une main sur sa tête sans même qu'elle s'en aperçoive, tandis qu'elle gémissait :

« Je n'ai jamais vu ses enfants, ni lui les miens... Je n'ai jamais connu sa maison de Vienne, et lui n'est jamais venu non plus jusqu'ici... J'ai employé chaque étincelle de mon énergie à détester son souvenir...

— Quand avez-vous été en relations pour la dernière fois ?

— Cela fait cinq ans et cinq mois. Wolfgang m'a envoyé ses vœux pour ma fête, et je lui ai écrit pour le remercier… et après, plus rien. » Elle essuya ses larmes avec la couverture. « L'intensité de ma douleur me déconcerte, car au moment où notre père nous a quittés… je n'ai rien ressenti !

— Est-ce possible ?

— Non, rien, je te jure. Ni remords, ni sentiment de perte… peut-être même un soupçon de satisfaction… si mesquin que cela puisse paraître et si terrible que ce soit à dire. » Elle enfila des bas de laine, mettant fin aux attentions de Victoria. « Sais-tu ce que m'a dit mon père, peu avant de mourir ? Il m'a demandé de me réconcilier avec Wolfgang. Et je ne l'ai pas fait, je le sais aujourd'hui, rien que pour le contredire… Oh, Victoria, je suis pressée de partir ! Je dois recoudre cette déchirure…

— Excusez-moi… »

Baptist était au pied de l'escalier, un livre sous le bras et une lampe à la main.

« Je voudrais rappeler à ma gracieuse épouse, poursuivit-il avec un mince sourire, que c'est la dernière nuit que nous passons ensemble avant un certain temps, et donc que ce ne serait guère poli de sa part de me laisser m'endormir seul. »

Elle lui renvoya son sourire.

« Je te rejoins d'ici peu.

— Merci. Bonne nuit, madame Paumgartner » – et il disparut dans l'obscurité de l'escalier.

Les deux femmes gardèrent le silence quelques instants, chacune se demandant si le moment était déjà venu d'interrompre leur tête-à-tête. Puis Nannerl dit, en hésitant un peu :

« Toi aussi, tu t'es mariée ?

— Oui, avec un musicien.

— Oh, vraiment ? Ce doit être à coup sûr une union merveilleuse. Et l'enfant… ajouta-t-elle en détournant son regard. Enfin tu sais parfaitement de quoi je parle… il va bien, sa santé est bonne ?

— C'est une fille. Oui, elle se porte bien... et mon mari est pour elle un père modèle. »

Nannerl acquiesça, intimement soulagée. Puis elle demanda :

« As-tu eu d'autres enfants ?

— J'aurais bien voulu, mais... ils ne sont pas venus. De toute manière, il aurait été très difficile de concilier mes concerts, et surtout les leçons, avec une maisonnée pleine d'enfants...

— Combien d'élèves as-tu ?

— Vingt-six.

— Tant que ça ? Tu dois donc enseigner tous les jours, et au moins cinq heures d'affilée...

— Chaque matin j'étudie pour moi-même, et les après-midi sont toutes consacrées aux élèves. Deux d'entre eux, poursuivit-elle avec une satisfaction attendrie, se sont déjà produits en public...

— On dirait presque qu'enseigner te rend heureuse, remarqua Nannerl avec une certaine surprise.

— J'essaye seulement d'être une enseignante digne de celle que j'ai eue. »

Un autre long silence s'installa, puis Victoria murmura timidement :

« Demain matin, nous pourrons faire un bout de chemin ensemble...

— Oui, mais nous devrons vite nous séparer.

— Combien de temps comptes-tu rester à Vienne ?

— Je n'ai pas encore décidé », répondit-elle en se levant et en enroulant la couverture autour de ses jambes ; puis elle alla à la fenêtre qui donnait sur la cour et, avec une sorte de révérence, elle l'ouvrit, défiant le froid. « Viens, s'il te plaît », dit-elle, et elle montra à Victoria les collines enneigées et éclairées par la lune, tout en murmurant : « Je me suis mille fois accoudée à ce balcon en me demandant dans quelle direction se trouvait Vienne... dans quelle direction je devais tourner mon regard pour m'imaginer proche de mon frère. Je me berçais de la certitude qu'il pensait à moi et que, parfois, il rêvait de moi... et j'étais sûre que nous finirions par nous retrouver, que, comme dans notre enfance, il suffirait de quelques rimes pour nous sentir de nouveau heureux ensemble... »

Elle se tut, percevant dans son dos la présence d'une forme en chemise de nuit.

« Jeanette ! Qu'est-ce que tu fais debout à cette heure ? Viens vite te coucher ! » s'exclama-t-elle en refermant prestement la fenêtre et en se libérant de la couverture. « Excuse-moi, Victoria, il faut que j'aille avec elle... Tu as compris comment te rendre dans ta chambre ?

— Bien sûr, ne t'inquiète pas pour moi. » Victoria observa Nannerl qui gagnait l'escalier en tenant l'enfant par la main, puis déclara : « J'aime ce prénom de Jeanette... tu l'as bien choisi. »

Nannerl se retourna en souriant :

« Oh, merci... à vrai dire, c'est Baptist qui l'a choisi. Et ta fille, comment s'appelle-t-elle ?

— Nannerl. »

« Madame la Baronne, nous sommes arrivés ! »

Le cocher dut répéter son avertissement. Elle était allongée sur les coussins qu'elle avait fait disposer sur les banquettes de manière à pouvoir s'accommoder à sa guise, s'y blottir, s'y recroqueviller comme dans le ventre maternel ; elle percevait cette voix masculine et les coups sur la vitre, mais il lui semblait qu'ils ne s'adressaient pas à elle. Son esprit voguait ailleurs, dans une chambre obscure, près du lit de mort de Wolfgang.

Le malade n'avait pas de compresses sur le front, pas de traces de saignées aux bras, et nul objet insolite, nulle petite fiole n'étaient posés à son chevet ; il semblait seulement très fatigué, le drap remonté jusque sur la bouche, ses yeux saillants étaient rivés sur les murs, et Nannerl était certaine qu'il pouvait entendre et comprendre tout ce qui se passait autour de lui mais qu'il ne voulait pas intervenir dans le cours des événements. D'autres personnages l'entouraient, l'air désapprobateur : Herr Mozart, surtout, qui, assis dans un coin, observait la scène comme si tout cela n'était qu'une machination ; et Constance, la femme de Wolfgang, trop légèrement vêtue, qui, assise sur le bord du lit, le veillait avec des gestes sensuels tout à fait inappropriés. Dans la pièce se tenait également un médecin qui, tel un mauvais interprète incapable de trouver le ton juste, répétait sans fin la même tirade : « Le pauvre jeune homme est perdu, il faut abréger son agonie pour lui éviter des souffrances inutiles. » Et, en même temps, il versait un breuvage dans un verre : un poison foudroyant.

Wolfgang ingurgita l'infâme mixture comme s'il obéissait au Destin, comme s'il se résignait à une injuste punition pour avoir fait quelque chose qu'il n'avait plus la force de justifier ; mais, à ce moment précis, Nannerl comprit avec une absolue certitude qu'il n'était nullement perdu et que sa situation n'avait rien d'irréversible. Il souffrait seulement d'une de ces terribles mélancolies auxquelles tout homme, pour peu qu'il le veuille, a le pouvoir de survivre ; mais, hélas, cette intuition lui était venue trop tard, et le metteur en scène occulte avait déjà conduit le drame à son dénouement.

Elle s'approcha du lit : Wolfgang était couché sur le flanc, le regard voilé. Il était vivant. Se pouvait-il que le poison n'ait pas fait son effet ? Se pouvait-il que leur père, ayant pressenti le piège, ait changé la mixture en eau ? Elle serra les mains de son frère dans les siennes et prononça leur vieille formule de paix, mais il ne répondit pas, et elle ne parvint pas à deviner ses pensées.

« Je suis prête, Sebastian », dit-elle, en se reprenant.

Elle se sentait très faible ; l'air vif ne la ranima pas mais lui donna au contraire envie de remonter dans la voiture et de retourner immédiatement à la maison. Quelle idée macabre d'être venue voir la tombe de Wolfgang... Pourquoi avait-elle demandé au cocher de la mener jusque-là ? Une fois devant la tombe, allait-elle vraiment parler avec une dalle de marbre ? Son frère n'était pas en ce lieu ; aucune trace de sa conscience ne subsistait sur cette terre. Que restait-il donc de lui ? Dans quel but était-il né, avait-il vécu et était-il mort à moins de trente-six ans ?

« Voulez-vous que je vous accompagne, Madame la Baronne ? »

Elle secoua négativement la tête et tendit un bras pour l'écarter. Sous sa main, la grille émit un grincement prolongé, et elle se retrouva dans le cimetière Sankt Marx presque contre sa volonté.

Une brume dense stagnait dans sa mémoire. Un néant fait d'un trop-plein de pensées, qui la poussa à errer sans repères entre les croix de fer disposées en bon ordre, les pots de fleurs gelées, les vases opaques et sales, jusqu'à ce qu'elle découvre un gardien en train de déblayer la neige et qu'elle le rejoigne en traînant les pieds.

« Excusez-moi... Pourriez-vous me dire, s'il vous plaît, où se trouve la tombe de Wolfgang Amadeus Mozart ?

— La tombe de Wolfgang comment ? questionna celui-ci, en plantant sa pelle dans la neige et en coinçant le manche sous son aisselle.

— Mozart ! Vous ne le connaissez pas ? »

L'homme fit claquer ses doigts :

« Ah, oui, le pauvre musicien ! Ils l'ont jeté dans la fosse commune.

— Dans la fosse commune ? » répéta-t-elle, souffle coupé.

Le gardien jouait avec sa pelle en observant Nannerl d'un air cynique ; il semblait surtout frappé par l'élégance de sa mise.

« Désirez-vous y aller ? » dit-il en grimaçant un sourire, et, sans attendre la réponse, il s'anima : « Vous savez, sur le moment je n'avais pas compris, mais maintenant tout me revient avec précision. Sa femme n'avait pas d'argent pour une tombe privée, alors vous comprenez…

— Mais il n'y a rien qui le rappelle ? Pas même une pierre tombale ?

— Ça, on peut toujours en mettre une. On peut tout faire, même une statue, si on veut ! Oui, tout. Quand quelqu'un a de quoi, il peut faire ce qui lui chante ; ai-je raison ou non, ma belle dame ? »

Aux abords de la fosse rôdait un visiteur solitaire qui, plongé dans une conversation avec lui-même, arpentait d'un pas rapide l'allée dans les deux sens.

« Tenez, cet homme est un musicien ! s'exclama le gardien. Il vient tous les jours que Dieu fait. Ne me demandez pas pour quoi faire, je n'en ai pas la moindre idée.

— Comment s'appelle-t-il ?

— Antonio Salieri. »

À cet instant, Nannerl sentit ses forces lui revenir.

« Vous pouvez aller. Merci.

— Il n'y a pas de quoi. Et pour la pierre, faites-moi savoir ! »

« Herr Salieri ? » questionna-t-elle en s'approchant doucement.

Il ne payait guère de mine : maigre, typiquement italien, serré dans une jaquette sur laquelle étaient cousues des décorations dont il était de toute évidence très fier. En la voyant, il haussa les sourcils, troublé dans sa solitude ; les lèvres, à l'ombre d'un nez aquilin, étaient presque inexistantes.

« À qui ai-je l'honneur ? demanda-t-il d'un air soupçonneux.

— Je suis la sœur de Mozart. »

Il se tut, interloqué, puis affirma :

« Je ne savais pas qu'il avait une sœur.

— Cela ne m'étonne pas. J'imagine qu'il ne parlait jamais de moi, murmura-t-elle, en enfilant les mains dans les poches de son manteau.

— Aviez-vous de bons rapports avec lui ? »

Étaient-ce là des questions à poser ?

« Et vous, si je puis me permettre ? »

D'un coup, le visage fermé du petit homme s'ouvrit dans un sourire d'une bonté absolue.

« J'aurais tant aimé avoir un élève comme Mozart... C'est la première chose que j'ai pensée dès que je l'ai connu. Il n'avait plus besoin d'un maître, alors, mais quand il était enfant... oh, quand il était enfant, cela aurait été exaltant d'être confronté à un tel génie ! Vous vous entendez en musique, madame ?

— Je dirais que oui...

— Et avez-vous eu des maîtres de valeur ?

— À la vérité, j'ai été moi-même professeur de pianoforte.

— Oh, vraiment ? Comme c'est intéressant ! Et avez-vous eu quelque élève qui ait entrepris une carrière avec succès ?

— Une seulement, à ce que je sais.

— C'est déjà énorme, vous ne croyez pas ? Madame, je vais vous faire un aveu : ce serait pour moi une bien plus grande satisfaction de rester dans les mémoires comme un professeur que comme un compositeur de cour. La gloire en elle-même n'est jamais aussi exaltante que la joie de participer à l'éclosion d'un talent ; et les applaudissements que l'on reçoit pour soi-même ne sont jamais aussi enthousiasmants que ceux qui s'adressent à un élève que l'on a formé. Pour ma part, je dois m'estimer béni des dieux, parce que certains de mes jeunes gens commencent à me donner des satisfactions : le jeune Ludwig van Beethoven est certainement le meilleur, oh, oui... »

Et, sur ces mots, il s'éloigna dans l'allée pour reprendre son soliloque.

« Mais où allez-vous ? J'ai besoin de vous parler ! »

Il se retourna : l'étonnement arquait si fort ses sourcils qu'ils se confondaient avec la racine de ses cheveux.

« Et de quoi donc, je vous prie ?

— De mon frère, évidemment... et aussi de musique.

— En ce qui concerne votre frère, je n'ai pas grand-chose à raconter...

— Pourtant, vous le connaissiez !

— Oui, bien entendu ; mais nos rapports personnels étaient fort réduits. Vous me pardonnerez, madame... je dois partir, maintenant...

— Mais alors, pourquoi venez-vous ici ? »

Salieri lui lança un regard étrange. Un coup de vent souleva sa tignasse grise et le col de sa jaquette.

« Pourquoi venez-vous, si vous le connaissiez à peine ? » insista Nannerl.

L'homme poussa un long soupir, puis proféra d'une voix douce :

« Croyez-vous que la peur puisse se colorer de légèreté ? »

Nannerl ne sut que répondre.

« Madame, poursuivit-il, essayez de penser à Tamino et Pamina, quand ils passent par la cascade et les flammes : un instant plus tôt, nous tremblions avec eux de terreur ; et puis surgissent ces notes immatérielles de flûte... éthérées : un petit air allègre, simple comme une comptine ! L'épreuve surmontée est faite de terreur qui plane, de gouttes de sueur qui n'ont pas d'odeur... Vous comprenez ce que je veux dire, n'est-ce pas ? »

Elle acquiesça, même si elle était désormais convaincue que cet homme déraisonnait.

Un voile de mélancolie passa sur son visage.

« En ce lieu, je sens encore résonner les échos de *La Flûte enchantée*... cette sublime synthèse de toutes les passions humaines, de tous les styles d'opéra, empreinte d'une délicieuse légèreté. Rien de redondant, certes ; plutôt une complexe, admirable délicatesse, une innocence apparente qui déconcerte le plus capable des interprètes, car il suffit d'une minuscule erreur, une seule, ne serait-ce que l'ombre d'une erreur, pour que le passage entier se transforme en désastre...

— Pardonnez-moi, Herr Salieri... mais pourquoi me dites-vous ces choses ?

— Ne m'avez-vous pas demandé de parler de musique ? Et est-il possible de parler de Mozart sans parler de son inégalable musique ? »

Il avait fermé les yeux, dirigeant un orchestre imaginaire ; il les rouvrit et parut se transformer en ascète.

« L'âme de Mozart plane encore près de son corps, car il n'arrive pas à se détacher de cette vie qu'il aimait tant. C'est pour cela qu'en ce lieu je peux encore percevoir sa musique ; au-dehors, elle est morte avec lui.

— Mais ce n'est pas vrai ! Sa musique est tout sauf morte ! Elle vivra toujours...

— Connaissez-vous *Don Giovanni* ?

— Oui... répondit-elle, embarrassée.

— Jamais on n'a entendu de notes aussi ténébreuses et cruelles, marquées par une odeur de putréfaction. L'Au-delà rôde, nous agrippe et ne nous laisse aucune espérance... vous me suivez, madame ? Pour Mozart, la mort est dissolution ; elle est la perte irrémédiable de tout ce que l'on a créé durant sa vie. C'est là ce que croyait votre frère et qui, inexorablement, se vérifie. »

Puis il regarda Nannerl avec une extrême attention, et ses sourcils retombèrent pour se froncer en faisant perdre à ses yeux toute trace de bonhomie.

« Vous ne partagez pas ma conviction !

— À vrai dire... je dois avouer que j'ai du mal à vous comprendre. Je ne connais pas à fond *La Flûte enchantée*, ni *Don Giovanni*...

— Oh ! Est-ce possible ?

— Depuis longtemps, j'avais perdu Wolfgang de vue, confessa-t-elle dans un filet de voix. Je n'ai donc pas eu accès à ses dernières œuvres... ni à ses ultimes pensées. »

Le regard de Salieri se teinta de méchanceté. Brusquement, elle oublia son aspect malingre ; cet homme la dominait, elle sentait en lui une personnalité sombre et violente.

« Étiez-vous jalouse de lui ?

— Jamais !

— En êtes-vous sûre ? Pourtant cela n'aurait rien d'étonnant : être la sœur d'un génie ne doit pas être facile...

— Je n'étais pas jalouse de Wolfgang. Et je ne vous permets pas une telle supposition ! »

Ses protestations tombèrent dans le vide.

« La jalousie est un poison efficace, ne me dites pas, madame, que vous l'ignorez.

— La jalousie ne tue que le cœur de celui qui l'éprouve.

— Vous croyez ? Moi non : elle peut aussi avoir un effet destructeur sur celui qui en est l'objet. Et je parle d'un effet lent, sournois, qui s'étend sur des années...

— Je n'ai jamais été jalouse de mon frère ! Le comprendrez-vous enfin ? »

Même le gardien qui était retourné déblayer la neige dut entendre cette vibrante protestation. Et, en un instant, Salieri abandonna son rôle d'accusateur ambigu pour redevenir le petit homme bienveillant et affecté du début : il regarda Nannerl avec une candeur enfantine, tout en murmurant :

« Alors, démontrez-le.

— Je continue à ne pas vous comprendre.

— Ses manuscrits sont entre les mains de sa veuve. Et cette femme ne peut sûrement pas saisir la valeur de ses œuvres. Celles-ci risquent de finir comme de vieux papiers ! Les enfants en feront des confettis, elles seront vendues au premier marchand venu, ou, pis, elles resteront dans un coin à se couvrir de poussière et à se décomposer !

— Et que puis-je y faire ?

— Procurez-les-vous, madame ! Arrachez-les à cette bonne femme, si nécessaire ! Vous, en qualité de sœur, vous pouvez faire valoir vos droits. Occupez-vous, donc, des compositions de Mozart, faites publier son œuvre complète, sinon son génie demeurera méconnu ! Faites en sorte que la postérité puisse au moins connaître ses admirables mélodies, leur perfection formelle, la complexité de leur simplicité... ! Que les hommes et les femmes qui viendront puissent se passionner pour la musique, à travers la musique de Mozart ! Que la brève vie de votre frère ait eu un sens, oui, ne serait-ce que pour cela ! »

Puis il se rapprocha d'elle et ajouta, d'un air mystérieux :

« Dans tous les cas, faites attention, madame, votre frère avait beaucoup d'ennemis. Des bruits circulent qu'il a été empoisonné. »

Et il s'éloigna dans l'allée, de son pas court de petit homme, sans plus se parler à lui-même.

Elle ne parvenait pas à détacher son regard de cette chose immergée dans un liquide bleuâtre, cette petite chose si peu humaine mais qu'avait abritée un temps le ventre d'une femme. Une créature grise peut-être mort-née, peut-être morte avant d'être née, aux minuscules membres repliés et aux yeux si étroitement clos que les paupières semblaient collées ; mais ces yeux étaient quatre, car la chose avait deux têtes partiellement soudées à l'arrière du crâne. Les oreilles qui coïncidaient étaient fondues ensemble comme deux chandelles trop proches l'une de l'autre et trop voisines du feu de la cheminée ; mais les nez, les bouches, les fronts étaient deux, et le cou formait une sorte de branche fourchue si largement reliée aux épaules qu'elle les occupait presque entièrement. Dans quel but conservait-on une telle infamie de la nature ?

« L'objectif est l'étude et la connaissance, et la connaissance des anomalies perfectionne celle de la norme. » L'homme semblait avoir entendu sa question silencieuse et avait répondu en citant de mémoire. « Mais ce spectacle n'est pas fait pour une dame ; pouvons-nous passer dans le cabinet ? Matthias von Sallaba vous attend. »

Nannerl le suivit, en passant près d'une table sur laquelle reposait le tronc d'un homme ouvert sur le devant, révélant le cœur, le foie et les poumons ; c'était un moulage en plâtre, consciencieusement colorié en violet, rose et bleu ciel.

« Asseyez-vous, madame. J'étais justement en train de chercher pour vous le mécanisme de l'action de l'Acqua Toffana. Tenez, regardez. »

Et il agita un gros livre sous son nez.

« Pardonnez-moi... mais qu'est-ce que l'Acqua Toffana ?

— Le poison que votre frère soutenait avoir absorbé. La rumeur en a été répandue par sa veuve ; n'est-ce pas, mon cher Thomas ?

— Vous avez raison, comme toujours, Herr Sallaba !

— Trop aimable. À propos, Thomas, j'imagine que vous avez connaissance de la composition et de l'origine de cette potion. Suis-je dans le vrai ?

— Sans aucun doute : arsenic et plomb, agissant à retardement.

— Excellent.

— Le nom vient d'une certaine Giulia Toffana, poursuivit Thomas comme un bon élève : une rusée femme du peuple originaire de Sicile, qui en a inventé la formule et, sur son lit de mort, l'a confiée à sa bru pour qu'elle la transmette ; et celle-ci, du nom de Girolama Spara...

— Est-ce vrai ? » fit Nannerl, nerveuse.

L'interruption sembla déconcerter les deux hommes.

« Naturellement, madame ! Sans l'ombre d'un doute, affirma Thomas. Tous les documents le prouvent ; il ne s'agit pas d'une légende. Comme je vous l'exposais, ladite Girolama se livra à une authentique hécatombe avant d'être pendue à Rome, au Campo de' Fiori...

— Est-ce vrai que mon frère ait été empoisonné ? » cria Nannerl.

Un instant, les deux hommes parurent gênés. Ils la regardèrent, puis Sallaba exprima sa ferme conviction :

« Non, madame. Ma science me conduit à l'exclure.

— Je l'exclus moi aussi !

— Au reste, même si vous n'avez pas de connaissances dans le domaine médical, vous pouvez vous-même en trouver la preuve dans ce volume, pour peu que vous sachiez lire : les symptômes ne correspondent pas.

— Mais alors, si vous permettez, pourquoi lui-même en était-il convaincu ?

— Que voulez-vous que je vous dise ? Nous ne le saurons jamais. Notre unique certitude est qu'une âme sensible peut se convaincre de n'importe quoi.

— Bien dit ! Je ne connaissais pas intimement le pauvre Mozart, mais, avant lui, j'ai soigné des douzaines d'artistes, et chacun avait ses bizarreries, ses idées fixes...

— L'excitabilité maladive est une composante inévitable du génie. Certes, pour ceux qui sont privés de ce génie, c'est là une réalité difficile à comprendre : je ne m'attends donc pas à ce que vous l'acceptiez, sauf si vous faites confiance à notre compétence. »

Pour quelle raison ces deux-là s'acharnaient-ils à la rabaisser ? Était-ce seulement parce qu'elle tentait de comprendre quelque chose ?

« S'il ne s'agit pas de poison, expliquez-moi donc de quoi il est mort. Et je vous prie d'employer des termes adaptés à mes pauvres facultés !

— C'est très simple, déclara le chirurgien avec un sourire imperturbable. Fièvre miliaire aiguë.

— Et qu'est-ce que c'est ?

— Voulez-vous que je vous en décrive les effets ? Vous serez servie. Le corps de votre frère brûlait d'un feu ardent et était excessivement enflé, tant les mains que les pieds ; pour ne pas parler du ventre qui, dans les derniers jours de sa vie, est devenu énorme et qui, même après son décès, a continué de se remplir d'un liquide interne qui remontait à la surface au point de faire ressembler sa dépouille à une unique, monstrueuse vessie...

— Assez, je vous en prie...

— Fiez-vous à nous, donc, et acceptez le diagnostic : il s'agissait de fièvre miliaire, et sûrement pas des effets de l'Acqua Toffana ou de quelque autre hypothétique substance. À propos, je me demande... » poursuivit-il en se grattant la barbe. « Combien de cas semblables ai-je rencontrés depuis le début de l'hiver ? Je dirais une cinquantaine. Et combien de pintes de sang ai-je tirées ? Probablement une centaine... mais je ne peux garantir ce dernier chiffre ; je ne me suis évidemment pas donné la peine de compter...

— Si vous permettez, intervint l'autre, je me souviens en revanche avec une absolue précision de combien de sang nous avons pris au bon Mozart : rien que dans la dernière semaine de son existence, cinq pintes ! Et auparavant, sept ! Donc douze en tout, hé, hé... ! Mais cela n'a servi à rien, hélas...

— La médecine n'a pas de pouvoir sur la volonté divine !

— Bien dit, comme toujours ! Et vous souvenez-vous des horribles spasmes qui secouaient le corps de Mozart, avant son décès ?

— Naturellement, confirma le chirurgien d'un air grave. Ses membres semblaient s'agiter comme sous l'effet d'un tremblement de terre. Par moments il se redressait brusquement pour s'asseoir, les yeux perdus dans le vide, il haletait et délirait en émettant des sons inarticulés ; il ne parvenait à prononcer que quelques phrases presque toujours dénuées de sens, pour le reste c'étaient des mots dans une autre langue, ou des mots inventés... »

Le fœtus à deux têtes, le tronc écorché, les instruments d'anatomie, les flacons et les herbes médicinales, tout se confondait dans la tête de Nannerl avec le corps de Wolfgang, épuisé par la fièvre et les saignées, en proie à une incoercible terreur. Il respirait bruyamment, gonflant ses joues et soufflant comme pour produire sa dernière musique... Et pendant ce temps les deux bouchers péroraient, leurs voix se mélangeaient en un tourbillon indistinct, quand, soudain, elle perçut un mot, prononcé par l'un d'eux, un mot qui lui sembla familier ; ce mot fut répété, puis ils passèrent à autre chose, mais il était resté en elle, et elle s'y cramponna pour se ressaisir ; elle respira à fond, parvint de nouveau à distinguer les voix horribles des médecins, mais le mot était maintenant devant elle, tangible, elle le voyait, elle pouvait même le toucher, et c'était « Royaume ».

« Quelle chose... quelle chose avez-vous évoquée, que disait mon frère ?

— Pardon ? Ah, oui, dans son délire il répétait tout le temps qu'il voulait retourner dans son royaume, et d'autres inepties à propos d'une reine disparue il ne savait où...

— Eh, oui... Le pauvre homme n'avait plus sa tête. Ces manifestations sont fréquentes... »

Elle courut vers la sortie, pressant un mouchoir contre sa bouche, mais, plus encore qu'avant, elle fut assaillie par l'odeur de l'alcool et des préparations, la vision des horreurs exposées, et elle dut s'appuyer contre une cloison. Avec une surprenante célérité, Sallaba la rejoignit et lui prit le pouls.

« Madame, vous sentez-vous bien ? Vite, Thomas, apporte un remède !

— Non, non, par pitié ! » hurla-t-elle en claquant la porte derrière elle.

Était-ce bien la maison ? Nannerl vérifia l'adresse sur un bout de papier qu'elle remit dans son sac. La construction était basse, délabrée, et l'on ne voyait pas âme qui vive dans la rue. Sebastian tourna la poignée de la portière et, sans dire mot, elle descendit.

Elle entra dans une petite cour obscure et sale, avec un escalier au fond. Relevant sa jupe, marchant sur la pointe des pieds, elle rejoignit celui-ci et, arrivée en haut, frappa à la porte, juste deux coups légers. La porte s'ouvrit : d'instinct, elle chercha un visage à la hauteur du sien, mais elle dut abaisser son regard, et de beaucoup : c'était un enfant qui avait ouvert, un tout petit enfant, qui la contemplait comme on contemple une étrangère, et sa ressemblance avec Wolfgang était frappante…

« Qui es-tu ? questionna-t-il joyeusement.

— Je suis… Nannerl…

— Maman, maman, c'est une dame ! » cria-t-il, et il s'enfuit.

Elle s'introduisit furtivement et se retrouva dans un salon pauvre et mal tenu. Le piano-forte était ouvert comme si, un instant plus tôt, son frère y avait travaillé, et des liasses de partitions s'amoncelaient sur la table d'harmonie. Elle tenta de les mettre en ordre et s'aperçut que certaines étaient couvertes d'affreux gribouillis.

« Que veux-tu ? »

Constance, la veuve, se tenait derrière elle, sanglée dans une camisole, sensuelle et négligée, hostile.

« Qui a mis les partitions dans cet état ? » demanda Nannerl d'une voix étranglée.

L'autre haussa les épaules.

« Je ne sais pas, ça doit être les enfants. S'il te plaît, va-t'en.

— Tu devrais les ranger à part… Tu ne dois pas courir le risque de les laisser s'abîmer…

— Je n'y ai pas touché depuis que Wolfgang est mort. Tout est resté pareil, ici.

— Mais où se trouvent les autres partitions ? Elles ne peuvent être toutes là…

— J'en ai vendu quelques-unes, et ses élèves en ont certaines.

— Comment ? Il donnait des leçons ?

— Oui, bien sûr ! De quoi crois-tu que nous vivions ?

— Et à qui les as-tu vendues ?

— À des marchands, à des gens que ça intéressait… mais que veux-tu, à la fin ? Va-t'en, Nannerl ! »

Elle n'obéit pas. Elle se retourna et, avec frénésie, se remit à feuilleter les partitions, à tenter d'assembler un morceau entier, au moins un ; mais, tout d'un coup, elle eut dans les mains une feuille d'une texture différente : ce n'était pas du papier à musique, mais un parchemin, et elle retint son souffle. Elle la déplia sur la table d'harmonie, l'aplanit, et se revit étendue sur un lit dans la vieille maison Mozart, et l'enfant Wolfgang lui tendait cette feuille : « Regarde un peu ce que j'ai trouvé », disait-il, en demandant son pardon, et elle, par entêtement, le lui avait refusé… Alors, sur le pré, sur le château au donjon crénelé, sur les silhouettes des deux enfants portant chacun une couronne sur la tête, tomba une goutte chaude et transparente, puis une autre, et les larmes se répandirent en se mêlant aux plis du parchemin, diluant les signes déjà décolorés.

« Pourquoi elle pleure, la dame ? demanda l'enfant sur le pas de la porte.

— Retourne dans ta chambre, Karl », fit Constance. Puis elle s'approcha : « Écoute, Nannerl, si tu es venue pour pleurer, tu pouvais le faire chez toi. Cette maison a déjà vu assez de malheur.

— Tu as raison, pardonne-moi. En réalité, je suis venue pour… pour t'acheter les partitions. Toutes.

— Quoi ? s'exclama Constance, interloquée. Puis elle alla à la porte et l'ouvrit d'un geste péremptoire.

— Je parle sérieusement, Constance. Je veux te les acheter.

— Je t'ai déjà répété plusieurs fois de t'en aller. Maintenant, pour la dernière fois, je te prie de le faire !

— Je te les paye ! Je te les paye aujourd'hui même, tout de suite ! Tu as besoin d'argent, non ? C'est pour cela que tu as lancé cette rumeur à propos de poison : pour qu'on en parle, pour susciter un scandale, pour t'attirer la pitié des puissants… J'imagine que tu as déjà en réserve quelques suppliques, quelques requêtes de la pauvre veuve, mère d'enfants dont le père a été ignoblement assassiné… Je me trompe ? »

Après un instant, Constance s'écria :

« C'est Wolfgang qui a parlé de poison ! Moi, je ne savais même pas ce qu'était cette Acqua Toffana…

— Écoute, ne perdons pas notre temps. Je te donne trois cents florins. »

Elle demeura interdite, tout en essayant de ne pas le laisser voir. Puis, avec un petit sourire, elle dit :

« Je sais que tu es très riche, mais… tu te promènes avec tout cet argent sur toi ? Et où le caches-tu ? J'aimerais bien le savoir…

— Quatre cents. »

Le sourire s'éteignit sur ses lèvres, et elle la regarda d'un air soupçonneux.

« Pourquoi veux-tu les acheter ?

— Je veux les faire publier. Les répertorier, de la première à la dernière, et les publier. Elles ne peuvent finir entre les mains d'un quelconque marchand… c'est tout ce qui reste de lui !

— Qui se soucie de ce qui reste… il n'est plus là, Nannerl ! Il est mort !

— Tu seras également payée par les éditeurs. Cela te fera une bonne rente, je te le garantis. De quoi élever tes enfants. »

Un silence interminable ; puis, froidement :

« Cinq cents. »

Nannerl prit le parchemin.

« Seulement si tu me donnes aussi celle-là.

— C'est facile, pour toi, fit Constance, avec mépris. C'est l'argent de ton mari…

— Je veux aussi celle-là, Constance !

— Eh bien, prends-la ! »

Elle descendit de voiture d'un bond léger et joyeux, et Sebastian n'eut pas le temps de lâcher le marchepied que, déjà, elle avait disparu.

« Madame la Baronne ! Votre bagage !

— Ah, oui, suis-je bête... » Elle retourna sur ses pas et prit des mains du cocher un sac rempli de partitions. « Transporte le reste, s'il te plaît, et dépose-le au pied de l'escalier ! »

La villa rayonnait d'une douce lumière orangée. Haletante, serrant le sac dans ses bras, Nannerl courut jusqu'à la grande porte, l'ouvrit et se précipita à l'intérieur en criant :

« Baptist ! Jeanette ! »

Son mari vint à sa rencontre, l'air intrigué :

« Comment ? Déjà de retour ?

— Et tu n'es pas heureux ? lui demanda-t-elle, amusée, en posant avec précaution le sac sur la table avant d'attirer affectueusement Baptist à elle.

— Mais si, Nannerl... J'imaginais seulement que ton voyage durerait plus longtemps. Je suis étonné, c'est tout.

— Oh, oui, mon amour... tout a été réglé avec une rapidité qui m'a moi-même surprise...

— Qu'est-ce qui a été réglé ? »

Subitement, Nannerl se détacha de lui et prit la petite fille :

« Jeanette, regarde ce que je t'ai rapporté ! » Elle tira du tas de bagages un gros objet en forme de poire, le posa par terre près de la maison de poupée et ouvrit la serrure : il contenait un violon. « Il te plaît ? » demanda-t-elle, les yeux brillants. « Je t'enseignerai les premiers rudiments, en espérant me rappeler encore quelque chose, et ensuite nous trouverons un maître. Et pour toi, mon trésor... » dit-elle au garçon qui accourait une épée à la main, « j'ai acheté une flûte ! Regarde comme elle est belle, elle brille presque aussi fort qu'une lame ! Si le violon t'attire davantage, ne te fais pas de souci, vous pourrez échanger, et puis nous prendrons d'autres instruments, tous ceux que vous voudrez, vous verrez comme c'est amusant d'en jouer ! »

Jeanette se saisit de l'étrange objet et l'observa d'abord sous tous les angles avec une attention scientifique, puis, pinçant une corde, elle en tira un son atroce, tandis que le petit garçon soufflait dans tous les trous de la flûte en produisant des barrissements lancinants, et que Nannerl riait de tout son cœur.

« Regarde, Baptist... c'est bien son écriture... j'ai réussi à réunir beaucoup de ses œuvres ! Je dois encore me mettre en relations avec certains de ses élèves, et aussi avec les musiciens d'orchestre, avec tous ceux qui peuvent être en possession de partitions originales, et les classer, les transcrire, puis traiter avec les éditeurs pour faire publier ses œuvres sous une forme systématique, et vérifier que chaque note, chaque variation, chaque indication est exactement celle que Wolfgang a voulue, et que personne ne s'est permis d'y toucher ! Ce pourrait être également une bonne idée de faire rédiger sa biographie, la plus fidèle possible à la réalité, et de raconter tout ce dont, depuis les années d'enfance, je suis la seule à détenir une connaissance précise ! Je veux que le monde entier sache qui a été Mozart, je veux me donner de toute mon âme à cette entreprise, et faire que son nom passe la frontière des siècles... et se projette dans l'avenir ! »

Tout ce temps, le baron était resté assis à son secrétaire, silencieux, jouant avec le couvercle de l'encrier. Il le vissa avec soin, s'essuya les doigts avec son mouchoir et regarda fixement sa femme. Son regard ne trahissait aucune émotion.

« Pour quelle raison veux-tu faire cela, Nannerl ?

— Pardon ? As-tu l'intention de t'y opposer ? demanda-t-elle, stupéfaite et chagrinée.

— Nullement. Je désire seulement savoir pour quel motif tu as pris une telle décision.

— Parce que, sinon, cette musique disparaîtra ! C'est tellement simple… pourquoi me demandes-tu cela ?

— Et même si elle disparaissait… quel mal y aurait-il à cela ? »

Elle se tut un instant, en écarquillant les yeux.

« Baptist, qu'est-ce qui te prend ? murmura-t-elle.

— De grâce, veux-tu m'expliquer ce qui arriverait si cette musique était perdue ?

— Mais ne comprends-tu pas ? Ces œuvres sont stupéfiantes… elles ouvrent une voie entièrement nouvelle ! Dans les dernières années, Wolfgang est parvenu à des sommets que nul n'avait atteints auparavant… Il est inacceptable que ce trésor s'évanouisse !

— Inacceptable pour qui ?

— Pour moi, mais pas seulement : cela devrait l'être pour toi aussi ! Tu devrais être heureux que je tente de le préserver !

— Donc, c'est pour me plaire que tu le fais ? De la même manière que tu as essayé de plaire au respectable général d'Ippold, l'homme aux mains chaleureuses ?

— Mais pourquoi mêles-tu Armand à cela ? » demanda-t-elle, déconcertée. Puis elle s'approcha de lui, l'air résolu. « S'il te plaît, mettons un peu d'ordre dans cette affaire : cet homme n'a absolument rien à voir avec ma décision… et, à bien y réfléchir, toi non plus, Baptist, tu ne joues pas un grand rôle là-dedans. Car c'est une question qui ne regarde que moi et mon unique frère, lequel, je me permets de te le rappeler, était un compositeur exceptionnel et nous a quittés ; et je veux que sa musique lui survive !

— Ainsi, aujourd'hui, Wolfgang est ton unique frère ? Et il ne l'était pas quand tu évitais de prononcer son nom ?

Il ne l'était pas pendant les années où tu as été contrainte de donner des leçons pour financer ses études et où tu l'as détesté de toute ton âme ?

— Aujourd'hui, c'est différent !

— Dis-moi pourquoi !

— Parce que, aujourd'hui, c'est un choix que je fais, de la même manière que cela fut jadis un choix de le renier ! »

Tous deux avaient posé leurs poings sur le secrétaire, et ils se faisaient face, haletants, visages tendus et tout près l'un de l'autre. Pendant une minute ils se turent, puis d'un ton plus calme, Nannerl reprit :

« Je veux le faire parce que... parce que la musique me manque, Baptist. Parce que, si donner des concerts, composer, n'est plus important pour moi, cela l'est encore de m'occuper de musique... et cela le sera toujours. Je veux le faire, parce que l'idée d'analyser ces œuvres, de les dater, de trouver des éditeurs, de les publier dans l'ordre, et aussi d'authentifier les compositions de Wolfgang parmi les milliers de faux qui, j'en suis sûr, ne vont pas manquer de surgir de toutes parts... parce que l'idée de faire tout cela, Baptist, me rend heureuse. »

Elle s'éloigna de lui et alla à la fenêtre. Sous ses yeux se déployait le paysage qu'elle avait contemplé mille fois, la nuit, en se demandant de quel côté se trouvait Vienne.

« On peut éprouver les mêmes émotions de façon différente... c'est vrai, longtemps j'ai tenu mon frère à l'écart de ma vie... pour ne pas parler de mon père... et si je n'ai plus voulu toucher à un clavier, c'est peut-être parce que, en le faisant, j'aurais inévitablement pensé à l'un et à l'autre. Mais maintenant j'ai compris que je leur dois quelque chose. J'ai compris que tous deux font partie de mon histoire, et que cela n'a pas de sens de les rejeter, car nier leur mémoire signifierait me nier moi-même. »

Baptist se gardait bien d'intervenir. On devinait un sourire sous son épaisse moustache.

« Toutes ces années, poursuivit Nannerl, ce silence dans

lequel j'ai vécu n'était pas un vrai silence... mais il était comme une "pause". En musique, les pauses sont codifiées de la même manière que les notes, car une suspension a autant de signification qu'une suite de sons. Une pause rend possible ce qui la précède et ce qui la suit... Si j'avais manqué un tel passage, je ne serais pas en mesure, aujourd'hui, de m'occuper de composition, d'une manière bien différente de ce que j'ai toujours pensé, rêvé, imaginé... mais avec la même passion. »

Puis elle se tourna vers lui et lui fit face avec une douce fermeté.

« Je ne puis être toute la vie l'épouse, la mère, et rien d'autre, Baptist. J'ai besoin de faire autre chose, et cela ne m'est plus possible de ne pas le faire. Je ne sais si je réussirai à m'occuper de notre famille comme je l'ai fait jusqu'aujourd'hui, mais je sais en revanche que, même si je renonçais à cette activité, ce ne serait plus pareil : parce que je ne suis plus celle que j'étais hier. Aujourd'hui, Baptist, je suis de nouveau Maria Anna Walburga Ignatia Mozart. »

« Les garçons, ramassez tous les fusils, les arcs, les flèches et même les frondes, si vous en avez : cette fois, j'aimerais éviter de recevoir dans le derrière un projectile quelconque, qu'il soit en plomb ou à plume. »

Nannerl, concentrée sur le manuscrit d'une *Fantasia* pour piano-forte, leva les yeux et vit entrer le monumental instrument à queue, porté par quatre hommes de peine aux ordres de son mari, tandis que Vincent et Hermann soulevaient la grande table pour la reléguer dans un coin, et que Jeanette, chose incroyable, ramassait par terre toutes ses poupées et les déposait dans un panier.

« Quoi ? Tu l'as fait venir ?

— Oui, comme tu vois, et, d'après ce qu'on m'a dit, le

temps l'a bonifié au lieu de l'endommager. Le mécanisme est en excellent état, et j'ai fait venir un accordeur avant de le déménager... dans quelques mois il aura besoin d'une légère révision, mais juste pour quelques réglages. Doucement, messieurs, c'est un objet précieux. Nannerl, où veux-tu qu'ils le placent ?

— Oh... disons sous la fenêtre...

— Vous avez entendu ? Faites ce que dit ma femme. Où est le tabouret ? Ah, le voilà. Nannerl, en revanche, celui-ci est neuf... Je me suis permis de le choisir, mais si, pour quelque raison, il ne convenait pas, tu peux le changer, y compris contre un siège royal. Bien, je crois que tout est en ordre. Vincent, si tu veux bien, raccompagne ces messieurs et occupe-toi des derniers détails. Merci à tous. »

Tandis que le salon se vidait, Nannerl ouvrit la table d'harmonie, en cala le couvercle, tapa dans ses mains et écouta la résonance se propager en mille échos avant de s'éteindre. Puis elle caressa les cordes sur toute leur longueur, prit plaisir à les sentir lui râper le bout des doigts, et, d'un coup, courut s'asseoir sur le tabouret à côté de Baptist.

« Je ne me rappelais pas qu'il était aussi beau, murmura-t-elle.

— Je l'ai toujours su, Nannerl.

— Quoi ?

— Que tôt ou tard nous arriverions à ce moment. Je t'ai toujours attendue... et l'attente a été si longue que j'avais presque fini par oublier qui j'avais épousé. »

Elle resta silencieuse, s'efforçant de ne pas écarter son regard de l'ivoire des touches, pendant qu'il glissait doucement une main sous sa robe pour être encore plus près d'elle en touchant sa peau.

« Je savais que la femme avec qui je partageais ma vie n'était pas une épouse comme les autres... mais une Mozart qui avait décidé, pour un certain temps, de ne pas se consacrer à la musique. Je savais que tôt ou tard tu y reviendrais et, en t'épousant, j'ai épousé aussi cette certitude... et, au fil des ans, en apprenant à te connaître, j'ai compris que ce serait seulement en te donnant assez de joie que l'on pourrait atteindre à cette région profonde de toi-même que je découvre aujourd'hui. Quand je t'ai demandé de jouer de ce piano-forte et que, pour toute réponse, tu m'as envoyé une volée de plombs dans les fesses, j'étais beaucoup plus étourdi et bavard que je ne le suis aujourd'hui, et aussi beaucoup plus inquiet. Aujourd'hui, au contraire, je suis si heureux... si heureux que tu aies arrêté de te punir... Mais en même temps, j'ai peur : peur que tu lèves l'ancre, et comment saurais-je où te mènera le voyage ? Pourtant je dois m'incliner... Bien sûr, je dois rester près de toi, parce qu'il n'est pas pour moi de plus grand plaisir... mais sans être pour toi un poids. »

Il lui prit une main, la porta à ses lèvres et déclara galamment en français :

« *Madame, jouez ce piano pour moi... je vous en prie.* »

Elle saisit délicatement la *Fantasia* et la posa sur le pupitre. L'écriture de Wolfgang dessinait un morceau simple d'exécution, mais révolutionnaire. Il débutait par un ample arpège en *ré* mineur, qui installait une atmosphère nocturne et plaintive, et semblait de plus en plus clairement annoncer une issue dramatique... et au contraire, après une pause interminable, surgissait une petite mélodie riche en demi-tons, légère, tourmentée, qui transportait les pensées de l'interprète et de l'auditeur dans une région aquatique... et voilà que brusquement tout est rompu par des accords graves, terribles, comme de soudains éclairs de douleur... et puis un passage frénétique, de plus en plus rapide, qui annonce un combat... un combat que l'on attend, dont on sait qu'il doit nécessairement arriver... mais non, on revient à la mélodie légère ! Comment Wolfgang a-t-il pu avoir une telle intuition ? Combien de figures musicales différentes, opposées, contient cette œuvre ? Combien de visions supérieures, dans des hauteurs inaccessibles ? Soudain, une violente cascade de notes envahit tout l'espace, et les mains parcourent à une vitesse folle le clavier d'un bout à l'autre, en se croisant, puis deux accords espacés et un finale invraisemblable, qui bouleverse toutes les promesses. Un jeu, des enfants qui courent après leur balle, pieds nus en nous tirant la langue, ou bien un *carillon* tout réjoui de son impertinence, qui martèle ses notes aiguës... et nous pensons qu'avant que le morceau ne se termine nous devons nécessairement retourner au début ! Nous devons retrouver la douleur initiale, et ainsi refermer le cercle... Mais pas du tout, le jeu se répète avec une insolence enfantine, et ce sont les enfants qui le concluent dans un rire léger qui est comme un joyeux pied de nez. Cette œuvre se joue de toutes les attentes... c'est peut-être cela que Wolfgang a voulu rendre : chacun de nous vit dans l'attente de quelque chose, mais la réalité des faits est toujours différente de toutes les conjectures et même de toutes les visions ; dans la réalité s'introduit toujours un élément que l'esprit le plus fantaisiste n'aurait pu imaginer, cela n'a donc aucun sens de se lamenter sur de prétendus échecs qui risquent de cacher les vrais succès... Et tout en jouant et en pensant à tout cela, Nannerl croyait voir son frère à ses côtés, dans un pourpoint doré soigneusement boutonné, et si heureux de voir que sa sœur l'avait compris... et derrière elle, il lui semblait que Frau Mozart était là pour lui serrer son corset, elle sentait le contact de son corps doux et accueillant et son amour instinctif et sans limites ; et devant elle se tenait Herr Mozart, avec son violon, et... et il jouait avec elle ! De son archet, il effleurait légèrement les cordes, en s'appuyant seulement sur les sons que produisait sa fille ; comme toujours quand on joue de la musique à plusieurs, il échangeait avec elle de rapides coups d'œil, et ce rapport tacite effaçait toute trace du passé douloureux pour n'en laisser émerger que l'affection et la Musique. Elle imagina que Victoria, elle aussi, était assise dans un coin, auditrice attentive, avec sa robe à fleurs et, sur le visage, la satisfaction de quelqu'un qui a remporté un succès personnel ; même Armand était présent, dans un superbe uniforme de général, muet et distant, et puis il y avait Tresel, et Martin, et, entre deux notes, il lui sembla entendre le hennissement rageur de Noiraude...

Dès qu'elle eut plaqué le dernier accord, Nannerl, d'un geste spontané, se leva et fit une large révérence. Tous l'applaudirent, elle ferma les yeux, et deux grosses larmes glissèrent lentement sur son visage. Depuis qu'elle avait recouvré la faculté de pleurer, elle s'y abandonnait très facilement ; ses yeux étaient une source d'abondance qu'un simple claquement de doigts suffisait à faire couler. Et si les larmes, comme le piano-forte, n'étaient qu'une question d'entraînement ? Nannerl pleurait et riait, heureuse de ses larmes... et, rouvrant ses paupières, elle ne vit près d'elle qu'un seul spectateur, Baptist, qui l'observait en silence de ses yeux splendides où se lisaient son amour et son acceptation.

FINALE : *SCHERZO*

Serrant le nœud de son foulard que le vent menaçait d'emporter, la vieille dame s'approcha d'un homme emmitouflé dans sa cape et lui posa une main sur l'épaule.

« Bonjour, monsieur l'ingénieur, me voici. Exposez-moi le problème, je vous prie.

— Eh, bien... comme vous pouvez voir, nous avons creusé un trou profond, cinq pieds exactement, car une partie du piédestal doit être enterrée... La statue, vous le savez, est fort lourde. Or, en creusant, nous nous sommes aperçus que le sol est très mouvant et probablement plein de cavités. Voulez-vous jeter un coup d'œil de plus près ?

— Je vous crois... je vous crois. Dites-moi plutôt ce que ces ouvriers sont en train de faire.

— Des relevés, madame la baronne. S'il se confirme que le terrain est décidément trop instable, vous m'en verriez navré, mais... on ne pourra pas installer la statue de Mozart. Trop risqué.

— Grand Dieu ! Et que vais-je faire, moi, avec ce socle ? »

Suspendu au-dessus d'eux à un palan, le socle semblait se moquer de la situation.

« Je suppose que vous devrez trouver un autre endroit... ce ne sont pas les jolies places qui manquent, à Salzbourg...

— Oui, mais rendez-vous compte ! Cela signifierait tout reprendre à zéro. Pour obtenir un accord, il m'aura fallu une vie... et je n'ai plus beaucoup de temps. J'ai soixante ans passés, vous savez ?

— Certes, je le sais… mais croyez-moi, on vous en donnerait dix de moins… et même quinze.

— Monsieur l'ingénieur, protesta-t-elle, je vous rappelle que ce n'est pas moi qui vous paye pour ces travaux… »

Il rit.

« Je sais, je sais… c'était un compliment gratuit !

— Je vous en suis reconnaissante. Donc, combien de temps faudra-t-il pour achever ces relevés ?

— Pas beaucoup, je vous assure. D'ailleurs vous pouvez attendre les résultats ici. Je serais ravi de vous offrir de quoi vous restaurer dans ce café, de l'autre côté de la place… J'y ai déjà jeté un coup d'œil rapide ce matin, et j'ai vu des pâtisseries fort appétissantes.

— Je vous remercie de tout cœur, mais je ne puis : j'ai beaucoup à faire… En revanche, vous m'obligeriez en venant me rendre compte chez moi. Ce n'est pas loin…

— Ce sera un honneur, madame la baronne.

— Dans ce cas, je vous attendrai », dit-elle, et elle s'éloigna.

Effectivement, le pas de Nannerl n'était guère celui d'une sexagénaire. Elle fendait la brise aussi fermement que la proue d'un navire et passait sans baisser la tête devant les soldats français qui occupaient la ville ; c'étaient même ceux-ci qui la saluaient avec respect. Elle entra dans le café à l'autre bout de la place, serra des mains, sourit aimablement à ses concitoyens pour qui Mozart et sa sœur étaient désormais synonymes de gloire et de fierté ; elle se fit servir par l'hôte un petit sac de ces friandises qui faisaient saliver l'ingénieur, puis sortit, acheta chez le fleuriste un bouquet de violettes et un autre de marguerites, et prit le chemin du cimetière.

Elle aimait l'atmosphère sacrée de ce lieu, son calme, le lent passage des visiteurs recueillis, et il lui semblait entendre les voix de ceux qui observaient les humains depuis un territoire inaccessible. Elle arriva devant un tombeau élégant et, autour du nom du défunt, elle éparpilla les violettes comme sur un pré, puis s'assit sur le banc qui faisait face à la dalle et parla à voix basse.

« Aujourd'hui, je me suis levée en proie à une étrange inquiétude... la peur que tout ce que j'ai fait jusqu'à maintenant ne soit pas encore assez. Plus je m'immerge dans la masse infinie des œuvres que Wolfgang a laissées à ce monde... plus je m'emploie à faire connaître sa merveilleuse âme musicale... et plus je me sens proche de cette âme. Pourtant, mon amour... de temps en temps je dois me battre contre des gens qui veulent faire de cette âme une marchandise... qui veulent uniquement s'enrichir sur le dos de Mozart, chose que, toi et moi, n'avons jamais eu l'idée de faire... »

Elle s'interrompit en s'apercevant qu'une dame l'observait avec curiosité. Elle lui fit poliment signe de ne pas troubler son recueillement, et celle-ci partit sans tarder.

« Je sais ce que tu me dirais, Baptist. Il est naturel que certaines personnes veuillent profiter d'un nom devenu célèbre ; c'est inévitable, et ne fait que témoigner du bien-fondé de cette célébrité. Donc mon action est bonne et juste, et je n'ai rien à craindre ; pourtant... pourtant, parfois, je me demande ce qu'en penserait Wolfgang... s'il approuverait la direction que j'ai choisie ou si, au contraire, il la trouverait erronée. Je ne sais vraiment pas ce qu'il me dirait... »

Elle se leva et caressa tendrement le nom pompeux du baron son mari. Elle déposa un baiser sur ses doigts, effleura la croix et s'éloigna à pas lents.

L'autre tombe qui attendait sa visite était modeste, mais nullement négligée pour autant ; car Nannerl n'était pas la seule à fleurir la tombe de Leopold Mozart.

« Sais-tu, père, que, dans un recueil des œuvres pour piano-forte de Wolfgang, on a inséré quatre morceaux apocryphes ? Tu en aurais été scandalisé, j'en suis sûre, mais moi je trouve cela parfaitement bouffon. Avant tout, laisse-moi te dire que je n'ai pas réussi à l'empêcher et que ce n'est pas ma faute : est-ce clair ? Ensuite, l'idée qu'un béotien ne reconnaisse pas la facture de Mozart et la confonde avec n'importe quel pot-pourri, me fait rire. Peut-être faudra-t-il attendre que la sagesse des siècles arrive à établir une frontière nette entre ce qui est de lui et ce qui ne l'est pas... Ainsi, cher père, nous ne pouvons pour le moment que nous résigner et attendre. »

Elle fit quelques pas vers la sortie, puis se ravisa, prit une marguerite et la plaça juste en haut de la croix en murmurant : « Je t'aime, père. » Et, l'âme en paix, elle se dirigea vers sa maison.

Sebastian, élevé des fonctions de cocher à celles de domestique irremplaçable, l'attendait dans l'entrée.

« Madame la Baronne, dit-il dans un chuchotement complice, l'Italien est revenu...

— Oh, non... ! Et pourquoi l'as-tu fait entrer ? demanda-t-elle en examinant un individu corpulent, confortablement installé sur un canapé.

— Je ne sais pas moi-même comment il a réussi... Je le croyais encore sur le perron qu'il était déjà arrivé au milieu du salon.

— Il n'a pas touché aux partitions ?

— Ah, ça non ! Je ne l'ai pas perdu de vue un instant.

— Très bien. Viens avec moi, je te prie ! » Et, passant dans le salon, elle s'écria : « Votre obstination est admirable, Signor Bencini... »

Celui-ci ne la laissa pas poursuivre. Il se mit à tourner autour d'elle comme une toupie en répétant :

« Chère, très chère baronne... je vous trouve plus belle que jamais... Savez-vous que le turquoise vous sied à merveille ? Il rend le bleu de vos yeux plus intense et plus envoûtant...

— Ne forcez pas sur les compliments, sinon je finirai par croire que vous voulez me demander ma main. »

Le gros homme partit d'un rire convulsif qui fit trembler son ventre.

« Ah ! Ah ! Ah ! Vous plaisantez, madame la baronne !

— Pourquoi ? Vous ne m'épouseriez pas ? Certes je ne suis plus de la première jeunesse, mais, à ce qu'on me dit, je reste encore présentable.

— Oh, bien sûr, naturellement... balbutia-t-il. Vous resterez toujours une grande dame... et sans aucun doute je...

— Bencini, pourquoi êtes-vous revenu ? Je ne vends pas les manuscrits de Mozart, martela-t-elle d'une voix calme et tranchante. Comprendrez-vous enfin ? Dois-je vous le dire dans votre langue ? *Non vendo i manoscritti di Mozart !*

— Mais je suis venu tout exprès de Florence ! C'est un voyage long et fatigant... des jours et des jours de voiture, en bravant les intempéries... cela n'a rien d'une plaisanterie, vous savez ?

— Je sais, je sais... répondit-elle distraitement en posant le sac de friandises sur le piano-forte et en y prenant une liasse de feuilles.

— Connaissez-vous mon pays, baronne ?

— Moi, non, mais mon frère et mon père ont parcouru l'Italie en long et en large.

— Dans ce cas, si vous décidez un jour d'entreprendre un voyage dans la patrie de l'opéra, j'exige que vous soyez mon hôte... et je vous préviens : je n'admets pas d'excuses ! Je vous accueillerai dans ma demeure sur les collines en vraie souveraine... que dis-je : en impératrice ! Je mettrai mon valet de chambre à votre disposition... Je vous ferai goûter la sublime cuisine toscane... Et par une belle après-midi de soleil, je vous conduirai par les rues du centre pour vous faire admirer le baptistère dans son imposante et limpide élégance... Oh, je vous en supplie, accordez-moi cet honneur !

— Épargnez-vous les supplications, Bencini... Les voyages ne sont plus de mon âge, déclara-t-elle en s'asseyant à son secrétaire et en préparant papier et encrier. Et maintenant, faites-moi la grâce de me laisser travailler. Sebastian, s'il te plaît, raccompagne le Signor Bencini.

— Mais je... fit ce dernier en regardant le domestique d'un air inquiet, j'ai promis de rapporter au moins un manuscrit ! Je vous en prie, baronne, mettez-vous à ma place...

— Je m'en garderai bien.

— Mais écoutez-moi donc, très chère ! implora-t-il, au bord du désespoir. Considérez ma requête, elle n'est pas exorbitante : une partition ! Une seule ! Un seul petit, insignifiant manuscrit de ce bon Mozart... qu'est-ce que cela vous coûte de vous séparer d'un malheureux petit bout de papier ? Et de plus, je vous assure, ajouta-t-il d'un air entendu, je peux payer un bon prix...

— Ce n'est pas une question de prix, affirma Nannerl en le transperçant d'un regard glacial. Je ne les vends pas, voilà tout. Allez-vous-en et ne revenez plus.

— Noooon ! Je ne m'en irai pas, hurla-t-il d'unc voix vibrante. Je ne m'en irai pas, en tout cas, tant que vous ne m'aurez pas permis, ô cruelle créature, de contempler de mes propres yeux ces précieuses pages, ne serait-ce qu'un instant ! »

Et, malgré son gros ventre, il se jeta à genoux aux pieds de Nannerl.

« Dois-je le traîner de force, Madame la Baronne ? Je ne suis pas sûr d'y arriver seul », fit Sebastian.

Elle poussa un soupir.

« Allons, Bencini... je vais vous laisser regarder les manuscrits, puisque vous y tenez tant.

— Oh, oui ! Merci, ô baronne adorée !

— J'ai dit regarder, et rien d'autre, est-ce clair ? Ôtez-vous de la tête toute idée d'en acheter ne serait-ce qu'un seul. Et, pendant que vous les regarderez, je ne veux pas entendre un mot. Maintenant, vous allez me promettre qu'ensuite, une fois cette porte franchie... vous disparaîtrez à jamais de ma vie !

— Je le jure ! dit-il, en baisant l'ourlet de sa robe.

— Nous sommes donc d'accord : vous pouvez explorer ce rayon-là. Mais faites bien attention ; vous devez manipuler chaque feuille avec un respect religieux ! Montrez-moi vos mains. »

Il montra deux paumes épaisses mais soignées.

« Parfait. Mais si j'entends le moindre froissement, si vous laissez la moindre marque, je vous avertis, Bencini : je vous fais passer par la fenêtre !

— Je n'en laisserai pas, je n'en laisserai pas ! Vous retrouverez les partitions plus belles, plus soignées, plus nettes, plus immaculées qu'avant mon passage !

— Je l'espère bien, dit Nannerl, puis elle chuchota à l'oreille de Sebastian : Veille à ce qu'il n'en mette pas dans ses poches. »

Tandis qu'il feuilletait les partitions, elle retourna au secrétaire et fit passer sa plume d'une main à l'autre en se demandant comment rédiger sa lettre :

Très cher Monsieur Krabbe,

C'est avec une grande joie que j'ai reçu votre édition, et j'en ai admiré la qualité du papier, sans parler de la reliure en cuir, élégamment gravée. Ce qui, cependant, m'a laissée perplexe, est la présence inattendue de ces quatre minuetti *qui, hélas, ne me semblent pas être de Mozart. Leur structure est trop simple pour qu'ils appartiennent à sa dernière période, et si Wolfgang les avait composés dans sa jeunesse, je les connaîtrais. Je ne puis, mon bon et consciencieux ami, que louer le zèle qui vous les a fait ajouter ; mais je me demande où vous avez découvert les manuscrits et, si ce n'est pas trop vous importuner, je serais heureuse de pouvoir les examiner, ne serait-ce que par curiosité. En tout cas, je vous conseillerais de ne pas insérer ces morceaux dans votre prochaine réimpression…*

« Que diable est donc le Royaume Caché ? »

Elle bondit en renversant l'encrier. Bencini contemplait fixement une partition avec une moue sceptique.

« Non, pas celle-là ! Vous ne deviez pas regarder sur les autres rayons. Cette musique n'est pas de mon frère... Voyons, Sebastian, tu ne l'as pas surveillé ?

— Pas de votre frère ? Alors qui l'a écrite, je vous prie ? L'écriture semble bien être la sienne... »

Le visage de la vieille dame afficha l'expression la moins intelligente de sa vie. Comme elle ne disait rien, l'Italien tenta de deviner l'auteur à son style :

« Voyons, ce pourrait être de Haydn... c'est, clairement, une musique dédiée à l'enfance. Oui, à l'allure générale, je dirais que c'est de Haydn...

— Non. Certainement pas Haydn. »

Pendant trente secondes on n'entendit pas d'autre bruit que le tic-tac de la pendule.

« Excusez-moi, puis-je la jouer ? » fit Bencini, et il s'installa au piano-forte avant qu'elle ait pu s'y opposer, et tandis qu'il donnait vie à ces notes, elle sentit vibrer ses propres accords intérieurs.

C'était un petit morceau simple qu'elle avait écrit en amoureux hommage à Wolfgang et à leurs incursions dans les lieux imaginaires et les capitales d'Europe, aujourd'hui également lointains. Elle n'avait plus rien composé d'autre, parce qu'elle n'en ressentait pas vraiment l'exigence ; mais cette musique pleine de tendresse, ces brèves notes murmurées, restaient un témoignage d'amour.

« C'est charmant, commentait Bencini tout en jouant, on y entend des échos rieurs... et pourtant il y court un fil mélancolique... et là, un sentiment de paix... Évidemment le titre est étrange : *Le Royaume caché*... ce n'est pas clair ! » Il plaqua le dernier accord et la regarda : « Donc, dites-moi, baronne : Haydn ou Mozart ?

— Eh bien, pour le patronyme, il n'y a pas de doute, c'est... Mozart.

— Mille florins !
— Pardon… ?
— Affaire conclue ? »
Et sans attendre la réponse il lança un paquet de billets sur le piano-forte et partit triomphalement, la partition sous le bras.

« Dois-je l'empêcher, Madame la Baronne ? » fit Sebastian, et elle resta à le contempler, comme pétrifiée. Puis, lentement, elle alla à la fenêtre et regarda de l'autre côté de la vitre : dans la rue, Bencini disputait la partition au vent qui essayait de la lui arracher des mains. La feuille semblait battre des ailes comme un papillon et, s'échappant des doigts boudinés de l'Italien, elle parut s'enfuir en riant. L'écho de ce rire se répercuta jusque dans le cœur de Nannerl puis remonta à son visage qui s'éclaira à son tour d'un éclat de rire joyeux, si énorme que les larmes lui vinrent aux yeux et qu'elle dut se tenir le ventre sans parvenir à arrêter les spasmes qui la secouaient, ni à réprimer le sentiment de farce qui l'avait tout entière envahie. Elle ouvrit la fenêtre à deux battants, écarta les bras comme des ailes, renversa la tête en arrière et laissa les rafales de vent lui ébouriffer les cheveux, balayer en un instant l'air de sa maison et expédier par terre la lettre à l'éditeur…

Quand elle se retourna, elle vit que l'homme à la cape se tenait près du domestique.

« Oh, monsieur l'ingénieur… alors, avons-nous la réponse ? » murmura-t-elle en s'empressant de reprendre une contenance plus digne. « J'ai rapporté quelques friandises pour vous… Sebastian, soit gentil, prépare le café…

— Mieux vaut remettre à plus tard, dit l'ingénieur, terriblement sérieux. Venez tout de suite sur les lieux. »

« C'est incroyable ! Chaque fois que l'on creuse, on trouve des vestiges ! Mais alors les Romains ont dû vivre ici, juste sous la statue de mon frère ?

— Les Romains sont allés jusqu'en Angleterre, baronne... »

La place était encore pleine d'ouvriers, et le trou au centre, maintenant plus profond, révélait une mosaïque avec une inscription en latin. Les ouvriers la dégageaient soigneusement. Nannerl s'approcha :

« Pardonnez-moi, messieurs... je sais que vous faites votre travail, mais, de grâce, écartez-vous, sinon je ne peux rien voir... »

Ils s'exécutèrent aussitôt, et elle tenta de déchiffrer l'inscription, mais, au fond de cette fosse, il ne faisait pas très clair. Le premier mot qu'elle réussit à identifier fut *nihil*, et elle le répéta à voix haute.

« Vous connaissez le latin, baronne ? demanda l'ingénieur, avec un soupçon de jalousie.

— Pas très bien. Je l'ai un peu étudié, il y a des années... en fait, c'est mon frère qui me l'a enseigné. Donc, si mes souvenirs sont bons, *nihil* veut dire "rien"... »

Puis, à grand-peine, elle déchiffra les deux mots voisins, le précédent et le suivant, et il lui sembla que c'étaient : *felicitas... intret...*

Son visage s'éclaira soudain d'un sourire incrédule : *Hic habitat felicitas, nihil intret mali.* Elle leva les yeux vers la statue de Wolfgang et contempla un instant son ricanement narquois : c'était vraiment une plaisanterie digne de lui !

« "Ici règne la félicité, et rien de mal ne peut entrer" ! Merci mon Roi ! Merci à toi ! » hurla-t-elle, avec une joie de petite fille.

L'ingénieur crut à une première démonstration éclatante de démence sénile, et lui sourit d'un air protecteur :

« Baronne... vous vous sentez bien ? Voulez-vous vous asseoir ? »

À ce moment arriva Bencini, courant toujours derrière son précieux bout de papier :

« Ma partition ! Ma partition originale de Mozart ! Je l'ai payée une fortuuuuune ! »

La feuille alla se plaquer sur le monument, très précisément sur la face de Mozart, comme une gifle. Là, une rafale l'arracha… et l'emporta dans le ciel !

HIC HABITAT FELICITAS, NIHIL INTRET MALI

Cette inscription figure sur la mosaïque romaine trouvée lors de l'érection du monument à Mozart et conservée aujourd'hui au Museum Carolino Augusteum de Salzbourg.

La Sœur de Mozart est une œuvre de fiction, mais les événements dont elle s'inspire ont réellement eu lieu et les principaux personnages qui l'animent ont réellement existé. Maria Anna Walburga Ignatia Mozart était une enfant prodige et cette petite musicienne a joué devant les cours d'Europe en compagnie de son frère ; la correspondance familiale témoigne que, dans sa jeunesse, elle s'est également exercée à la composition musicale, mais aucun de ses travaux n'est malheureusement parvenu jusqu'à nous. Les rapports entre Wolfgang et Nannerl, très affectueux dans leur enfance, ont traversé des moments de froide hostilité pour finalement s'éteindre complètement ; dans les dernières années de la vie de Wolfgang, le frère et la sœur n'ont eu aucun contact. Après la mort du maître, sa sœur a cependant contribué de façon importante à faire connaître sa figure en collaborant avec ses biographes, en authentifiant ses compositions et en en surveillant la publication.

Remerciements

Si je n'avais pas eu la chance d'étudier le piano-forte avec Lucia Lusvardi, je n'aurais pas nourri la même passion pour la figure de Nannerl, ni pour la musique de Mozart, ni pour l'art en général. Merci de tout cœur pour ce qu'elle m'a ainsi donné et pour être toujours affectueusement présente.

Je remercie Doug McKinlay pour avoir accueilli avec enthousiasme l'idée de ce roman dès le premier instant où je la lui ai timidement exposée, et pour m'avoir ensuite encouragée, confortée et concrètement aidée.

Un chaleureux merci aussi à Giulia Corrao pour nos longues conversations passionnées à propos de Nannerl, et pour avoir fait ressortir des aspects du personnage que j'avais d'abord eu peur d'affronter.

Pour les conseils qu'ils m'ont prodigués, je désire exprimer ma reconnaissance à Erminia Ferrari Manfredi, José Sanchis Sinisterra et Lucia Poli. Mes vifs remerciements aussi à Francesco Scardamaglia, Geneviève Geffray et Adriano Leto.

Je remercie mes parents et ma sœur Chiara pour leur affectueux soutien et les informations qu'ils m'ont généreusement apportées. Merci à mon amie Roberta Salvatori, pour avoir été depuis toujours la « fan » la plus ardente de mon écriture.

Il y a, enfin, une personne de toute première importance, sans laquelle ce livre n'existerait probablement pas, et que je souhaite remercier chaleureusement pour sa ténacité, sa compétence et sa patience : mon agent, Roberta Oliva. Elle aussi – et ce n'est certes pas un hasard – est passionnée de musique et de piano-forte.

Table

RÉALISATION : PAO ÉDITIONS DU SEUIL
IMPRESSION : S.N. FIRMIN-DIDOT AU MESNIL-SUR-L'ESTRÉE
DÉPÔT LÉGAL : AVRIL 2006. N° 85868 (78885)
IMPRIMÉ EN FRANCE